거꾸로 읽는

신약
성서

일러두기

본문의 성경 인용은 대한성서공회에서 펴낸 개역개정판을 따랐으며, 다른 번역을 인용한 경우에는
따로 표기하였습니다.

거꾸로 읽는 신약성서

차정식 지음

1판 1쇄 발행 2015. 4. 1 | **1판 3쇄 발행** 2015. 6. 27 | **발행처** 포이에마 | **발행인** 김강유 | **책임 편집** 강
영특 | **책임 디자인** 이경희 | **제작** 김주용, 박상현 | **제작처** 미광원색, 금성엘엔에스, 정문바인텍 | **등
록번호** 제300-2006-190호 | **등록일자** 2006. 10. 16 | 서울특별시 종로구 북촌로 63-3 우편번호
110-260 | 마케팅부 02)3668-3243, 편집부 02)730-8648, 팩시밀리 02)745-4827

값은 뒤표지에 있습니다. ISBN 979-11-5809-006-7 03230 | 독자의견 전화 02)730-8648 |
이메일 masterpiece@poiema.co.kr | 좋은 독자가 좋은 책을 만듭니다. | 포이에마는 독자 여러
분의 의견에 항상 귀를 기울이고 있습니다.

이 도서의 국립중앙도서관 출판시도서목록(CIP)은 서지정보유통지원시스템 홈페이지(http://seoji.nl.go.
kr)와 국가자료공동목록시스템(http://www.nl.go.kr/kolisnet)에서 이용하실 수 있습니다. (CIP제어번호:
CIP2015009181)

거꾸로 읽는

신약성서

차정식

포이에마
POIEMA

부족하지만 내 깜냥만큼 학자 행세를 하면서 지난 20년 가까이 '관행'과 '인습'이란 말과 가장 치열하게 씨름을 해온 것 같다. 남들이 다 공감하여 정설로 굳어지고 다수가 스스럼없이 준행하여 여실한 정통이 된 믿음과 주장을 뒤집어 그 이면에 덕지덕지 달라붙은 곰팡내 나는 인습과 관행을 처결하고픈 충동이 내 학자의 혀를 달구었다.

생각해보면 참 음흉한 게, 적잖은 설교자들이 민주주의와 다수결이 성서의 하나님나라 세계와 꼭 들어맞는 게 아니라며, 가령 예수의 십자가 처형도 다수결 군중의 그릇된 판단에 밀린 결과였다며 교회의 독재체제를 은근히 옹호하면서도, 그 잣대를 곧이곧대로 성서 해석의 인습적 관행에는 왜 들이대지 않는지 나는 종종 고개를 갸우뚱거리곤 했다. 성서 해석에도 워낙 많이 들어 지당하게 여겨지고 하도 머릿속에 세뇌되어 불변의 진리로 여겨져온 해석들 중 실제로는 기가 막힌 오류의 산물인 경우가 적지 않기 때문이다.

물론 그 오류의 해석들은 고쳐야 하고 고쳐질 수 있다. 그러나 기나긴 세월 동안 먹혀들고 유통된 해석의 담론들은 마치 딱딱한 지층을 깊이 뚫고 해체하는 작업과 같아서 치러야 할 비용이 만만치 않다. 또 그로 인한 혼돈의 출혈도 부담스러워 대강 외면하는 버릇이 있다. 그렇게 외면하는 게 어쩌면 간단하고 두루 편한 길이지만, 학문은 지적인 정직성을 앞세워 그런 인습과 담대하게 부대끼고 그 같은 왜곡된 관행을 해체하는 데 이바지해야 한다고 나는 믿는다.

나는 이러한 결기를 품고 차분히 이 땅의 설교 강단과 성서 공부 현장에서 유통된 어그러진 해석의 관행을 찬찬히 조사하고 탐색하면서 틈틈이 글로 남겼다. 어느 날 페이스북에 무심코 올린 "아바는 아빠가 아니다"라는 쪽글에 대한 네티즌들의 열광적인 반응이 그런 종류의 글쓰기에 도화선이 되었다. 또한 그 반응을 통해 나는 이 땅의 의식 있는 교인 대중들에게 성서의 말씀에 대한 갈증과 함께 그것을 바로 해석하고 제대로 이해하고자 하는 허기도 심하다고 판단했다.

아무리 성서가 수천 년의 세월을 거치며 녹이 슬고 이끼가 덮인 텍스트로 다양한 해석을 용인할 수밖에 없는 현실이라 할지라도, 나는 어느 선에서 옳은 해석과 그른 해석이 엄연히 존재한다고 생각한다. 만민을 향해 만 가지의 의미를 토해내는 성서 해석의 춘추전국 시대를 맞은 것은 사실이지만, 그럴수록 해석학적 지식의 공변성公辨性을 높이고 그릇된 관행과 인습의 시장에서 번성하는 온갖 꼼수의 메시지들과 싸워야 하는 윤리적 사명의 당위성도 높아진다. 더구나 무지가 무지인 줄 모르고 오류를 오류로 인지하지 못하는 세태 속에 독버섯처럼 음습한 권위주의가 번성하는 현장을 나 몰라라 방치하는 것은 성서 연구를 업으로 삼는 자의 온당한 도리가 아닐 터이다.

그리하여 나는 별 학문적 성과 축에도 못 끼는 해석적 교정 작업에 지난 2년간 매달렸다. 월간 〈복음과 상황〉과 〈현대종교〉에 꾸준히 비평 글을 연재해오면서 나는 학계의 동의를 거쳐 웬만한 결론이 나와 있는 부분은 좀 더 담대히 주장했고, 무엇이 바른 해석이고 온전한 의미인지 여전히 논쟁 중이지만 보다 설득력 있게 대안을 내놓을 만한 꼭지에서는 다양한 가능성을 인정하면서 최선의 선택을 암시하기도 했다. 그 밖에 일부 에세이는 몇몇 소외된 신약성서의 사소한 텍스트에 일정한 관심을 할애하는 내 나름의 전략에 따라 집필되었다. 그 해석적 전략의 요체는, 숱하게 성서 속에서 핵심과 요절을 만들려는 유혹을 뿌리치면서 평생 한 번도 제대로 주목받지 못하고 한 번도 설교의 본문으로 영접되지 못한 성서 속의 음지를 조명하려는 의욕의 소산이었다. 흔히 특정 구절에 과도하게 집중하여 '정경 속의 정경canons within the canon'을 솎아내려는 발상은 교리적 정통에 집착하려는 욕망과 직결된다. 그러나 성서 해석의 모든 '집착'은 불온하다. 서푼어치의 알량한 실존을 방어하기 위한 '제 논에 물 대기' 식의 빤

거꾸로 읽는 신약성서

한 속셈을 동반하기 때문이다. 나는 그 욕망을 해체하며 반성하도록 돕는 것도 성서학자의 일부 사명이라고 생각한다.

많은 말을 떠들고 많은 글을 써재끼는 날에는 속이 헛헛해지고 더 많은 반성을 하게 된다. 이즈음처럼 손가락에 불이 날 정도로 글을 많이 쓰는 때도 없었던 것 같다. 그만큼 은근히 불안해지는 것도 사실이다. 내 속에 뭐 그리 불만과 원한이 크기에 나는 이토록 수많은 말들을 토해내고 있는 걸까… 하는, 내 잠재된 심리에 대한 정신분석이 이제 일과가 되었다. 그래도 어쩌겠는가. 이미 내 손을 떠난 글은 내 운명과 맞서 전혀 낯선 타자의 길에 들어섰으니 그냥 제 길을 쫓아 굴러가도록 떠나보내는 수밖에.

내 서툰 글을 받아 매달 잡지에 뽀얗게 단장하여 실어준 〈복음과 상황〉의 이범진 기자와 〈현대종교〉의 김정수 편집부장 두 분께 감사드린다. 또 그렇게 흩어진 글들을 가지런히 편집하여 이 책의 육체를 입기까지 꾸준한 관심과 격려를 보여주신 포이에마의 강영특 편집장께도 고마운 마음을 표한다. 그의 성실한 편집과 겸손한 제안은 늘 나의 결핍과 허방을 메꾸고도 남을 만큼 영특했던 것 같다.

또다시 봄이 온다. 인간의 악랄한 속내를 한꺼번에 까내어 보인 그 지랄 같은 세월호의 재앙이 날카롭게 우리 몸의 기억을 덧나게 하는 계절이다. 나는 그 기억이 불안하여 쓰고 또 쓴다. 성서가 하나님의 말씀이라서, 하나님의 말씀답게 울려퍼져, 마침내 그 억울한 원혼들을 달래며 확실하게 신원해주길 갈구하며 이렇게 꾸역꾸역 울음을 삼키듯 또 몇 자 적는다.

2015년 3월 11일

차정식

3부
상상하며 바로 읽기

복음서
뒤집어
읽기

'아바'는 '아빠'가 아니다

막 14:36; 롬 8:15; 갈 4:6

가라사대 아바 아버지여 아버지께는 모든 것이 가능하오니 이 잔을 내게서 옮기시옵소서. 그러나 나의 원대로 마옵시고 아버지의 원대로 하옵소서 하시고(막 14:36, 개역한글).

너희는 다시 무서워하는 종의 영을 받지 아니하였고 양자의 영을 받았으므로 아바 아버지라 부르짖느니라(롬 8:15, 개역한글).

너희가 아들인고로 하나님이 그 아들의 영을 우리 마음 가운데 보내사 아바 아버지라 부르게 하셨느니라(갈 4:6, 개역한글).

오래 묵은 뜨거운 감자

먼 옛날에 기록된 성서를 오늘날의 교훈으로 풀어내는 작업이 '주석'의 최종 목표이다. 그러나 오늘날의 교훈에 급급한 나머지 본문이 자리한 당대적 맥락의 의미를 놓치는 경우가 있다. 해석 기술의 결핍과 이로 인한 무지가 주된 원인이 되지만 독자들의 신앙 스타일에 얽매인 편향성과 특정 의미에의 집착도 무관치 않다. 때로 전문 학자들의 태만과 이에 따른 인습적 통념의 반복 역시 그런 엉뚱한 의미 편취와 곡해의 사태에 적극적인 요인이 되기도 한다.

물론 성서 해석의 무지와 기만의 결과로 선포되는 메시지에 감동받을 수 있는 현실을 나는 이해한다. 이런 현실의 장벽을 뚫고 보다 순전한 의미를 드러내기 위한 대안적 성서 주석은 그래서 종종 피로하고 괴로운 노동이 된다. 그런 버거운 부담을 무릅쓰고 기존의 주석적 성벽을 허무는 뜨거운 감자 하나를 끄집어내 보기로 한다. 그것은 신약성서에 사용된 '아바*abba*'라는 아람어가 우리말의 '아빠'를 뜻한다는 오래 묵은 오해에 관한 것이다.

오해의 뿌리를 찾아서

내가 추적하기로 이러한 '아바=아빠'의 의미론적 등치의 계기를 제공한 사람은 요아킴 예레미아스라는 20세기 독일의 성서학자이다. 그는 불트만 우파 계열의 학자로 그의 몇몇 예수 연구의 저작들이 국내에 번역, 소개되면서 이 땅의 신약성서 이해에 적잖은 영향을 끼쳤다. 그중에서 예수의 비유와 기도에 대한 그의 해석은 그 영향의 비중이 꽤 컸다. 1965년에서 1971년에 생산된 그의 여러 저작들은 예수의 '아바' 기도를 큰 비중으로 다루면서 그것이 가족 관계의 친밀함을 드러내는 어린아이의 말로, 하나님과 예수의 독특한 부자 관계를 특징짓는 호칭임을 주장하였다. 아버지를 호칭하는 친밀한 어린아이의 말이라는 암시는 곧 그것이 '아빠'로 이해되어야 할 근거를 제시하였고, 이러한 유추 및 확대해석은 감정적인 유착 관계를 중시하는 한국적 정서에 크게 호응하면서 이 땅에 무비판적으로 수입되었다.

하지만 예레미아스의 저작들에서 이 구절의 해석, 곧 '아바=아빠'의 등식은 하나님을 아버지라는 가족 관계의 친밀한 용어로 드러낸 예수의 표현을 과장되게 밀어붙인 추론이었을 뿐, 당시 이 아람어 용례를 언어학적으로 정밀하게 분석하여 연구해낸 결과는 아니었다. 물론 그는 일관되게 '아바'에 집중하면서 꽤 쓸 만한 자료들을 수집하여 비교 분석의 대상으로 삼았다. 그러나 아바가 어린아이의 말이라는 대전제가 워낙 완고하여 그는 그 검증 과정에서 드러난 여러 무리수를 논리적으로 치밀하게 해명하기에 앞서 그 대전제로 수렴시키는 안이한 선택을 했다. 그런데 그것이 이 땅에서는 이렇다 할 검증 절차도 없이 불변의 사실이 되었고 진리로 승화되었다. 서구의 추론적 지식에 이 땅의 식자층이 바친 거의 맹목적이고 온전한 순종의 결과였다.

실종된 오해의 교정사

저명한 학자의 영향력은 매우 강고했다. 더구나 그는 유구한 신학 전통을 지닌 서구 선진국의 학자였다. '아바=아빠'의 간단한 등식은 이후 17년간 확고부동한 해석학적 권위를 차지하며 승승장구했다. 그러던 중 이러한 지당한 공식에 이의를 제기하면서 'abba'를 관련 자료에 비추어 재차 치밀하게 비교 분석하여 논증한 학자는 밴더빌트 대학교의 교수이자 서아시아의 셈족 언어 전문가였던 제임스 바였다. 그는 1988년 영문학술지 *Journal of Theological Studies* 39(1988, April) 28-47쪽에 "Abba Isn't Daddy"라는 제목의 획기적인 논문을 발표하였다. 여기서 그는 다양한 'abba' 관련 자료들을 언어학적으로 정밀하게 분석하면서 예레미아스가 범한 논증의 오류와 허방을 예리하게 지적하였다. 그의 이런 연구 결과 밝혀진 핵심적인 사실은 예수와 당대 유대인들에게 아람어 'abba'라는 어휘 속에 우리말의 '아빠'(영어의 애칭 daddy)라는 개념 자체가 존재하지 않았다는 것이다.

예레미아스의 추론에 대한 제임스 바의 비판은 그의 장기인 언어학적 분석을 동원하여 매우 정교하고 치밀하게 제출되었다.

첫째, '아바abba' 어형의 언어학적 기원은 기존 연구에 의하면 ① 강조적 상태, ② 호격, ③ 아이들 재잘거리는 소리 등의 세 종류로 설명되는데 예레미아스는 오로지 ③의 사례에만 집착했다는 것이다.

둘째, 설사 그 어원이 아이들 재잘거리는 소리에 있었다손 치더라도(그럴 가능성에 회의적이지만) 예수 당시 이 단어는 이미 '아버지'를 호칭하는 모든 연령대의 공통된 용어로 정착되어 있었기 때문에 신약성서 시대에 '아바' 호칭을 어린아이의 재잘거리는 '아빠' 표현으로 해석하는 것은 난센스라는 것이다.

셋째, 예레미아스 자신이 이 '아바' 호칭이 어린아이만의 용어가 아니었다는 사실을 알았고 예수를 비롯한 당대의 경건한 유대인들이 하나님을 유아처럼 '아빠'로 호칭한다는 것이 '용납할 수 없는 나이브함'의 증표라는 점을 인지했음에도 불구하고 아바의 어린아이 용례에 집착했던 자가당착이 지적된다.

넷째, 만일 '아바'가 '아빠'의 함의를 지닌 아람어였다면 이 단어가 사용된 마가복음 14장 36절, 로마서 8장 15절, 갈라디아서 4장 6절에서 그것의 병행구인 희랍어에 그 세밀한 뜻이 반영되었어야 했다. 그런데 이 문구*abba ho patēr*에서 '아바'를 번역한 희랍어는 '아빠'가 아닌 그냥 '아버지'이다. 희랍어에도 아버지를 가리키는 유아스런 애칭이 있었다. 호메로스 시대 사용된 *'atta'*라든가, 희극작가 아리스토파네스가 사용한 *'patridion'*도 있지만, 가장 유력한 후보는 *'papas'*이다. 실제로 이 희랍어는 제우스 신이나 아티스 신을 호칭하는 어휘로 사용된 용례가 있다. 그런데 이 아람어의 뜻을 가장 잘 알았을 마가복음의 저자와 사도 바울조차 *'papas'*가 아닌 *'patēr'*를 *'abba'*의 병립 어휘로 삼았다. 그들에게 '아바'는 그냥 '아버지'였기 때문에 그렇게 자연스럽게 표기한 것이리라.

다섯째, 그리스·로마 전통에서 제우스 신 등을 '아버지/아빠'라고 부른 용례들이 탐지된다면, 하나님을 '아버지'라고 부른 경우를 예수와 당시 경건한 일부 유대인들에 국한된 유별나고 독특한 예외적인 사례로 못 박아버리는 것도 공정한 판단이 못된다. 우리 전통에 무언가 특별한 것이 있어 예외적인 가치를 독점했으면 하는 환상적 욕구의 간절함이야 왜 모르겠는가. 그러나 여기서 우리는 그러한 배타적인 시야의 협량함이 앎과 깨달음의 반경에 심근경색을 가져올 수 있다는 교훈을 얻는다.

여전히 왕성한 오해의 영향사

어쨌든 국내의 성서학자들은 제임스 바의 저 유명한 논문을 읽어보지 못했거나 읽어보았더라도 굳이 '아바=아빠'의 도식이 정착되어 개역개정번역에도 반영된 상태에서 소란을 불러일으키고 싶지 않았는지, 이후 잠잠했다. 그래서 그의 연구로 창출된 새로운 지식은 별반 호응을 얻지 못한 채 이 땅의 아카데미아에서 실종되어버렸다. 혹여 이 사실을 아는 일부 소수의 침묵 속에 갇혀버린 것이었는지도 모른다. 그 결과 하나님을 친밀하게 '아빠'로 어린애처럼 부르고 싶은 신앙의 감상주의는 더 부추겨졌고, 이와 함께 미성숙한 자아를 감성일변도의 신앙 취향으로 땜질하려는 나이브한 '하나님/아빠/낭만주의'도 더욱 견고하게 이 땅의 신앙 풍토 속에 뿌리내려갔다.

1960년대의 막연한 추론이 낳은 허술한 앎의 소문이 이 땅에 아무런 학문적 검증 없이 허술하게 유통된 나머지 그것은 이 땅의 예배당에서 수많은 목사들과 교인 대중에 의해 복창되어왔다.

거꾸로 읽는 신약성서

너무 순진하게 서구의 지식을 받아먹고 너무 빨리 소화시켜버리는 이 땅의 신학적 풍토 역시 그러한 복창의 대열에 합류하였다. 그리하여 신학적 아카데미아와 교회의 방기 가운데 유통된 그와 같은 태만한 인습적 통념은 하나님과의 달콤하고 말랑말랑한 유착관계를 강화하였고 가족주의적으로 연성화된 신앙의 사유화를 촉진하는 데 적잖이 이바지했다. 1960년대의 고리타분한 인식의 틀에 우리의 신학적 지성이 꽁꽁 묶여 1980년대의 정밀한 분석과 연구를 통한 견고한 앎의 열매를 방기한 대가는 이토록 혹독했다.

나는 하나님이 보시기에 그의 백성들은 아이, 어른 구별 없이 다들 미욱한 자녀들에 불과하다는 사실을 잘 안다. '아바'가 '아빠'가 아니라고 해서 이런 해석적 권위로써 모종의 어른스러움을 과시하며 어린애 같은 한국 교회의 목회자와 성도를 타박하려 한다면 이는 과잉 적용이다. 그러나 아버지-자녀로 맺어진 '하나님의 가족' 관계가 미숙함과 유치함이 아닌 성숙함을 전제로 하는 것도 분명한 사실이다. 그런데 '하나님=아빠'로 표상되는 신앙적 나이브함의 승승장구는 종종 성도를 우민화 이데올로기에 볼모로 붙잡아두려는 유혹을 조장하기 쉽다. 애·어른 구별 없이 다 하나님 아버지 앞에서 고개를 조아리며 자신을 낮추고 구원을 갈망하는 것이 신앙의 본령일 터이다. 그렇다면 애와 어른 사이의 세밀한 차이를 구별하여 어린아이의 말과 생각과 버릇을 버리게 하고 장성한 사람의 성숙한 사고력과 판단력을 독

려하는 것은 신학의 의무이다. 제대로 된 성서 주석이 그 신학의
밑자리에 깔려 있어야 한다.

거꾸로 읽는 신약성서

가난한 자가 복된 이유

마 5:3

심령이 가난한 자는 복이 있나니 천국이 그들의 것임이요(마 5:3).

반복되는 의문

옛날에도 그랬지만 지금도 여전히 가난과 부는 사람들의 입에 자주 오르내리는 화제다. 특히 자본주의가 숭상하는 '경제'의 관심사는 사람들에게 욕망의 거품을 한층 더 부풀려 그것이 삶의 유일하고 궁극적인 목표라도 되는 것처럼 심령 속에 깊은 환영을 심어왔다. 물론 그 경제 논리에 의하면 부요함이 복된 것이고 가난은 저주받은 것이다. 물론 여기에 대항하는 논리도 없지 않다. 가난은 부끄러운 것이 아니라 그저 불편한 것일 뿐이라는 말

속에 일차적인 대항 논리가 있다. 여기서 한 걸음 더 나아가면 이 땅에 만연한 천민자본주의의 체계 속에 부요한 자들은 온갖 거짓과 술수, 탐욕의 노예가 되어 부정한 방식으로 재물을 모은 졸부라는 질타가 들려온다. 타락한 체계의 사슬에 매여 사는 자들이 그 타락과 전혀 무관하게 깨끗한 부자가 된다는 것은 현실적으로 불가능하다는 전제가 그 이면에 깔려 있다.

이에 대한 재반박의 논리로 '청부淸富'를 주장하는 사람도 있다. 주어진 여건 안에서 최대한 성실하고 정직하게 부를 축적하여 하나님과 가난한 이웃들에게 관대하게 나누고 베풀면서 자신 역시 여유롭게 사는 것이 복된 삶이 아니겠느냐는 논리다. 그러나 그 '최대한'의 범주가 늘 희미하고 그 '성실'과 '정직'의 잣대가 주관적으로 휘청거리기 때문에 깨끗한 부와 더러운 부 사이 어디쯤에 경계선을 그어야 할지 난감해지는 게 사실이다. 이런 혼미함 탓인지 뜻있는 신앙인들이나 올곧은 성직자들은 전통적인 미덕에 순응하여 청빈의 가치를 옹호하게 된다. 그러나 그 바닥의 고립된 공간 안에 봉쇄되어 유무상통의 공동체 생활을 하는 소수의 사람들이 아닌 바에는 가족을 지닌 다수의 사람들이 세속사회에서 겪는 가난의 현실이란 마냥 아름다운 게 아니다. 아니, 차라리 구질구질할 때가 많다. 돈 몇 푼 없어서 일용할 양식을 얻지 못하거나 제대로 병원치료를 받지 못한 상태에서 애꿎은 생명들에게 죽어라, 죽어라 하는 것이 가난이란 괴물이다.

그런데도 예수는 왜 가난한 자가 복되다고 말씀한 걸까. 또 어떤 경위에서 그 보응으로 천국의 약속이 가난한 자들에게 베풀어진 것일까. 아, 그것은 그저 '심령'에 국한된 가난일 뿐, 가난의 사회경제적 영역을 배제한 고상한 정신세계를 일컫는 구호였을까. 산상수훈의 첫대목, 팔복의 첫마디를 장식하는 예수의 그 말씀에 담긴 속뜻을 풀기 위해 그동안 수많은 해석의 관점들이 제출되어왔다. 그 모든 관점을 통과하고 나서도 여전히 그 의미의 지형은 혼미하지만 일단 다양하게 풀어놓으면 선택의 여지라도 풍성해지지 않을까 싶다.

관점과 해석의 지형

"심령이 가난한 자는 복이 있나니 천국이 그들의 것임이요"(마 5:3). 앞서 언급한 대로 여기서 '가난'의 성격이 먼저 문제시된다. 이 가난이 사회경제적 삶의 영역에 해당되는 가난인지, 아니면 정신적인 의기소침이나 낙담, 박탈감 등을 가리키는 은유적 표현인지 논란이 있어왔다. 나아가 그 가난이 삶의 태생적 조건으로 주어진 가난인지, 아니면 스스로 자신의 삶의 스타일로 자처한 자발적 가난인지도 의문의 요처였다. 누가복음의 지상수훈에는 생략되었지만 마태복음의 산상수훈에서는 여격으로 사용된 *tō pneumati*라는 문구가 삽입되어 나온다. 이것이 하나님의 '영'을 가리키는 것인지 한글개역성경의 번역대로 인간의 '심령'을 가리키는 것인지도 더러 논란이 된다. 이 어록의 지상수훈 버전을 원형으로 보는 일부 해석자들은 예수의 이 어록에 담긴 정치적 급진성을 읽어내면서 예수가 당시 가난한 민중, 이를테면 '땅 위의 사람들*'am hā' ārets'*과의 계급적 연대를 추구한 증거로 읽는다. 그렇다면 산산수훈의 해당 어록에서 *'tō pneumati'*를 붙인 것은 그러한 급진성을 영성화하기 위한 후대의 편집적 손질의 결과가 된다. 그러나 쿰란문헌에 '가난'과 '영'이라는 단어를 결합시킨 예의 문구가 등장하는 사례는 물질적인 무소유 또는 공동소유가 영적 초월과 자유의 삶과 동떨어지기보다 병행하는 증거로 볼 수 있다. 이를테면 물질적으로 가난하지 않은 상태에서 영적인 가난의 지향이란 게 가능하지 않듯이, 영적 청빈을 목표로 사는 삶이 물질적 부요함을 삶의 주된 지향점으로 추구할 리가 없으리라는 것이다.

이와 별도로 이 여격문구 *'tō pneumati'*를 인간의 영이 아닌 하나님의 영으로 새길 경우 그 가난은 '[하나님의] 영과 함께' 이 세상의 제반 현실을 초월하는 자유와 복락의 경지를 가리키는 의미로 조형된다. 실제로 하나님은 이 세상의 그 어떤 것도 필요로 하지 않는 상태에서 이 세상의 모든 것을 소유한 부요하고 자족적인 존재이다. 그 절대 자유의 신적인 경지를 모방하는 것을 신앙의 지고한 가치로 여긴 '하나님 닮기*imitatio Dei*'의 관점에서 보면 여기서 언급하는 '가난'은 하나님의 신적인 초월을 지향하는 경건의 바람직한 모델로 간주할 수도 있다. 이른바 '경건으로서의 가난'anāwîm piety'이란 신학적 이념형이 바빌론 포로기 이후 유대교의 한 흐름으로 포착되는 것도 이러한 가난의 계보에 역사적인 육체성을 부여한다. 이는 비단 유대교의 전통뿐 아니라 소크라테스 이후 그리스·로마의 철학과 종교 전통 가운데서도 탐지되는 증거이다. 가난과 부의 기준을 물질적 소유의 과다로 보지 않고 정신적으로 지고한 가치, 가령 지혜의 유무로 판별하여, 비록 물질적으로 빈한할지라도 신적인 자유를 흠모하여 자유로운 삶의 스타일을 구현하는 것을 이상적인 모델로 여긴 것이다.

그러나 고대의 그 어느 문헌에서도 가난의 상태 그 자체를 복된 삶의 증거로 긍정한 사례는 없다. 가난한 상태에 거하며 살면서도 그 거친 현실을 무릅쓰고 복된 삶을 사는 사람들의 사례가 탐지될 뿐이다. 가난한 상태에 거하면서도 복된 삶을 사는 것은 그 삶의 주체가 복음의 메시지를 듣고 가난의 현실을 초월할 만한 영적인 소망을 품게 되었기 때문이다. 그것은 오로지 하나님의 영이 임하여 가능케 되는 '천국'의 경지일 텐데, 이와 관련해서 흔히 이사야 61장 1절이 이러한 관점의 배경으로 거론된다. "주 여호와의 영이 내게 내리셨으니 이는 여호와께서 내게 기름을 부으사 가난한 자에게 아름다운 소식을 전하게 하려 하심이라." 이 구절의 배경에 비추어보면 가난한 자가 복된 것은 여호와의 영이 임하여 그를 통해 아름다운 소식, 곧 복음을 듣게 되었기 때문이다. 다시 말해 여호와의 영과 함께 전해진 아름다운 소식으로 말미암아 복된 희망을 품게 되었기 때문이다. 그것이 산상수훈에서 '천국'의 약속으로 표현되었다고 볼 수 있다.

존재론적 가난—인간의 조건

단지 물질적으로 가난한 것이 복됨의 조건이 될 수 없다는 것은 경험상 수긍할 수 있는 사실이다. 가난한 사람들은 그렇지 않은 사람들과 마찬가지로 선할 수도 있고 악할 수도 있다. 물질적인 부에 대한 비판적인 입장은 고대 희랍 철학과 유대교의 지혜문학에서 두루 공유되는 사상이지만, 가난하다는 것 자체가 그 사람을 자동적으로 복된 사람으로 만들지 않는다는 것이다. 경제적으로 가난한 사람을 칭송하는 사례는 단지 냉소적인 반어법의 차원에서나 성립 가능한 논리였다. 실제로 초대교회 문헌 중《디다케*Didache*》는 자신의 가난을 이용하여 주변의 다른 관대한 그리스도인들로부터 부당한 이득을 취하는 가난한 그리스도인들에 대하여 언급한 바 있다. 그렇다고 본문의 어록이 예수와 천국복음을 위하여 자신의 생업과 재산, 가족들조차 떠난 일부 측근 제자들에게 국한된 위로의 메시지라고 보는 것은 이 어록의 보편적 가치를 떨어트린다. 산상수훈의 천국과 팔복의 메시지를 단지 자발적인 가난을 자처한 소수 제자들의 특권적 위상을 정당화하거나 제자공동체의 정체성을 확립하기 위한 용도로 국한시켜 이해하기는 어려운 것이다.

산상수훈에 대하여 방대한 주석서를 낸 한스 디터 베츠 교수는 본문에 대한 다양한 해석적 관점을 비판적으로 분석한 후 고대에 편만하게 퍼져 있던 가난한 인간의 존재에 대한 보편적 관점을 통해, 이 구절이 제 가난한 존재의 근원에 대한 '지적인 통찰'을 강조한 것이라고 해석했다. 이 경우 심령의 가난함이든, 그런 수식어 없는 가난함이든, 이는 고대 당대 희랍의 철학은 물론 유대교의 지혜 문헌 가운데 폭넓게 논의된 일반적인 '인간의 조건humana condicio'을 표상하는 문학적 토포스로 이해할 수 있다는 것이다. 이러한 가난한 인간 존재에 대한 신학적 인식은 쿰란 문헌과 이후 교부들의 사상 가운데서도 지속적으로 탐지된다. 이에 따르면 인간은 태생적으로 티끌에 불과한 가난한 존재로 이러한 인간 조건을 인지하는 것이야말로 자기 삶의 이해에 필수적이며 윤리의 출발점이 된다는 것이다. 이는 단지 변함없는 가난한 삶의 형편 속에서 인내하는 금욕주의의 미덕을 장려하고자 한 말씀이 아니다. 그것은 존재론적인 겸비의 자세로 인간이 처할 수밖에 없는 근본적인 삶의 곤궁함에 대한 철저한 자의식을 가지고 유한한 생의 실존을 가난과 동일시한 결과였다.

소크라테스적 이상이 인간의 내면에 깃든 불멸하는 영혼의 존재에서 신과 통할 수 있는 자유와 지복의 풍요함을 내다봤다면 산상수훈의 맥락에서 그 복됨은 '천국'이라는 종말론적 희망에 근거한다. 인간의 내면에 깃든 영혼이란 것도 곰곰이 살펴보면 마냥 낙관적이지 않다. 그것 역시 근심과 걱정에 사로잡히기 일쑤이고 온통 어둠에 휩싸여 컴컴하기도 하며 본질상 불순하고 악하다. 그러나 인간을 그 곤궁한 상태에서 건져내길 원하시는 하나님의 천국 복음은 그러한 취약한 인간의 가난을 대번에 뒤집어 하나님의 주권적 통치의 수혜자로 변신할 수 있게 해준다. 물론 인간의 가난과 이에 따른 온갖 역경 자체가 정의의 조건이 되는 것은 아니다. 하지만 신실한 하나님의 백성이 그 조건을 겸비함 가운데 인식하고 수락할 때 그러한 순종의 행위에 위로부터 오는 천국의 보상이 있으리라는 것이다.

부와 가난의 역설

비록 존재론적 가난이 인간의 보편적 현실을 반영한다고 할지라도 이에 대한 '지적인 통찰'은 그리 보편적이지 않은 듯하다. 여전히 부요한 경제를 누리는 자들은 그 존재의 비곗살도 두툼하고, 궁핍한 지경에 허덕이는 자들은 그 존재에 대한 성찰의 여력이 핍진할 정도로 쇠잔해 있다. 다만 우리의 일상적 현실에 비추어 아무리 생각하고 분석해도 부와 가난의 관계는 상대적인 것 같다. 그 기준이 경제적 수준이든, 존재론적 위상이든, 어디까지가 부이고 어디까지가 가난인지 시대와 공간을 떠나 딱 부러진 객관적인 기준이 모호하다는 것이다. 물론 일용할 양식조차

거꾸로 읽는 신약성서

챙기지 못한 채 굶주리는 절대 가난의 현실이란 게 명확하게 존재한다. 구약시대에 땅과 가축, 자손이 넉넉한 부요한 삶이 하나님의 복으로, 그런 것들이 박탈되거나 결여된 가난한 살림은 하나님의 저주 또는 게으름의 결과로 인식되는 경향이 있었다. 그러나 부요함이 탐욕을 자초하고 이로 인해 공동체에 해가 되는 경험을 성찰한 결과 중용의 교훈으로 지나친 부요함과 극단적인 가난함을 경계하는 다음과 같은 합리적인 기대가 제출되기도 하였다. "곧 헛된 것과 거짓말을 내게서 멀리 하옵시며 나를 가난하게도 마옵시고 부하게도 마옵시고 오직 필요한 양식으로 나를 먹이시옵소서"(잠 30:8). 이와 더불어, 부요한 자로서 취해야 할 미덕은 자연스레 필요한 양식조차 얻지 못하는 빈궁한 이웃들에게 활수하게 구제하고 베푸는 것에 초점을 맞추었다.

이보다 극단적인 방식으로 물질적인 부 자체를 마귀적인 유혹의 빌미로 인식하여 최대한 경계하고 멀리하려는 금욕주의의 입장이 나타나기도 하였다. 가령, "돈을 사랑함이 일만 악의 뿌리"(딤전 6:10)라는 인식이 대표적인 사례다. 이는 다시 하나님이냐 맘몬이냐의 선택을 제자들에게 요구한 예수의 가르침으로 소급되는데, 이후 유대인 그리스도교 공동체 일각에서 가난한 삶을 제 정체성의 표상으로 삼는 에비온파Ebionites라는 분파까지 생겨날 정도였다. '예루살렘의 가난한 성도들' 역시 그 배경에 흉년으로 인한 기근의 현실이 자리했든, 자발적인 가난의 삶을 추구한 제자도의 기상이 뿌리내렸든, 바울이 주도한 이방인 교회의 후원금을 거절했다면 추후 가난을 일종의 운명적 스타일로 삼았을 가능성이 농후하다. 그들은 예수의 자발적 가난을 모방하면서 그 가난한 삶의 현실을 종말에 임하는 뜨거운 신앙적 상징으로 삼고 경건의 실천 방식으로서 가난의 의미를 극단까지 밀어붙였을 법하다.

　이러한 경향과 딴판으로 예수 그리스도의 복음 속에 가난을 타개하려는 메시지를 읽어낸 사도 바울의 입장도 있다. 그는 자비량 선교사로 가난이든 부요함이든, 주어진 형편 속에 자족하는 법을 배웠노라고 고백한 당사자였다. 예루살렘의 가난한 성도를 구제하는 모금 캠페인을 벌이던 중 그는 모금을 독려하는 신학적 논리로 그리스도가 담보한 부요함의 약속을 이와 같이 역설하였다. "우리 주 예수 그리스도의 은혜를 너희가 알거니와 부요하신 이로서 너희를 위하여 가난하게 되심은 그의 가난함으로 말미암아 너희를 부요하게 하려 하심이라"(고후 8:9). 바울에게 그리스도의 가난은 단지 존재론적 인간 조건에 그치지 않았다. 그것은 그가 몸소 실천한 삶의 방식이었고 자신의 부요함을 내려놓은 이타적인 희생의 실천이었다. 그 결과 그의 가난은 그를 믿고 따르는 이들을 부요하게 하는 해방과 전복의 능력이 되었다. 바울의 이 구절을 팔복의 가난 본문과 겹쳐 읽으면 그 부요함의 실체가 '천국'이 아닐까 하는 생각이 들기도 한다. 그러나 모금 캠페인이라는 고린도후서 8장의 전체적인 맥락에 비추어볼 때 그 부요함 속에는 물질적 풍요도 포함되어 있는 게 분명하다.

　　　　　　　　　　거꾸로 읽는 신약성서

그렇다면 가난한 자의 복됨이란 결국 역설적인 삶의 지향 아닐까 싶다. 흙으로 돌아가야 할 유한한 인간의 실존적 곤궁함 속에 나름의 '지적인 통찰'을 확보한 자들은 어느 순간 신앙적인 각성과 함께 자신의 물질적 부를 포함하는 기득권을 꽤 과감하게 내려놓을 수 있다. 거기서 '하나님의 경제'를 발견하고 '하나님의 가족'을 이룬다면 천국의 복음이 실현되는 셈이다. 마찬가지로 남에게 수탈당하여 가난해졌든, 태어날 때부터 가난한 집안의 소생이라 가난하든, 그 가난한 존재는 생의 밑바닥 체험을 통해 그리스도가 부요함을 버리고 가난을 자처한 그 심령의 자리에 민감하게 반응할 수 있는 섬세한 영적 감수성을 갖기 수월한 조건에 처해 있다. 여기에 하나님의 영도 임하여 그 가난한 자들에게 전파할 '아름다운 소식'을 예비해두었다고 하지 않는가. 그렇다면 가난하기에 그것을 밑천으로 하나님의 역설적 진리 가운데 하강 초월하여, 기득권과 인습에 찌들어 사는 이들이 전혀 볼 수 없고 경험하지 못하는 천국의 복음을 맛볼 수도 있을 것이다.

나는 예수의 기준에 비추어 지극히 가난한 자인가? 아니다. 그렇다면 오늘날 세속의 자본제적 기준에 비추어 대단히 부요한 자인가? 그것도 아닌 듯하다. 대다수의 사람들은 나름의 주관적 기준으로 그 극단의 양자 사이에 끼어 있다. 그러나 삶이 고단해질수록 누구나 예외 없이 티끌 같은 제 인생의 늪에서 허우적대는 몰골로 한없이 밑바닥으로 추락하는 순간이 찾아온다. 그 겸비한 심령의 곤궁함을 계기로 우리는 복됨의 가능성에 희망을 걸 수 있다. 그렇게 화끈하게 탐욕을 부추기는 부요함의 기름기를 제거하고 물질적인 소유의 짐을 내려놓다 보면, 가난한 자가 복된 이유에 눈을 뜨고 천국이라는 전혀 색다른 세계를 맛볼 수도 있지 않을까.

거꾸로 읽는 신약성서

'예, 예'와 '아니오, 아니오'의 역설

마 5:37

오직 너희 말은 옳다 옳다, 아니라 아니라 하라. 이에서 지나는 것은 악으로부터 나느니라(마 5:37).

'침묵의 카르텔'을 넘어서

툭하면 지적하는 버릇은 별로 안 좋은 것이다. 오류 많은 인간이 타인의 오류를 지적하는 꼴이 되기 십상이기 때문이다. 이와 관련하여 예수는 자기 눈의 들보는 보지 못하면서 남의 티를 빼내려 한다고 지적하였다. 특히 한국 사회는 조직 내부에서 뭔가 잘못된 걸 지적하면 조직의 분위기를 망친다거나 빈대 잡으려다 초가삼간 태운다며 그 폐해를 경계하는 분위기가 막강하다. 그것이 관행이 되어 형성된 것이 이른바 '침묵의 카르텔'이다. 시비를 세밀하게 따지기보다 그냥 좋은 게 좋은 거라는 상호보호조약이 인간관계에서 암묵적으로 작용해온 것이다. 그래서 사회개혁이 더디고, 정신개혁은 지체현상이 심하다.

특히 전체적인 현상에 대한 비판이나 지적이 아닌, 자기와 친한 관계, 자기가 좋아하는 사람의 문제를 지적하는 것은 정말 쉽지 않다. 추상적인 전체를 향해 두루뭉술하게 싸잡아 비판하면 '그런가 보다' 하며 넘어가겠는데, 특정한 대상을 실명으로 비판하는 것은 매우 어렵다. 감정에 취약한 우리 족속이기에 의리와 온정이 그런 일로 쉽사리 상할 수 있기 때문이다.

또 한 가지, 이미 사실로 여겨져 누구나 그렇게 알고 공감하는 것을 그 근본이 잘못되었다고 뒤집어 새로운 사실과 전혀 다른 의미로 재조명하는 일도 적잖은 파장을 불러오는데, 경우에 따라 본전 뽑기도 쉽지 않다. 성서 주석을 통해 말씀에 대한 오해를 지적하는 것은 이 마지막 유형에 가깝다. 특히 동료 목사들이 으레 그런 것으로 알고 있는 내용을 아니라고 전복하여 잘못 알았다고 까발리는 작업은 자칫 자기 의를 과시하는 영웅 심리의 빌미가 되거나 다른 동료 체면 구기면서 결국 제 얼굴에 침 뱉기가 될 위험도 있다. 그래도 꼭 해야 한다면 이는 저만의 별난 취미이거나 고독한 사명감의 발로일 테다.

각설하고, 또 한 가지 지적을 해야겠다. 내가 좋아하는 어느 목사님이 페이스북의 설교에서 이 말씀을 인용하여 결론구로 삼았는데 그 맥락의 혼선이 나를 자극했다. 내가 우리 학교에서 발간

하는 〈성경과 목회〉라는 소박한 잡지에 같은 주제로 자세한 글을 쓴 적이 있으니 그냥 넘어갈 수도 있을 테지만, 지방의 그 작은 매체를 누가 얼마나 진지하게 읽어주었겠는가.

화끈하다고 마냥 좋은 건 아니다

오직 너희 말은 옳다 옳다, 아니라 아니라 하라. 이에서 지나는 것은 악으로부터 나느니라(마 5:37, 개역개정).

너희 말을 '예, 예' 또는 '아니오, 아니오' 정도로 해라. 그 이상의 말은 악한 자에게서 나오는 것이다(필자의 사역).

이 말의 오해 유형에서 대표적인 것은 시시비비를 분명히 가려 말하라는 뜻의 해석이다. 이런 방향의 해석적 관행이 이미 굳게 자리 잡은 상태이다. 한글개역이 그걸 부추긴다. '옳다'라는 번역이 그렇다. 그 희랍어의 의미는 그냥 '예yes'라는 긍정의 답이지만 거기서 '옳다'라는 함의를 추출할 수 없는 건 아니다. 약간의 과장과 확대 해석만 해도 이런 번역을 틀렸다고 하기 어렵다. '아니라'와 '아니오'의 미세한 차이도 마찬가지다. 미묘한 뉘앙스의 차이가 있다. 전자가 (불의한 것에 대한?) 강렬한 거부의사의 표명으로 읽힌다면, 후자는 어떤 질문에 대한 조금 얌전한 부정적인 답의 표현 정도로 새겨진다.

이러한 관점의 해석은 조금 더 팽창하고 한 꺼풀 더 과장된다. 이 구절이 뜨겁든지 차갑든지 해야지 미적지근해서는 안 된다는 요한계시록의 유명한 말씀과 접합되어 자신의 소신에 따라 용감하게 시비 간의 판단을 하고 화끈하게 그것을 드러내라는 선동적인 의미가 생성되는 것이다. 그래서 '예'와 '아니오'는 졸지에 뜨거움과 차가움을 가르는 화끈한 경계지표로 돌변한다. 나아가 의연한 결단과 행동을 부추기는 메시지로 승화된다.

그러나 이 어록을 자세히 살펴보면 문맥만 제대로 분별해도 이런 식의 오해를 피해갈 수 있다. 이 어록은 산상수훈의 일부로 자리한다. 산상수훈은 학자들의 연구에 의하면 매우 오래된 예수의 전승으로, 마태의 편집 이전 단계, 가령 Q자료나 심지어 그 이전 단계의 편집층을 반영하고 있다. 그래서인지 이 산상수훈의 문학적 구조는 매우 질서정연한 레토릭의 논리적인 흐름을 드러낸다. 쉽게 말해 산상수훈 자체 내의 서론/본론/결론의 결이 뚜렷하고, 본론의 짜임새 또한 매우 정교하다는 것이다.

이런 완성된 구조 내에서, 또 그 구조의 짜인 문맥 속에서 저 어록을 조명하면 그것은 맹세하지 말라는 교훈의 단락(마 5:33-37)을 마무리하는 결론구라는 걸 알 수 있다. 그 맥락을 살려 다시 곰곰이 뜯어보면 이 말씀은 한마디로 간명한 언어생활을 강조하는 교훈 이상도 이하도 아니다. 무슨 사안에 대한 의견의 제시든, 어떤 질문에 대한 답변의 형식이든, 자기 말이 '예', '아니오' 정도로 간단명료하게 제시되면 족할 것을 거기에 견강부회하여 토를 달면서 장황하고 허풍스런 수식으로 과장하지 말라는 것이다. 그렇게 하다 보면 결국 '맹세'로 빠질 위험이 있기 때문이다. 물론 '예'가 두 번, '아니오'가 두 번 나오는 건, 그 짧은 '예'를 상대방이 알아듣지 못할 가능성이 있기 때문이다. 그래서 확인 차원에서 한 번 더 '예'와 '아니오'를 반복하는 정도는 관대하게 용납될 수 있다는 뜻일 테다.

그러나 여기에 자기의 말을 강조하기 위해, 또 그 말의 진정성을 좀 더 확고하게 드러내기 위해 '정말 그렇다니까!', '아니라면 내 손에 장을 지져!', '정말 내 말 못 믿으면 내가 성경에 손을 얹고 다짐해', '하늘과 땅의 하나님께 내 목숨을 걸고 맹세한다니까' 식으로 말을 부풀리다 보면 자기 말의 진정성과 권위를 높이기 위해 자기를 하나님과 같은 수준으로 끌어올려 맹세하는 꼴이 된다. 아무리 제 목숨을 걸고 덤벼든다 할지라도 하나님은 그 꼴을 못 봐주겠다는 것이다.

맹세를 피하는 담백한 언어생활

신중한 언어생활에 대해서는 동서고금의 수많은 아포리즘이 존재한다. 성서에도 구약성서 잠언을 비롯하여 지혜문헌에 이와 관련된 교훈이 광범위하게 등장한다. 신약성서 야고보서에도 선

부른 말의 위험을 경계하며 실수 없는 말의 미덕을 높이 치는 어록이 나온다. 예수 역시 우리가 부주의하게 남발한 언어에 대하여 종말론적 심판 때 책임을 묻겠다는 취지로 경고한 바 있다. '교언영색'이란 말이 있듯이, 말로써 말을 자꾸 꾸미려 하다 보면 저도 모르는 사이에 그 말이 교활해지고 영악해지는 것을 느낄 수 있다. 섣부르게 과장하여 표현한 것이 거짓된 말의 장난에 놀아나는 경우가 얼마나 잦은가. 그만큼 인간의 허세와 허영은 말의 과장과 요란한 꾸밈과 무관치 않고 오히려 긴밀하게 접맥되어 있는 것이다.

그냥 담백하고 명료하게 답변하면 족한 것을 자꾸 그 말을 꾸미고 장황하게 떠벌이다 보면 거기서 빚어지는 말로 인한 허풍과 허세의 후유증은 자못 심각하다. 더구나 그것이 하나님의 말씀으로 치장되어 선포되는 종교적 강단의 현실 속에서 그 말의 수사학적 부작용은 악한 자의 사기와 기만을 부채질하는 가장 확실한 질료이다. 그래서 어록의 마지막에 나오는 '악'도 어떤 추상적인 악의 대상을 겨냥한 것이 아니라 그러한 말의 거품으로 사기와 기만을 일삼는 '악한 자'를 특정하여 비판한 것으로 푸는 게 적절하다. 요컨대 이 어록의 핵심 메시지인즉, 시비 간의 화끈한 의사표명과 결단의 요구나 이에 따른 정확한 행동의 발현이 아니라, 이와 상반되는 조심스럽고 신중한 언어생활이다. 이즈음 너무 화끈한 언어적 도발로 인터넷 공간의 말들이 험악해지는 사태를 성찰해보면 예수의 이 말씀은 오늘날의 현실을 정조준하

거꾸로 읽는 신약성서

고 있는 것처럼 보이기도 한다.

천안의 모 대학에 채플설교 갔다가 초청한 목사님과 인근 산을 오르는데 어느 교회에서 나와 산 입구에 천막을 치고 차를 한 잔씩 대접하면서 전도하고 있었다. 집사로 보이는 한 사람이 대뜸 예수 믿느냐며, 구원의 확신이 있느냐며, 지금 죽어도 천국에 갈 자신이 있느냐며 따발총처럼 나와 친구 목사를 향해 다그쳐 댔다. 참 화끈한 전도 열정이었지만 불쾌한 심정이 이는 것도 사실이었다. 한국 교회에서는 화끈한 것, 확실한 것을 너무 숭배하는 경향이 있다. 미적지근한 태만함이 인생을 망치는 경우가 많으니 그도 그럴 만하다. 신앙생활도 나름의 확고한 신념을 견지하고 열심 있게 하는 게 밍밍하고 두루뭉술한 것보다 낫다. 그러나 그 화끈함이 주로 말로써 한몫을 하려다 보니 신중함과 조심스러움은 실종되고 경박함이 그 자리를 대신 차지하고 있다. 신앙생활의 열심을 위한 독려가 한국 교회에 경망스런 말쟁이들을 양산하고 있는 건 아닌지 심각한 회의와 반성이 들 때가 있다.

나 역시 이 짧고 간단한 예수의 어록을 이렇게 장황하게 뜻풀이하여 오해를 바로잡는다고 요란하게 설치고 있으니 조금 한심하다. 굳이 '맹세'까지 가진 않았지만 이로 인한 말의 잉여와 거품의 병통이 짐짓 심각하다. 그렇지만 어쩌겠는가. 예수의 저 말씀이 2천 년 가까이 세월의 이끼에 덮여 그 기원을 망실한 비극적 현실 가운데 제멋대로 견강부회되는 꼴을 봐주기 어려운 것을! 더구나 그것이 내 이름 '정식正植, planting justice'의 운명에 값하

는 것이고 성서학자로서 내가 예수의 이름으로 밥값을 하는 길
인 것을!

신중한 판단과 공정한 반면교사

마 7:1-5

비판을 받지 아니하려거든 비판하지 말라. 너희가 비판하는 그 비판으로 너희가 비판을 받을 것이요 너희가 헤아리는 그 헤아림으로 너희가 헤아림을 받을 것이니라. 어찌하여 형제의 눈 속에 있는 티는 보고 네 눈 속에 있는 들보는 깨닫지 못하느냐. 보라 네 눈 속에 들보가 있는데 어찌하여 형제에게 말하기를 나로 네 눈 속에 있는 티를 빼게 하라 하겠느냐. 외식하는 자여 먼저 네 눈 속에서 들보를 빼어라. 그 후에야 밝히 보고 형제의 눈 속에서 티를 빼리라(마 7:1-5).

비판 전성시대의 명암

너도나도 비판을 하며 사는 시대다. 나는 아내로부터 '너무 자주 비판적'이라는 지적을 종종 받는다. 그러면 나는 '그 말도 나에 대한 비판인데…' 농담하면서, 학자의 본분이 비판하며 비평하는 것 아니냐며 맞받아치곤 하는데, 비판에 취약한 사람들에게 이 말이 얼마나 무심하고 무책임한 말인지 나도 잘 안다. '비판'이라는 말 자체에도 함정이 있다. 영어의 'criticism'이란 말은 우리말 번역에서 '비평'과 '비판'이란 뜻으로 곧잘 새겨진다. 비평으로서의 'criticism'은 'crisis(위기)'와 말의 뿌리를 공유하는 단어로, 시대의 위기에 정면 대결하여 그것을 뚫고 나가는 정공법의 지적인 기획으로 인정된다. 그런가 하면 이 말이 성서해석학에 적용될 때 그 함의인즉 텍스트의 외면에 표출된 문자적 의미를 넘어 그 통시적인 전후 맥락과 이면의 감추어진 내막을 분석적으로 드러내는 일련의 해석 작업을 염두에 두고 있다.

그러나 '비판'으로서의 'criticism'이란 말의 개념적 외연은 더 넓다. 그것은 존재하는 모든 것을 향해 그 사물이나 사람의 상태를 변증법적으로 판단하는 행위이다. 먼저 부정의 관점이 개입한다. 이후로는 그것이 온당한지 따져보며 균형을 잡아가는 긍정의 시각도 끼어든다. 물론 그 대상의 현재 상태를 넘어 더 나은 미래를 바라보는 시선으로 부정이 긍정을 압도하여 때로 비판은 가혹한 평가의 방법적 도구가 되기도 한다. 여기에 쌍생아처럼, 그러나 혼종된 이국종으로 붙어 다니는 개념이 '비난'이나 '비방'이란 말이다. 비판이 균형을 잃고 휘청거릴 때 불공정한 비난으로 흐를 위험이 있다. 그것은 상대방을 훼방하여 훼손하려는 의도로 사실과 무관한 것을 헐뜯거나 사실을 과장하여 과도하게 험담하는 것이다. 이러한 언사는 일방적인 질책일 뿐 대화와 토론을 염두에 두지 않은 무책임한 감정을 수반하는 경우가 허다하다. 이로써 비방자가 병리적인 즐거움을 얻으려는 게 아니라면 마땅히 그쳐야 할 버릇이다.

'비판하지 말라'니?

그런데 예수가 산상수훈에서 비판을 주제 삼아 언급하며 한 말씀 하신다. 거기서 특히 '비판하지 말라'는 엄명을 내린 것이 문제가 된다. 그러나 이 표현에서 저자가 선택한 어휘는 희랍어 '*krinō*'로, 우리가 통상 알고 있는 '비판'의 개념과 약간 종자가 다른 말이다. 그것은 넓은 의미의 '비판'이란 개념을 포괄하면서 '판단', '심판'이란 개념에 비중이 쏠리는 어휘이다.

우리가 무엇을 최종적으로 판단하기 위해서는 비평과 비판의 작업이 선결되어야 한다. 그러나 그것이 누구를 대상으로, 어떤 의도로 수행되느냐가 또 중요한 전제이다. 예수는 이것을 형제들 사이의 관계에서 실천되는 문제로 전제한다. 즉, 어떤 학문 토론의 장에서 진행되는 비판의 행위나 법정에서 이루어지는 사법적 판결이 아니라 개인과 개인의 관계에서 형제애적 충고와 질정叱正 관계를 염두에 두고 있다는 것이다. 아울러, 이 말이 '비판'으로 번역되든, '판단'이나 '심판'으로 해석되든, 그 형식이 금언maxim으로 주어졌다는 점을 주목해야 한다. 아포리즘 또는 금언은 인간 삶의 현실을 단순하게 압축하여 특정한 원리를 간결하게 요약해 제시하는 형식적 특징을 가지고 있다. 따라서 예수가 '비판하지 말라'고 명령했다고 해서 문자 그대로 비판하지 말라는 이야기가 아니라는 것이다. 어떤 맥락에서 '비판'의 문제가 있으니 그것을 직시하여 현명하고 신중한 언행을 주문하려는 게 그의 의도였다고 그 맥락의 진실을 발견해야 한다.

어쨌건 우리 시대의 '비판'은 그 공정성과 적실성에서 또 다른 비판의 대상이 될 만하다. 무엇보다 비판하여 교정해야 할 사회·정치적 공의의 대상에 관해서는 침묵하거나 맹목적으로 반응하는 사례가 너무 많다. 따라서 한 공동체의 규율을 세우고 한 국가의 정의를 이루는 데 훼방을 놓는 수단으로 예수의 저 어록을 인용하거나 적용하는 것은 천부당만부당한 노릇이다. 물론 세세한 인간관계로 현미경을 들이대면 거기에도 비판의 공정성에 많은 문제를 발견할 수 있다. 군중심리에 의해 너도나도 한마디씩 떠들며 비판에 가세하는 쏠림 현상이나 그 가운데 비판자의 자기 검열이 소홀해져 대상을 향해 과장되거나 왜곡된 정보를 쏟아냄으로 자신의 비판을 정당화하려는 심리적 방어 기제가 종종 사태를 악화시키는 경우가 있다. 아울러, 자신이 줄곧 비판해 온 사항에 스스로 연루되는 경우도 곧잘 불거진다. 이러한 자가당착과 모순적 실존의 상황에서 비판이 자기 결핍과 패배의식을 보상받고자 하는 병리적 즐거움의 추구라는 진단에도 얼핏 일리가 있어 보인다.

그래서 예수의 저 어록은 종합적으로 그 적실한 맥락에서 함의를 파악해야 한다. 그 맥락을 단적으로 말하자면 그것은 윤리적 표준을 공유하는 공동체의 형제들 관계에서 상호교정과 자기교정을 수행하는 교육의 현장이다. 우리의 사회화 과정은 숱하게 말로써 영향을 주고받는 관계로 짜여 있다. 친구들 사이의 조

거꾸로 읽는 신약성서

언과 충고는 물론 사제관계에서도 말로써 훈육을 받는다. 우리는 지금껏 살아오면서 숱하게 지적을 받아왔다. 동시에 우리 역시 상대방의 결점을 꼬집어 지적하는 일에 익숙하다. 그러나 우리가 어떤 문제점을 비판적으로 지적할 때 상대방은 즉각적인 반사행동으로 보복적 반격을 시도하는 습성이 있다. 우리말의 어투에 상용화된 패턴 중 하나는 상대방의 말을 자르며 뭐라고 꼬집어 말하면 '그게 아니라…'라고 즉각 해명 내지 반격의 언사가 튀어나오는 것이다. '그게 아니라…'의 수사가 만연한 우리의 언어행위는 비판을 거부하는 데 면역이 되거나 상대방의 말을 부정하면서 무조건 찌르며 대드는 비판의 만능 시대를 암시하는 측면이 있다.

판단의 상호주의와 자기교정 우선주의

가치 평가가 분명한 비판은 판단과 판정으로 이어진다. 법정에서는 사건의 면면을 세밀하게 조사하고 검증하여 최종 판결에 이른다. 사람을 평가하고 채용할 때, 특정 자리에 특정 인물을 검증하여 선발하고 임명할 때, 우리가 판단의 과정을 생략할 수 없다. 학계에서는 논문이나 저서를 통해 학자의 연구 업적을 평가하고 수업 받는 학생들을 통해 강의역량을 평가하기도 한다. 따라서 '판단'이란 우리 삶의 사회적 위상과 정체성을 구성하는 중요한 요소이고 필수불가피한 영역이다. 이러한 공식적인 판단만이 있는 게 아니다. 사사로운 수군거림의 상당 부분은 소문으로 이어지고 소문의 많은 내용 가운데는 적잖이 섣부른 판단이 내장되어 있다. 따라서 우리가 판단을 유보한다고 말하는 순간에도 우리는 속으로 은근히 잠정적이든 가변적이든 판단이란 행위를 수행하고 있다. 비판을 중단한다고 해도, 심지어 화기애애하게 서로를 수용하는 순간에도, 우리는 날선 비판의 가시를 심중에서 아주 꺾어버리지 않는다. 간단없는 전장의 연속인 이 세속의 삶 가운데 인간관계에서 말로써 부대끼는 그 현장은 그야말로 한시적 휴전일망정 영속적 종전은 못 되는 것이다.

그런데 예수가 이런 인간의 삶이 처한 사회적 실존을 아시면서도 '비판하지 말라'고 무리한 주문을 한 것은 아닐 터이다. 앞서 지적한 대로 이 어록은 형제 관계 또는 제자들의 상호 관계에서 교정을 통한 교육적 성장의 맥락에서 제시된 말씀이다. 그러니까 비판하고 판단을 하되 신중하고 현명하게 잘해야 한다는 것이다. 사업을 추진하는 현장에서 물건을 달아 재는 표준도량형이 필요하고 그것을 모든 경우에 두루 적용해야 마땅하듯, 우리가 삶의 현장에서 누구를 대상으로 무엇을 측정하고 검증할 때 표준적 윤리 기준이 필요하다는 것이다. 그것이 생략된 채 자기 의와 현학적인 규율에 사로잡혀 섣부르게 판단하고 거칠고 불공정한 비판을 남발할 때 그것의 오남용으로 인한 인간관계의 훼손과 그로 인한 부작용이 만만치 않다는 경고가 그 이면에 깔려 있다.

거꾸로 읽는 신약성서

"너희가 비판하는 그 비판으로 너희가 비판을 받을 것이요 너희가 헤아리는 그 헤아림으로 너희가 헤아림을 받을 것이니라"는 말씀은 황금률의 상호주의 원칙을 반영한다. 아울러, 보복률 *ius talionis*의 상호주의 원칙도 동시에 상관된다. 여기서 중요한 것은 형제의 잘못을 지적하여 꾸짖고 비판하며 바로잡고자 하는 교정의 시도는 늘 자기교정의 선행 작업과 함께 이루어져야 한다는 사실이다. 또한 모든 비판적 판단의 언행은 상대방에 대한 심도 깊은 이해와 동정적 혜안에 기반을 두고 사려 깊은 현명함을 동반해야 한다는 것이다. 실제로 우리가 누구의 잘못을 꼬집어 지적하며 비판할 때 그것이 긍정적인 결과를 가져오는 경우는 드물다. 타인에 대한 질정의 노력이 효과를 거두는 경우는 그 주체의 언행이 권위가 있어 충분한 감화력을 동반할 때이다. 그렇지 못할 경우, 그러니까 비판하는 자가 그 대상자와 인격적으로 교제하며 친숙하게 알지 못한 상태에서 드러난 피상적인 현상만을 가지고 거칠게 비판하여 단정적인 발언을 일삼으면 오히려 반발을 초래하여 안 하느니만 못한 결과를 초래한다. 여기서 비판의 주체가 권위 있는 감화력을 동반한다는 것은 예수의 어록에 다시 기대면 자기를 먼저 교정하는 선결 행위가 있다는 말이다. 자기교정을 통해 해당 허물을 말끔히 제거한 상태에서 동일한 허물을 지적하고 비판적으로 충고할 때, 또 비판하는 상대방에 대한 인격적인 신뢰가 작동할 때, 그 비판적 판단의 열매를 기대할 수 있다.

눈의 '균형' 윤리학

그러나 신중한 판단의 상호주의와 엄격한 자기교정 우선주의 원칙이 지켜지지 않을 경우, 예수는 이를 자기 자신의 눈 속에 있는 들보를 그냥 둔 채 남의 눈 속에 있는 티를 빼내려고 달려드는 것과 같다고 한다. 이 눈의 비유는 형제애적 교정 행위의 맥락과 상관되는 인간관계의 은유적 전제를 깔고 있다. '티'는 나무를 켤 때 날리는 부스러기나 지푸라기에서 날리는 먼지같이 작은 잔해물을 가리킨다. '들보'는 눈보다도 더 큰 허물을 과장되게 지칭하는 은유적인 표현이다. 사람과 사람이 인격적인 관계를 맺고 신뢰를 쌓는 것은 눈맞춤에서 비롯된다. 서로 얼굴을 대면하고 눈을 마주치면서 사람은 서로의 속내를 드러내고 사귐의 길에 들어선다. 눈이 '영혼의 창'이라는 오래된 경구대로 사람은 입으로 말하기에 앞서, 또는 입으로 모든 말을 소진한 뒤에, 눈으로 그 말 너머의 말을 하는 존재다. 상대방의 눈은 더구나 자신의 모습을 비추어주는 거울의 역할을 한다는 점에서 중요한 인식론적 성찰의 감관이다. 그런데 상대방의 눈에서 티와 같은 허물을 보면서도 자신의 눈에 있는 들보와 같이 거대한 허물을 살피지 못한다면 몽매한 부주의함이거나 자기기만의 위선일 수밖에 없다. 그것은 자기교정의 절차 없이 상대방을 교정하려는 절차상의 하자이며 신중한 사리분별의 결여이다. 이는 나아가 상대방의 눈에 비친 제 큰 허물을 살피는 일에 소홀하면서 제 눈에 비친 상대방

거꾸로 읽는 신약성서

의 작은 허물을 대단한 것인 양 까발리는 거칠고 불공정한 행태
이다.

뿐만 아니라 제 눈의 들보와 상대방 눈의 티는 정확하고 균
형 잡힌 표준형의 측정 기준에 따라 발견한 허물의 실상이 아닌
것 같다. 본문은 상대방의 눈에 든 티를 분별하는 동사로 '보다
blepein'를 사용한 데 비해, 자신의 눈에 든 티를 발견하는 단어로
는 보다 신중하게 살펴야 가능한, '깨닫다', '인지하다'라는 뜻의
동사 '*katanoein*'을 사용하고 있다. 이는 남의 눈에 든 티와 같
은 작은 허물을 보는 것보다 자기 눈의 들보 같은 더 큰 허물을
발견하는 것이 훨씬 더 깊은 성찰의 노력을 필요로 함을 암시한
다. 더구나 그 들보 같은 제 눈의 허물은 상대방의 눈에 든 허물
을 찾아내는 데 심각한 장애물이 된다. 5절의 다음 결론구가 바
로 그 증거이다. "외식하는 자여 먼저 네 눈 속에서 들보를 빼어
라. 그 후에야 밝히 보고 형제의 눈 속에서 티를 빼리라." 여기서
예수의 메시지를 담은 목소리는 이와 같이 상대방의 허물에 과
장된 비판을 일삼고 자신의 허물에 지나치게 관대한 심판관을
'외식하는 자', 곧 위선자로 규정한다. 그는 자신의 눈 속에 있는
들보와 같은 편벽된 관점으로 말미암아 상대방의 허물조차 정확
하게 파악하지 못한다. 그래서 그 눈 속의 들보를 빼낸 연후에야
비로소 밝히 보는 안목을 얻게 된다는 것이다.

이 어록의 두 단어, '비판을 받을 것이다*krithāsesthe*'와 '헤아림을
받을 것이다*metrēthēsetai*'는 모두 수동태 미래시제이다. 그것은 종

말론적 맥락과 관련되어 있다. 이 세상에서 우리가 행한 모든 판단은 아무리 최선을 다한 것이라 해도 하나님의 최후 심판의 자리에서 다시 판결받아야 할 미완성의 불완전한 것이다. 우리가 행하는 비판적인 심판의 언사들은 상대방을 통해 즉각적으로 되돌려지는 보복적 반박으로 이전투구의 양상으로 전개되기 일쑤인데, 이 모든 판단의 귀결점은 결국 종말에 통과해야 할 최후의 심판대이다. 그렇다면 이 세상에서 가장 위선적인 비판은 마치 자신이 최후의 심판관이라도 되는 양 모든 사안에 '심판주의judgmentalism'의 자세로 말하고 행동하는 것이다. 이는 종교, 특히 기독교의 권위 있는 사람들일수록 제 성직자적 권위주의에 사로잡혀 즐겨 범하는 부주의한 오류이다. 뿐만 아니라 성서의 문자주의나 교리주의에 사로잡혀 고지식하게 그것을 고수하며 사는 길이 최상이라고 생각하는 사람들일수록 심판주의의 오류에 쉽게 노출되는 일이 잦다. 그러나 그것은 건설적인 비판의 효과를 거두기도 어렵고 학문적인 비판과 검증의 진보에도 기여하는 바가 거의 없다. 주변의 인간관계를 망치면서, 그가 기독교인이라는 이유로 기독교 전체에 오명을 끼치는 게 대체적인 귀결이다. 이러한 사례는 허다하다.

거꾸로 읽는 신약성서

최후 심판자 앞에 현명하게 판단하기

그렇다고 우리가 늘 판단 중지나 판단 유보의 상황에서 인간 사회를 굴러가게 하는 평가의 과정을 생략한 채 꿀 먹은 벙어리처럼 살 수도 없다. 앞서 지적한 대로 우리가 겉으로 말을 안 해도 평가와 판단의 행위, 그것을 정당화하는 비판적 잣대는 늘 작동되고 있다. 따라서 판단을 하지 않는 것처럼 냉담한 침묵의 자세를 보이는 것 역시 위선에 불과하다. 또 이 세상의 부조리와 부정의가 또렷한데 그것을 비판적으로 지적하고 역사의 심판을 선포하는 것이 부당하지 않다. 그러나 그 또한 하나님의 종말론적 심판을 비켜 갈 수 없다는 것이다. 따라서, 거듭 강조하거니와, 예수의 이 어록을 통해 이 세상의 타락상과 교회의 역사적 범죄에 면죄부를 받으려는 얄팍한 수작은 성서의 권위를 가탁한 꼼수에 불과하다.

그렇게 비판의 정당성과 판단의 불가피성을 인정한다고 할지라도 이 비판 만능 시대에 예수의 이 어록에서 경청해야 할 메시지가 약화되는 것은 아니다. 오히려 섬뜩할 정도로 강렬하게 우리의 인간관계에서 우리가 행하는 모든 비판적 심판의 언사들을 제 자신의 눈 속으로, 삶 속으로 되돌려 신중하게 담금질할 것을 재촉한다. 예수의 제자로 사는 길은 경솔하고 어리석은 길이 아니다. 성급한 교리적 확신이 그에 부응하는 제 삶의 열매 없이, 이웃을 제 몸처럼 사랑하지 못하는 수준에서, 그 이웃과 형제를 향한 날선 비판의 공세를 마냥 정당화할 수 있는 것은 아니다. 최종 질책과 교정의 충고 이전에 자기비판과 자기교정이 급선무다. 그런 다음에 상대방과의 우의적 신뢰관계를 망치지 않는 선에서 현명하고 신중한 비판과 교정의 노력이 뒤따라야 맞다.

결론을 내리자. 우리는 형제를, 또 자매를 비판할 때 심판관처럼 기세등등하지 말아야 한다. 심판하기 전에 잠정적으로 겸손하게 판단하며, 또 판단하기 전에 비판적인 균형을 유지하고 있는지 제 언어를 되짚어보자. 공정성의 윤리가 거칠고 성급한 감정적 비방의 충동을 제어하고 있는지도 점검해야 할 것이다. 또 그 균형 속에 상대방의 인격에 대한 존중과 깊은 인간적 이해와 배려가 포함되어 있는지 성찰하는 것이 좋겠다. 아울러, 그 비판의 잣대를 자신에게 들이댔을 때 어떤 결론이 나올지에 대해서도 우선적으로 신중하게 따져보자. 먼저 내가 남을 비판할 때 그 남이 나를 어떻게 비판할지 섬세한 상상력을 가동해보는 것도 필요할 터이다. 역지사지가 일방적인 비판의 충동보다 현명하다. 반면교사의 신중함을 살리려는 자세가 남의 눈 속에 든 티에 대한 발견의 치밀한 정확성보다 더 바람직하다. 더불어 내 비판과 남의 반론적 재비판이 하나님의 최후 심판 자리에서 저울에 달릴 때 그 공의의 기준을 어떻게 통과할지에 대해서도 웅숭깊게 대비하면서 할 말을 하는 것이 좋겠다.

　　　　　　　　　　　　　　　　거꾸로 읽는 신약성서

구하고 찾고 두드리는 내력

마 7:7-8

구하라 그리하면 너희에게 주실 것이요 찾으라 그리하면 찾아낼 것이요
문을 두드리라 그리하면 너희에게 열릴 것이니 구하는 이마다 받을 것이요
찾는 이는 찾아낼 것이요 두드리는 이에게는 열릴 것이니라(마 7:7-8).

기도 환원주의의 문제

산상수훈에 나오는 이 말씀은 하나님께로 향한 기도의 열심과
그 자세를 강조하는 메시지로 곧잘 응용된다. 우리의 기도가 구
하는 것, 즉 '간구'의 목록들로 채워지는 현실이다 보니 이러한
적용도 무리가 아니다. 그렇다면 '찾으라'는 말씀의 뜻은? 이 역
시 자기가 무엇을 간구해야 할지 모르는 상태에서 하나님의 뜻
에 맞게 구해야 할 목표를 설정하라는 뜻으로 새겨지기 십상이
다. 문을 두드리라는 말씀 역시 마찬가지다. 설정한 그 목표를 향

해 집요하게 강청하면 반드시 응답을 받으리라는 확신이 그 메시지의 권고사항으로 얹힌다. 이 모든 메시지를 한마디로 압축하면 '만사형통'쯤 될 것이다. 모든 것이 주의 뜻대로 이루어지는 것의 요체가 일관되게 반복 실천하는 간구로서의 기도에 있다는 믿음을 심어주고자 안달하는 설교자의 욕동이 여기서 파생된다. 그러나 이러한 해석의 관점은 이 어록의 핵심을 잘못 짚은 것이다.

산상수훈은 마태복음 내에 속해 있으면서도 그 편집 구조가 독립적인 전승 단위로 매우 질서정연하게 짜여 있다는 것이 연구자들의 공통된 견해이다. 그 안에서 기도에 대한 가르침은 위의 어록이 자리한 맥락과 동떨어진 마태복음 6장 5-15절에 제시되어 있다. 거기서 예수는 진정한 기도가 금식과 구제와 함께 대표적인 경건의 실천 행위임을 전제하면서 올바른 개인기도와 집단기도의 모범적 기준을 설파하였다. 골방에서의 은밀한 기도, 중언부언 금지, 집단 기도의 모범 사례로서 제시된 '주기도문'의 교훈 등이 그 맥락에서 연이어진다. 이에 비해 위의 어록은 신중하고 지혜로운 삶의 교훈이라는 또 다른 논의의 맥락에 위치하고 있다. 이 어록에 선행하는 어록들, 즉 심판 금지의 어록, 귀중한 것을 그 가치를 몰라보는 자들에게 주지 말라는 권고 등의 경우든, 이 어록에 이어지는 황금률과 좁은 문으로 들어가라는 훈계의 경우든, 공통적으로 이 세상살이에서의 지혜롭고 현명한 분별과 처신을 강조하고 있다. 그 한가운데 예수의 저 '구하라' 어록이 끼어 있다는 사실은 이 어록 역시 제의적 실천이나 경건의 훈런 차원에서 강조한 기도의 어록이라기보다 지혜로운 삶의 실천이라는 주제로 수렴된다고 보는 것이 합리적이다.

구도자 예수의 위상

고대 교부들은 예수의 저 어록을 다소 불편하게 여겼다. 그들이 교리적으로 확정하여 주로 섬기는 예수 그리스도의 십자가와 부활 사건으로 모든 구원이 일단락되었는데, 무엇을 또 구하고 찾고 두드리란 말인지, 그 미완성의 여운이 못내 찜찜했기 때문이다. 그때로부터 지금까지 '역사의 예수'와 '신앙의 그리스도'의 이항대립은 불트만이 제출한 그 긴장의 강도를 넘어서 더욱 민감하게 다가오는 역사와 실존의 영역을 남겨두고 있다. 역사 속에서 예수도 나름의 신학적 통찰을 가지고 있었다. 그는 단지 후대에 체계화된 십자가 대속과 부활, 재림의 교리에 따라 부각된 기독교 신학의 대상이었을 뿐 아니라 두 발로 팔레스타인을 누비며 다니시던 역사 공간 내에서 신학의 주체이기도 했다는 말이다.

예수에 의한 예수의 신학이라니, 얼마나 참신한 발상의 전환인가. 예수에 대한 신학이 주류를 이루는 오늘날의 기독교 신학에 비추어 이 말이 어색할지 모르지만 예수도 당시 유대교의 신학적 틀 내에서 나름의 창의적 사유 반경을 확보하고 있었다. 저 어록을 감싸고 있는 산상수훈의 해당 맥락에서는 특히 유대교의 지혜신학 전통이 그 태반으로 깔려 있는 듯하다. 이에 따르면 우리가 살아가는 이 세상은 하나님의 신비 또는 비밀이 감추어진 보고寶庫다. 우리 인생 역시 예측불허의 여정 가운데 매설된 하나님의 선물과 당혹스런 장애물이 무궁하다. 오로지 담대하게 모험하고 탐험하는 자만이 그 비밀의 최대치에 이를 수 있다.

기실 경험론적으로 따져보면 우리가 툭하면 입에 담고 주워섬기는 내세의 구원이나 영생이란 것도 개별적인 신비체험이나 교리적인 확신에도 불구하고 여전히 미지의 세계에 속하는 비밀의 영역이다. 그게 전부가 아니다. 우리가 날마다 살아가는 삶의 매 순간이 그 숱한 반복의 패턴에도 불구하고 수많은 질문의 틈새를 감추고 있다. 그것을 애써 미봉하거나 눙치면서 우리는 대강 확신하고 축적된 경험과 인습에 의지하여 하루하루 살아간다. 이러한 삶의 태도에 근본적인 의문을 던지고 창발적으로 묻기 시작하면서 우리는 자기 바깥의 대안적 세계에 눈뜨게 된다. 예의 어록은 바로 그러한 질문과 탐구의 도전을 부추기면서 제자들로 하여금 전혀 다른 삶의 지평으로 눈을 돌리게 한다. 예수의 신학적 지향은 완성된 체계로서의 교리와 전혀 동떨어진 구도자적 삶을 향한 궁극적 도전에 있었다는 말이다. '구하라'에 해당되는 원어 'aitein'에 '질문하라'는 뜻이 담겨 있고, '찾으라zētein'는 말의 함의가 플라톤의 아카데메이아에서 그토록 선용되었던 '탐구하라'라는 것은 결코 우연이 아니다.

담백한 낙관주의의 이치

이 말을 협소하게 적용하여 '기도하면 하나님이 들어주신다'는 메시지로 취하는 것이 딱히 잘못된 해석이라고 보지 않는다. 다만 '기도'라는 것을 어떻게 정의하고 이해하느냐가 관건이다. 넓은 의미에서 기도 역시 이 세상과 하나님의 온갖 비밀에 대한 인간의 질문과 탐구의 한 가지 방식이 될 수 있기 때문이다. 그러나 거기에 기계적 '응답'의 정석은 들어 있지 않다. 그 대신 이 어록의 메시지는 우리 인생들이 삶의 주체로서 하나님이 주신 이 선물의 잠재력을 최대한 계발하고 활용하여 이 세상과 그 창조주이신 하나님의 역동적인 신비를 알고자 묻고 탐구하는 성실한 구도자적 자세에 초점을 맞추고 있다. 이 말로써 예수는 신비로운 세계에 감추어진 창조의 진리, 또 우리 인생에 잠재된 신적인 비의를 찾아 열린 자세로 배우고 도전하고 모험하는 삶의 실천적 지혜를 갈파한 것이다. 물론 그 모험과 탐구의 향방이나 목표와 관련하여 예수는 그 원형적 표상으로 '하나님나라' 또는 '천국'이란 키워드를 제시함으로써 나름의 힌트를 남겨두었다.

그렇게 진지하게 물음을 품고 질문을 던지는 자는 많은 경우 그 답을 얻게 된다. 좁게는 복잡한 수학문제에서 넓게는 이 우주의 근원에 대한 물음까지 우리 인생의 다양한 관심사를 두고 '왜'와 '어떻게' 등을 따지고 묻는 질문의 충실한 노력은 당연하게도 합리적인 답을 만나게 된다. 질문에 질문이 꼬리를 물면서

미로와 같은 난제들이 숱하게 등장해 지칠 때도 있지만, 우리는 그것이 단 한 가지 확실한 모범답안이 아니라 할지라도 개연성 있는 추론과 연역의 과정을 거쳐 잠정적인 해법을 찾을 수 있게 된다. 탐구하는 것도 마찬가지다. 오늘날 눈부시게 발달한 현대 과학문명과 인문사회과학은 그 복잡한 미로 속의 낭비와 부작용에도 불구하고 큰 틀에서 인간의 사유세계와 문명의 진보에 엄청난 기여를 해왔다. 그것을 '인본주의'라고 까뭉개며 간편히 정죄하는 것은 그 모든 현대문명을 가능케 한 인간의 잠재력과 그것을 선물로 제시한 분이 창조주 하나님이라는 사실을 망각한 자가당착이다. 심지어 그렇게 오로지 저 홀로 충량한 신본주의의 옹호자인 양 자처하는 이들조차 자동차는 타고 제 집에 전깃불을 켜서 밤을 낮처럼 밝힌다. 이 모든 것이 하나님의 창조세계를 파고들면서 심오한 질문으로 부대끼며 탐구해온 노력들이 축적된 결과로 우리 앞에 주어진 것들이다. 문을 두드리는 경험은 어떠한가. 우리는 그 문 뒤에 누가 있는지 전혀 알지 못하는 상태에서, 그러나 그 문이 열릴 것을 기대하며 노크를 한다. 그 문 뒤에 아무도 없어서, 또는 그 문 뒤의 사람이 두드리는 나를 환대하지 않는 이라서, 씁쓸히 낭패를 보는 경험을 할 수도 있을 것이다. 그러나 우리가 어떤 목적과 의도를 가지고 문을 두드리면 그 문이 열리는 것이 십중팔구의 가능성이다. 이 역시 당연한 듯하면서도 놀랍다.

　나는 모험으로 가득 찬 우리 인생의 도상에서 일관성과 충실성

을 가지고 도전하는 이들에게 벼락처럼 실현되는 이러한 십중팔
구의 가능성에 '담백한 낙관주의'라는 명패를 붙여준 적이 있다.
요컨대 예수의 이 어록은 모험으로서의 인생길에 들어선 제자들
에게 하나님나라를 목표로 전향적인 삶의 자세를 강조하려는 의
도로 제시되었다고 보는 것이다. 물론 거기에는 미완성과 불확실
성의 여지가 있다. 하나님의 뜻과 섭리도 전제로 깔려 있다. 그래
서 구하고 찾고 두드리라는 명령형 어법의 결과에 대한 서술이
미래시제 수동태로 쓰여 있다. 그러나 동시에 예수는 이어지는
문장에서 능동태의 어법을 제시함으로써 이 모험을 담대하게 감
행하는 자들을 그 탐구와 해답의 주체로 설정한다.

　이렇듯, 예수의 이 어록에 동참하는 모든 제자들은 잠정적으로
하나님의 보이지 않는 은혜와 함께, 제 결단의 의지로 구도하는
피동적 주체인 동시에 적극적 주체이다. 새롭게 모험하지 않으면
새로운 것이 발견되지 않고 그 모험의 결단을 추동하는 것이 그
제자들이란 점에서 그들은 적극적 주체이다. 그러나 결단할 의지
와 질문하고 탐구할 지성을 주신 분이 창조주 하나님이란 점에
서, 또 그 탐구의 과정에 신묘하게 개입하고 낙관적인 결과로 인
도하는 매개 역시 하나님의 은총이란 점에서 그들은 또한 피동
적 주체이다.

이단이 모르는 것

이단자들은 간단명료한 틀로써 교주가 제시하고 승인한 해답만이 유일한 해답이라고 생각한다. 그래서 말해온 것만 늘 되풀이하고 그 되풀이의 감옥에 갇혀 스스로 강박적 신앙의 포로로 산다. 그러나 강박과 신앙이 어찌 행복하게 어울릴 수 있겠는가. 내가 이단자들의 신앙 패턴과 삶을 대하는 기본 태도에 자주 황당해지는 것은 그들에게 삶의 근원적 문제에 대한 주체적인 질문과 모험적인 탐구의 의욕이 없기 때문이다. 내가 유일한 모범답안에 자주 식상해하고 '범생이' 유의 신앙 패턴에 별 매력을 느끼지 못하는 것도 바로 예수의 저 어록에서 받은 영향 탓이 크다.

그러나 내가 아무리 비관적인 냉소와 조롱의 언사들로 둘러싸여 질타를 받아도 다시 너끈히 기상하여 명랑하게 새날을 태초의 순간처럼 살려는 의욕을 품고 분발하는 것도 이 어록이 계시한 '담백한 낙관주의'의 비밀에 눈뜬 덕분이다. 한 치 앞길을 내다보지 못하는 컴컴한 인생길에서 예수의 이 간단명료한 말씀이 비추어주는 빛의 감화는 적지 않다. 그러나 표표히 새롭게 길 떠나며 날마다 자신의 확신을 되묻고 탐구하며 모험하는 구도자로 산다는 것은 얼마나 위태롭고 험난한 일인가. 예수의 담백한 낙관주의적 지혜는 그 위기와 위험을 무릅쓸 것을 요구한다.

거꾸로 읽는 신약성서

'좋아요'와 황금률 생각

마 7:12

그러므로 무엇이든지 남에게 대접을 받고자 하는 대로 너희도 남을 대접
하라. 이것이 율법이요 선지자니라(마 7:12).

페이스북의 '좋아요' 기능

마크 저커버그가 만든 페이스북은 세계적인 소셜 네트워크 서
비스 매체로 오늘날 각광을 받고 있다. 트위터에 비해 파급력은
제한되어 있지만(개인당 최대 친구 수 5천 명) 그 친화력에서는 트위터
를 뛰어넘는 막강한 위상을 점하고 있다. 여기에 첨부된 기능 중
에 '좋아요like'라는 것이 있는데, 페이스북 친구들이 게시하거나
링크한 글 또는 사진, 음악 등에 호의를 표하는 방식이다. 그것
은 단순히 피상적인 호의로 끝나지 않고 진득한 신뢰와 공감, 동

의와 지지, 격려와 위로, 칭찬과 감탄 등 다양한 함의를 내포하고 있다. 따라서 이 '좋아요'를 많이 받는 게시물은 자연스레 주변의 사람들에게 파급되어 그 게시자의 인지도를 높여주면서 더욱 강한 영향력을 발휘하게 되어 있다.

그런데 '좋아요'를 누르는 사람들의 성향이 흥미롭다. 어떤 이는 가급적 모든 친구들의 게시물에 최대한의 범위에서 '좋아요'를 눌러준다. 매우 관대하고 정이 많으며 후한 경우이다. 반면 타인의 게시물을 훑어보고 '좋아요'를 거의 눌러주지 않는 인색한 경우가 있다. 숨어서 살피는 이른바 '눈팅족'의 범주가 여기 해당된다. 아울러, 초대형의 팬덤을 거느린 유명 인사들도 남들의 풍성한 '좋아요'로 축적된 인기를 즐기는 편이지만 그 모든 친구들의 '좋아요'와 논평에 세세하게 응대하여 답례하지 않는다. 그것이 답례하지 않는 것인지, 워낙 바빠서 못하는 것인지는 사람에 따라, 상황에 따라 각기 다르고 복잡다단한 디테일이 있을 것이다. 또 다른 소극적인 페이스북 참여자들은 자신의 절친한 소수에게만, 그 게시물의 객관적 호불호를 떠나 습관적으로 '좋아요'를 허용하기도 한다. 자신의 존재와 일상을 적극적으로 드러내기를 꺼려하고 자기 방어적인 기질이 그런 형태로 드러나는 것일 게다. 나머지 대다수는 적당한 범위에서 적당한 방식으로 '좋아요'를 찍어주면서 페이스북의 친구관계를 외교적으로 관리하는 부류로 볼 수 있다.

여기서 내가 최근에 주목한 세부적인 범주는 나 자신이 이런저런 심리적 동기로 오랜만에(또는 최초로) '좋아요'를 눌러주니까 즉각 그 상대방이 역동적인 '좋아요'의 반응으로 응답해주는 경우이다. 나는 이런 종류의 경험을 통해 이른바 '상호주의'의 기계적 정직성을 느꼈다. 적나라하게 풀어 말하면 이런 것이다. "그동안 그쪽이 내 게시물에 보인 '좋아요'의 관심이 뜸해서 나도 시큰둥해진 상태에서 일부러 반응을 보이지 않았었는데, 지금 그쪽이 이렇게 호의적인 반응을 보여주니 나도 답례 차원에서 '좋아요'로 대등하게 응답해주는 것이지." 나는 평등의식에 투철한 이러한 응답을 보면서 인간의 욕망 한가운데 잠재된 인정욕구의 철저함과 그 실현에 관한 한 티끌만치도 손해 보는 짓은 하지 않아야겠다는 무의식의 계산에 다시 움찔했다. 황금률에 대한 해석의 추억이 떠오른 것은 바로 그 순간이었다.

황금률의 본질적 의미

황금률을 다룬 몇 차례의 글에서 나는 그 원문을 내 방식대로 문자적으로 번역해서 사용해왔다. 기존의 한글개역에서 사용하는 '대접'이 주로 음식 대접을 연상시키면서 본래 개념을 협소하게 짓누르는 문장의 분위기 때문이다. 내 직역은 대강 이러했다. "그러므로 사람들이 너희에게 해주기를 원하는 것이 무엇이든 그 모든 것을 너희들 또한 그와 같이 그들에게 해주어라"(마 7:12). 그 이유에 대해 산상수훈의 발화자인 예수는 '그것이 바로 율법이요 선지자들[의 가르침]이기 때문이다'라는 문장을 첨가하고 있다.

황금률은 예수만의 어록으로 제한되지 않는다. 그 이전과 이후에 다양한 유사 형태의 황금률이 인간관계의 근본 원리로 각인되어 각지에 유통되어왔었다. 그중에서 소극적 황금률 또는 부정적 황금률이라고 부를 수 있는 유형의 어록이 있는데《논어》에 나오는 공자의 어록이 대표적인 예이다. '기소불욕 물시어인己所不欲 勿施於人'이 바로 그것이다. 우리말로 풀면 '자신이 원하지 않는 것을 남들에게 시키지 말라'는 뜻이다. 여기서 우리는 인간이 자신의 존재에 대해서 무엇인가를 원하고 기대하는 욕망의 존재임을 알 수 있다. 그런데 그 욕망은 타인의 욕망에 대한 존중, 특히 억압적인 것을 싫어하고 자유를 추구하는, 누구나에게 공통된 욕구를 존중하는 범위 안에서 존중받을 수 있다는 것이다. 공자는 그 상호주의의 원리를 '하지 말라'는 부정적 맥락에 초점을 맞추어 강조한 셈이다.

소극적 상호주의를 부각시키는 공자의 부정적 황금률에 비해 예수의 그것은 적극적 상호주의를 강조한다. 예수의 상기 어록에서도 인간들은 무엇인가 남들이 자신에게 해주기를 원하는 존재로 전제된다. 그 '해줌'의 범위는 다양할 텐데, 무엇보다 인정받고 주목받고 칭찬받고자 하는 욕구가 떠오른다. 음식 대접 등은 그 부대적인 항목이라 볼 수 있다. 그것은 상대방이 자신에게 베풀어주기를 기대하는 친절과 선행의 총체적인 범주라 여겨진다.

그러나 단순히 기대하는 것, 욕망하는 것과 그것이 실현되고 충족되는 것은 전혀 다른 차원이다. 그래서 쌍방 간의 인간관계에서 누군가는 먼저 상대방을 선대해야 하는 것이다.

오로지 선행先行하는 선행善行이 있어야 거기에 대한 응답의 여부를 확인할 수 있는 것이 인간관계의 상호주의가 봉착한 실존적 경계이다. 그런데 그 경계는 인간이 원하는 욕구의 보편적 범주―'모든 것'―를 통해 허물어진다. 누구에게나 욕망의 발동은 자연스러운 것이다. 그 가운데는 제 개인의 내면에서 스스로 충족될 수 있는 것도 있다. 그러나 지라르의 욕망 이론을 들지 않더라도 욕망은 제3자의 매개를 통해 대타적인 관계에서 파생되고 증폭되는 성향을 지니고 있다. 그래서 우리는 상대방을 향해 수시로 욕망의 궁합을 탐침하면서 그것이 실현될 수 있는 '모든 것'의 가능성에 민감하게 반응한다. 그도 그럴 것이 내 속의 '모든 것'이 상대방과 만나서도 그의 '모든 것'과 화끈하게 포개질 수는 없기 때문이다.

그러므로 우리가 원하고 기대하는 '모든 것'은 상대방의 욕망과 자유를 만나 피차 교통될 만한 '어떤 것'이 된다. '우리'와 '너희'의 교집합이 율법과 선지자들의 전통적 가르침에 부응할 만한 공변된 가치를 띤다면 더욱더 장려할 만할 것이다. 그런데 예수의 어록에서 강조점은 누가 먼저 그 만남의 상호주의를 선도할 수 있는가에 있는 듯하다. 물론 예수는 제자들이 바로 그 선구적 위치에서 먼저 타인을 선대하길 권고하는 게 분명하다. 제

자신의 내면적 욕구를 존중한다면 상대방의 동일한 욕구를 살펴 그것에 부응하는 착한 행동을 보여주라는 것이다. 여기에 함정이 있다. 왜냐하면 이 세상의 모든 사람들이, 특히 낯선 타자를 향해 선대한 만큼 똑같이 선대하리라는 보장이 없기 때문이다. 오히려 더 많은 경우 은혜를 원수로 갚기도 하고 물에 빠진 사람 살려주니 보따리 내놓으라며 황당한 반응을 보이는 사례도 드물지 않다.

　이런 인간관계의 현실에서 우리의 무의식은 손해 보지 않으려 치밀한 계산으로 발버둥 친다. 사소한 일에서나 대단한 큰일에서나 이해관계가 얽힌 심리적 긴장 가운데 상대방의 속셈을 떠보려 여러 가지 시험과 검증이란 절차로 덫을 놓기도 한다. 내가 먼저 선대할 때 상대방이 그 정도 수준 또는 그 이상으로 선대할지를 철저하게 따져보려는 수순이다. 예수는 이 대목에서 우리의 평범한 상식과 통념을 넘어서는 메시지로 인간의 인정욕구와 이에 따르는 상처나 질투를 가뿐하게 넘어서는 대안적 상호주의의 지평을 보여주었다. 그것은 손해를 무릅쓰고 담대하게 모험하라는 도전적인 발상이었다. 그 발상은 예수의 가르침에 끝나지 않고 그의 몸을 통해 실천적인 사역 가운데 구체적으로 이루어져 나갔다. 그는 그렇게 사람들을 선대하고 하나님나라의 복음을 온몸으로 전했지만 그에게 돌아온 것은 십자가 죽음이라는 비극적 결말이었다. 그러나 하나님은 그 비극을 뒤집어 인류의 구원이라는 보편적인 열매로 보응해주셨다.

적극적 모험으로서의 신앙

황금률의 교훈은 우리가 인간의 이기적 한계를 넘어 자폐적 욕망의 경계를 극복하고 그것이 이타적 의지로 연동되어 담대하게 선한 모험을 추구해야 한다는 것이다. 그럴 때 인간은 소소한 동물적 이해관계에 얽매이는 기계적 상호주의의 강퍅함을 가로지르며 비로소 예수의 제자로 성장해나갈 수 있다는 암시가 그 행간에 탐지된다. 물론 예수의 제자도는 여기서 하나님나라(또는 천국)의 변방을 개척하는 신앙적 주체가 된다는 뜻일 터이다. 그 신앙은 예수를 주로 고백하는 입술 서비스의 차원에 머물지 않고 오로지 하나님을 닮아 그의 뜻대로 행하는 데까지 나아가고자 하는 적극적 상호주의의 길이다. 그 길은 손해를 무릅쓰지 않고서는 걷기 어려운 모험으로서의 신앙을 요구한다.

자본주의 시대의 기독교 신앙은 이타적인 행위조차 그 결과와 파급 효과는 물론 그 보답을 기대하는 거래를 근간으로 시장 논리에 순치되는 경향이 강하다. 시쳇말로 믿음으로 구원받는다는 교리적 기초조차 이 땅에서의 풍성한 복을 받아 누리고 사후의 천당에서 영생복락까지 챙기려는 타산적인 맥락에서 적용될 정도다. 이른바 '누이 좋고 매부 좋고' 식의 일거양득의 논리는 기계적인 상호주의까지는 포괄한다. 한 개 주고 한 개 받거나 한 개 주고 두 개를 덤으로 받는 식의 거래를 누가 마다하겠는가. 물론 그것조차 누군가 한쪽에서 먼저 주고자 선수를 치지 않고서는 성립되지 않는다는 점에서 무의미하지 않다. 그러나 주고 나서 후회하면 소용이 없다. 선대하고서 자신의 행위를 철회하거나 그 것을 뒤집어 배반하면 처음의 선대까지 얼룩이 된다. 그래서 주고서 잊어버리는 성숙이 필요하다. 다시 말해 기계적이고 소극적인 상호주의의 황금률이 적극적이고 활수한 상호주의의 황금률로 진화되어야 한다는 것이다.

　한 시절 적극적인 상호주의의 원칙 아래 큰 손으로 북한을 대하며 화해와 소통의 관계를 향해 나가던 한반도 내의 남북관계가 기계적 상호주의 원칙 아래 '퍼주기'의 비난을 뒤집어쓴 연후 그 열매는 매우 쓰디썼다. 서로 손익계산서를 놓고 주판알 튕기면서 재고 따지느라 아예 기계적 상호주의의 원리마저 작동하지 않게 되었기 때문이다. 예수의 황금률은 이렇게 개인적 인간관계뿐 아니라 한 민족공동체의 화해와 평화라는 명분에 이르기까지 명쾌하게 그 진정성을 시위한다. 부정적 황금률의 기계적 상호주의를 넘어 긍정적 황금률의 적극적 상호주의가 답이다. 모험하지 않고서 어떻게 새로운 세상이 발견되고 참신한 하나님나라의 비밀이 드러나겠는가. 인간과 자연 세계 공히 하나님나라의 비밀을 담고 있는 그릇이라면 우리는 그 그릇에 부대껴 마냥 튕겨나가며 미끄러질 수 없다. 우리는 그 황망한 현장 속에서 담대한 모험이라는 예수 신학의 유산을 상실한 대가를 현재 톡톡히 치르고 있는지 모른다.

화평이 아닌 검을 던진 까닭

마 10:34-39

내가 세상에 화평을 주러 온 줄로 생각하지 말라. 화평이 아니요 검을 주
러 왔노라. 내가 온 것은 사람이 그 아버지와, 딸이 어머니와, 며느리가 시
어머니와 불화하게 하려 함이니 사람의 원수가 자기 집안 식구리라. 아버
지나 어머니를 나보다 더 사랑하는 자는 내게 합당하지 아니하고 아들이
나 딸을 나보다 더 사랑하는 자도 내게 합당하지 아니하며 또 자기 십자
가를 지고 나를 따르지 않는 자도 내게 합당하지 아니하니라. 자기 목숨
을 얻는 자는 잃을 것이요 나를 위하여 자기 목숨을 잃는 자는 얻으리라
(마 10:34-39).

심히 과격한 예수?

복음서를 보면 오늘날의 시각에서 이해하기 어려운 구절들이
더러 있다. 때로 과장된 수사가 어떤 말을 포장하여 그것을 급진
적인 메시지로 비치게 하는 경우가 있다. 과장법이야 그 속내를
잘 새겨 읽으면 소화할 수 있지만, 그 발화자인 예수의 의도를 간
파하기가 어려운 난해한 구절도 적지 않다. 이처럼 적용은커녕
제대로 이해하기조차 어려운 구절은 자의적으로 풀다가 엉뚱한
결론에 다다를 수 있다. 그렇다면 그런 말씀은 차라리 모른 채로

그냥 놔두는 것이 더 나을 것이다. 억지로 풀려다가 그 말씀에 대한 자의적 해석의 결과로 제 생을 망치거나 이웃에게 피해를 입히는 것보다 겸손한 무지의 진공상태가 오히려 희망적이기 때문이다.

예수의 어록 중에서 난해한 축에 속하는 말씀으로 다음의 구절도 해당되지 않을까 싶다. "내가 세상에 화평을 주러 온 줄로 생각하지 말라. 화평이 아니요 검을 주러 왔노라"(마 10:34). 화평이 아니라 칼을 주러 왔다니, 이 무슨 뜬금없는 말씀인가. 그는 마태복음의 조금 앞에서 "화평하게 하는 자는 복이 있나니 그들이 하나님의 아들이라 일컬음을 받을 것임이요"(마 5:9)라는 산상수훈의 가르침을 통해 '화평'을 강조한 당사자가 아닌가. 또 마찬가지 맥락에서 제단에 예물을 드리려다가 형제와 불화한 것이 생각나면 예물의 봉헌조차 유보하고 먼저 형제와 화목할 것을 종용한(마 5:23-24) 분도 예수 아니었던가. 그런데 그렇게 화평과 화목을 강조한 그분이 10장에 이르러서는 '불화'를 선포한다. 그 대상이 '형제'가 아니라 '세상'으로, 서로 다르다고 말할지 모른다. 그러나 그다음 구절을 읽어보면 그 세상은 다름 아닌 집안 식구들이다. '형제'의 개념이 동족까지 포괄하는 것으로 이해하더라도 그 일차적 범주는 가족 내에서 혈통을 공유하는 형제를 가리킨다. 더구나 예수는 그 불화의 검을 매우 구체적으로 휘두른다. 자신이 이 땅에 온 목적을 "사람이 그 아버지와, 딸이 어머니와, 며느리가 시어머니와 불화하게 하려 함"(마 10:35)이라고 명토박아둔 것이다. 문자 그대로 취하면 이건 너무 과격한 교훈 아닌가. 예수가 이렇게 심히 과격하고 급진적인 인물이었던가.

과격한 급진성의 초점

결론부터 성급하게 내리자면 맞다. 예수는 과격하고 급진적인 인물이었다. 특히 그렇게 칼을 던질 정도로 결기를 세우며 타파하고자 했던 이 땅의 인습을 향해 그는 매우 급진적인 태도를 취했다. 그 부정적 인습을 요즈음 개념으로 간단히 요약하면 '혈통가족주의'이다. 이러한 일차원적 연고의 인간관계에서 파생된 각종 연고주의의 퇴행적 모습이 바로 예수가 칼로 잘라내고 불로 태워버리고 싶어 했던, 하나님나라의 치명적인 장애물이었다. 불로 태운다고? 그렇다. 이 마태복음 구절의 평행구인 누가복음의 구절에는 칼 대신 불이 나온다. 예수는 그 칼의 상징적 의미를 화평이 아닌 분쟁에서 찾으면서 다음과 같은 수사학적 자문자답을 한다. "내가 세상에 화평을 주려고 온 줄로 아느냐. 내가 너희에게 이르노니 아니라 도리어 분쟁하게 하려 함이로라"(눅 12:51). 이 분쟁의 표상이 선행하는 구절에서는 '불'의 이미지로 제시되고 있다. "내가 불을 땅에 던지러 왔노니 이 불이 이미 붙었으면 내가 무엇을 원하리요"(눅 12:49). 나아가 이 불의 실체는 장차 예수가 받아야 할 모종의 '세례'라는 또 다른 은유적 어휘로 확장된다. 여기서 이 '세례'는 예수가 감당해야 할 십자가의 고난을 연상시켜주는데, 불이든, 세례든, 이 시점에서 아직 임하지 않은 게 분명해 보인다. 예수에게 이 '세례' 비유로써 자신의 몫으로 감당해야 할 십자가의 고난을 떠올렸다면, 그 '불'은 세상과 격하게 부대끼며 불화하는 자신의 비평적 메시지와 무관치 않은 듯하다.

예수가 이렇게 칼과 불까지 동원해야 할 만큼 이 땅에 혈통가족주의의 인습 속에 번성해온 맹목적 연고주의의 늪은 깊고 암담했다. 그래서 자신의 집안 식구들이 '원수'가 되리라는 경고는 하나님나라의 이념 아래 이 땅의 혈통가족들이 재편되기 위해 치러야 할 만만찮은 비용의 필요성을 역설한 것이다. 예수의 궁극적 목표에 따르면 이러한 불과 칼의 파괴적 이미지를 매개로 창의적 불화를 도발하려는 대상은 종말론적 풍전등화의 상황 앞에 선 혈통가족의 울타리와 그 안에 저당 잡힌 인간관계의 편협한 맹목성이다. 예수는 제자들을 부르면서 '나를 따르라'는 한마디에 혈통을 매개로 자신과 엮인 가족으로부터의 출가를 요구하였다. 그리하여 혈통이 아닌 신앙적 이념을 매개로 모든 사람들이 서로에게 형제와 자매가 되는 '하나님의 가족_familia Dei_'이야말로 하나님나라의 주권적 통치 안에서 추구하고 이룩해야 할 신학적 이념형이었다.

가족과 함께 가족을 넘어

역사비평의 관점에서 혹자는 예수의 이 어록이 초기 제자들이 종말론적 미션을 수행하면서 겪어야 했던 혈통가족과의 불화와 갈등 경험이 반영되어 나타난 것이라고 해석한다. 역사적 예수의 당대로 소급해보면 예수를 따르기 위해 출가를 결행한 제자공동체가 출가 이전 단계에서 경험한 핍박의 단면을 드러낸 흔적으로 읽을 수 있다. 나아가 강렬한 종말의식에 사로잡힌 예수와 제자들이 이 땅의 혈통가족주의에 철퇴를 가하면서 하나님나라의 목표를 조준하여 '헤쳐 모여'의 메시지를 강화하고자 한 의도를 엿볼 수도 있을 것이다. 예수의 이러한 급진 사상은 얼핏 플라톤의 가족해체론과 상통하고 불교의 출가정신에 잇닿아 있는 듯하지만 그 사이에는 미세하지만 중요한 차이점이 있다. 예수는 플라톤의 경우와 달리 해체한 가족의 자녀 부양과 관리를 국가공동체에 의탁하려는 심산이 전혀 없었다. 그의 현실 속에는 이 땅의 견고한 토대 위에 우뚝 선 현실 속의 국가란 존재가 공동체 단위로 존재하지 않았다. 이스라엘 민족의 언약공동체라는 또 다른 대안이 있었지만 그 민족은 이미 식민체제 아래 귀속되어 지리멸렬한 상태였다. 그 민족공동체가 부실해진 나머지 예수가 그 회복에 아무리 심혈을 기울여도 유리하는 양떼가 범람하던 형편이었다.

불교의 경우와 달리 예수는 가족관계의 철저한 단절을 요구한 것이 아니었다. 출가제자와 재가제자의 공존과 상호 인정이란 점에서 상호 간에는 유사한 면도 있다. 하지만 훗날의 정황이 암시하듯, 예수는 가족을 떠남으로써 그들과의 관계를 단절하기보다 그들이 '하나님나라'의 이념적 목표 아래 재편되어 제 혈육의 배타적 제약을 넘어 서로가 서로에게 형제와 자매로 공경과 사랑의 대상이 되는 대안적 제자공동체를 꿈꾸었던 것이다. 그것은 하나님나라의 현실적 목표였다. 실제로 예수의 부활 사건 이후 그의 제자들은 갈릴리에서 예루살렘으로 집결한 일부 가족들과 함께 유무상통의 초대교회에서 그 목표를 부분적으로 실현해 나간 흔적을 보여준다.

예수의 과격한 급진성은 다른 한편으로 가족의 전통적 가치를 긍정하는 또 다른 양태와 함께 보완된다. 그는 가나의 혼인잔치에서 포도주 기적을 통해 탄생하는 혈통가족의 한 모태를 축복하였다. 또한 그는 창세기의 혼인명령을 중시하여 남자가 음행의 연고 외에 여성을 버리는 방편으로 남용한 이혼의 관행에 매우 비판적이었다. '고르반'의 예화를 통해서는 십계명의 부모 공경 조항을 제 이기적인 방식으로 왜곡하는 당시의 세태에 적나라한 질타의 목소리를 발하였다. 베다니의 마리아/마르다 오누이 가족을 즐겨 찾아 교제한 점에 비추어보면 그는 굳이 출가하여 자신과 함께 동행하지 않은 혈통가족의 무리를 향해서도 관대했던 것 같다. 다만 그는 하나님의 나라 가치에 역행하는 혈통가족주의라는 강고한 인습의 족쇄를 타개하고자 했을 뿐이다. 나아가 하나님나라의 대의와 명분을 그르치는 온갖 불공정하고 음험한 연고주의적 담합의 체계에 불과 칼을 던져서라도 그 구태를 해체하고 새로운 관계의 질서를 창출하고자 애썼던 것이다. 가족과 함께 가족을 넘어 하나님의 온전하심을 닮아가고자 한 예수와 제자공동체의 실존적 현장과 역사적 삶의 자리가 그 언저리에 걸쳐져 있었다.

'하나님의 가족'과 반反연고주의

진정한 의미의 화평은 대가를 치러야 얻을 수 있다. 화평은 갈등을 전제로 하기에 그 갈등의 장벽을 넘어서려는 비용의 지불 없이 저절로 주어지는 법이 없다. 따라서 대략 복잡한 상황을 능치며 미봉한 것을 화평의 상태로 포장하면 그것은 '회칠한 무덤'이 된다. 구약성서의 예언자들은 일찍이 이러한 가짜 평화의 상황을 연출하는 거짓예언자들을 향해 과감한 공격과 싸움을 회피하지 않았다. 평화가 없는데, 갈등과 불화가 만연한데도, '평화로다, 평화로다'의 구호를 남발하는 정치적인 선전 선동의 세력들이 바로 그 가짜 평화의 장본인이다. 진정한 예수의 제자들이라면 그 실체를 정확하게 드러내며 그 위장된 내면의 연출이 가짜임을 폭로해야 할 것이다. 아울러, 왜 가짜인지 정직하게 갈파하면서 이로써 진리가 호도되지 않도록 경고하고 경계해야 한다.

또한 하나님나라의 가치가 매개되지 않은 맹목적 연고주의의 관계로 인해 정의와 공평의 기준을 훼손하고 제 삿된 잇속을 챙기는 편향과 편애, 편취의 유혹을 떨쳐버릴 수 있어야 한다. 그리하여 우리의 가족이 혼인 및 출산과 함께 사랑의 무덤이 되는 편협한 동물가족의 울타리가 아니라 더 많은 바깥의 연약한 타자들을 품을 줄 아는 하나님나라의 전당이 되도록 애써야 한다.

다른 한편으로, 일부 이단종파가 자행하듯, 인간의 혈통가족이 전혀 무의미한 것처럼 선동하면서 가족을 파괴하는 일을 능사로 여기는 왜곡된 복음의 메시지에 주의해야 할 것이다. 가령, 딸이 무단가출을 일삼고 학업을 포기하며 제 종파의 배타적 전도활동에 세뇌당하는 걸 예수의 혈통가족주의 해체의 명분으로 덮어씌워 정당화하는 폐해도 비판적으로 살필 수 있어야 한다. 예수는 공생애의 사역에 들어서면서 목수로 부양하던 가족을 떠나 그들과 한시적으로 긴장과 불화의 관계를 감내한 듯하다. 그러나 머지않아 그들 역시 하나님의 가족 울타리 안에 편입되어간 후일담의 증거 역시 확연하다. 요한복음의 이야기에 의하면 예수는 십자가상에서 자신을 낳아 길러준 어머니 마리아와 사랑하는 제자를 새로운 모자관계로 엮어주셨다. 자신의 바로 밑 동생 야고보는 예루살렘 교회의 한 기둥으로 베드로, 요한 등과 함께 중요한 몫을 감당하였다.

아울러, 이 구절을 가지고 기성교회 내에서 가족을 희생하면서 교회에 충성하라는 식의 메시지를 정당화하는 습성도 반성할 필요가 있다. 앞의 마태복음 본문은 "자기 십자가를 지고 나를 따르지 않는 자"의 기준을 "아버지나 어머니를 나보다 더 사랑하는 자"와 "아들이나 딸을 나보다 더 사랑하는 자"로 예시하고 있다. 이에 따라 가족을 부양하고 돌보는 책임을 충실히 이행하는 것이 자칫 교회 봉사를 통한 하나님의 일에 헌신하지 못하는 빌미로 작용하여 예수를 사랑하지 않는 죄의 혐의로 증폭되는 경향이 없지 않다. 그러나 공평하게 보면 오늘날 제도권 교회도, 개별 가족도, '하나님의 가족'이란 울타리 안에서 명확한 가치기준을 세워 그 본연의 언약적 기능을 성실히 수행하면 하나님나라의 보루가 될 수 있다. 꼭 교회 안에서 져야 할 십자가가 신앙으로 하나 된 가족공동체 안에서 감당해야 할 십자가보다 질적으로 더 우월한 것은 아니라는 말이다. 오히려 대형화된 오늘날의 제도권 교회에서 헌신과 희생의 명목으로 요구하는 십자가는 자기 영광의 도구나 위선의 덫이 되기 쉽다. 차라리 "사람의 원수가 자기 집안 식구"일 위험한 가능성에 눈뜨고 서늘하게 가족을 사랑하면서 혈통가족 바깥의 또 다른 가족을 향한 선교적 사명에 대한 의식을 진작해야 할 것이다. 현실 가족은 이러한 선교적 사명을 성찰하는 터전으로 충분히 선용될 수 있기 때문이다.

침노당하는 천국의 실체

마 11:12

세례 요한의 때부터 지금까지 천국은 침노를 당하나니 침노하는 자는 빼앗느니라(마 11:12).

공격적인 선교 마케팅?

고등학교 시절 다녔던 순복음교회의 전도사님은 이 구절을 퍽 좋아했다. 그는 설교 때 이 구절을 자주 인용하여 천국을 향한 도전적이고 공격적인 자세를 강조했다. 그 연장선에서 그는 교인들의 전도 활동이 보다 투쟁적이어야 하고 구역 모임과 헌금 실적도 서로 시샘하듯 다투면서 경쟁적으로 벌여야 할 성서적 근거를 여기에서 찾은 것으로 기억한다. 그 메시지를 확대 적용하면 이른바 '선의의 경쟁' 논리도 이 구절로 충분히 뒷받침될 수 있을 것이다. 얼마 전 분당의 유명한 모 교회 특별새벽집회의 동영상 설교에서 L목사님은 이 구절을 언급하면서 놀랍게도 내가 30여 년 전 들었던 메시지와 유사한 해석을 내놓았다. 선의의 시샘을 하면서 보다 적극적이고 도전적으로 신앙을 실천해야 할 당위의 근거로 이 구절을 제시한 것이다.

저러한 통상적 해석은 전투적인 현실에 처한 신앙인들의 비장한 공격성을 상기시켜준다. 특히 세상의 권세를 조종하는 마귀와의 영적 싸움이 신앙생활의 중요한 부분을 차지하는 우리의 인식론에서 다져진 전투적인 기질은 하나님나라를 향해서도 다부지게 도전해야 할 치열한 자세를 부추긴다. 그리하여 이 전투에 동원되는 폭력의 요소는 불가피하고 심지어 신앙생활의 필연적인 일부처럼 주입되는 경향이 있다. 이즈음 전 지구적 자본주의 세상을 살아내기 위한 전략적 선택으로 자주 강조되는 '공격적 마케팅'이 하나님나라를 선취하고 그 이념적 가치를 구현하는 데도 매우 주효한 방식으로 고착되고 있는 것이다.

보기에 따라 이 전략은 꽤 매력적인 흡인력을 발휘하는 것처럼 보인다. 이 세상이 온통 무한경쟁의 소용돌이로 휘몰아치고 있는 마당에 저 홀로 가만히 주저앉아 있으면 남의 밥이 될 게 뻔하다. 그럴 바에는 차라리 발끈하는 기세로 선한 목표를 설정하여 악의 세력을 향해 먼저 선전포고하고 싸우는 것이 최선의 대응일 터이다. 공격이 최선의 수비라는 스포츠의 상식도 있지 않은가. 아무리 좋은 목표라도 남들이 함께 그것을 노리는 상황에서는 먼저 선점하고 선취하는 것이야말로 인간이 지닌 시기와 질투의 욕망을 창조적 에너지로 승화시키는 지름길이니 나름대로 정당성을 띠지 않겠는가.

그러나 선점하고 선취한 그것으로 무엇을 하려고 하는가를 물으면 공격적인 선교의 논리는 금세 무색해진다. 경쟁자를 짓누르고 폭력을 무릅쓸 정도로 맹렬히 도전하여 독점하거나 선점한 하나님나라를 가지고 무엇을 하려는 것인가. 기껏해야 자기 자랑을 하거나 헛된 영광을 과시하는 정도 아닐까. 경쟁자들을 물리치고 먼저 하나님나라에 들어가거나 그것을 소유했다고 해서 자기 만족감 외에 어떤 이타적인 선행으로 하나님께 영광을 돌릴 수 있겠는가. 공격적인 선취로 우뚝 서는 것이 하나님의 품성을 닮은 결과라고 말할 수 있을까. 무엇보다 저 본문 주석의 최선의 결과가 이러한 주장을 정당화할 수 있는가.

어휘와 문구의 속사정

> 세례 요한의 때부터 지금까지 천국은 침노를 당하나니*biazetai* 침노하는 자*biastai*는 빼앗느니라*harpazousin*(마 11:12).

이 구절은 분명히 난해하다. 이 난해하고 모호한 성격 때문이었는지 누가복음의 저자는 예수의 이 어록을 다른 뉘앙스로 변개하여 편집하였다(눅 16:16). 성서학자들도 곤혹스러운 이 구절을 정확히 해석하기 힘들어 한다. 세 가지 해석 정도를 구분해서 살펴보자. 먼저, 촘촘한 분석과 해석의 가능성을 애써 무시하거나 성가셔 한 결과로 내놓은 성급한 적용이 바로 위의 첫째 해석이다. 예수를 따르는 제자들이 천국을 취하기 위해서는 공격적인 도전정신이 필요하고, 좁은 문으로 들어가기 위해서는 치열한 생존경쟁 현실에 폭력적 기세로 응전해야 한다는 것이다.

이 본문 해석의 요체는 동사 '*biazetai*'의 의미와 명사 '*biastai*'가 지시하는 대상이 무엇인가이다. '*biazetai*'를 긍정적으로 해석하면 '열심히 노력하다'라는 뜻인데 이는 마태복음의 문맥에 적용하기 어렵고 누가복음의 어록에서 중간태(행위의 주체와 객체를 구분하기 어려운 것, 수동의 형태이지만 능동의 뜻을 갖고 있는 것, 또는 그 반대인 것)로 취하여 해석하면 절반쯤의 가능성이 있다. 마태복음에서는 이 동사를 수동태로 해석해야 하는데 그 결과 천국이 '폭력에 의해 침탈을 당한다'는 뜻이 된다. 명사 '*biastai*'와 관련하여 일부 학자는 세리와 창기, 강도 같은 자들처럼 당시 자칭 의인들에 의해 정죄받은 자들, 그들의 눈에 하나님이 하찮게 여기고 멸시하는 것처럼 보이던 자들, 천국과 거리가 먼 것으로 간주된 그자들이 폭풍이 불어와 타격하는 듯한 기세로 천국을 취함으로 하나님의 은혜를 받을 가능성이 큰 것으로 해석한다. 이것이 나름의 논리적 타당성을 확보한 둘째 해석이다. 그야말로 과격한 자들이 과격한 방식으로 구원받는 걸 이르는 뜻이 아닐까 하는 추정이다.

그 과격한 방식을 뜻하는 동사가 'harpazousin'인데 이는 무력으로 '약탈하다plunder'라는 의미다. 예수의 구원론적 관점에 비추어 이 메시지 자체는 충분히 공감할 만한 내용이다.

한편, 이 어록이 세례 요한의 운명과 직결되는 것으로 보고 그가 겪은 역사적 사건에 적용하는 관점이 있다. 이를테면 세례 요한이 헤롯 안티파스와 대결하여 당한 경험에 근거하여 그의 때부터 천국이 당대 권력의 실세에 의해 폭력적으로 침탈당하고 굴절되어간다는 것이다. 이러한 해석의 관점은 역사적 맥락에서 상당한 설득력을 얻고 있다. 이 해석이 주효한 까닭은 예수의 말에 세례 요한의 고난이 배경으로 깔려 있기 때문이기도 하지만, 세례 요한과 공동 전선을 형성하고 있는 예수 역시 장차 천국의 전파자로서 당면할 폭력적 죽음의 공동 운명을 미리 암시하고 있기 때문이다. 세례 요한은 천국/하나님나라의 선포자로서 활동했다. 그러나 그는 헤롯 안티파스의 부당한 행실을 비판한 죄 아닌 죄로 체포되어 마침내 폭력적인 방식으로 처형되었다. 그의 운명이 바로 예수에 의해 저렇게 표현되었다는 것이다. 그렇다면 여기서 'biastai'는 이 세상에서 무력을 장악하여 폭력을 휘두르는 권력자들, 곧 헤롯 안티파스 나부랭이를 가리킨다.

폭력의 현실에 지혜로 맞서기

이런 관점에서 조명하면 본문의 의미는 명료하다. 천국/하나님나라의 선구적 기수인 세례 요한조차 폭력에 의해 고난받는다. 하나님나라의 주인공 예수가 당면할 현실도 이와 밀접히 연계되어 있다. 그들은 의인이었고 그들의 의로운 명분에 공감하면서 따르는 무리도 상당히 많았다. 그들의 기치와 메시지가 시대정신에 부응하였고 올곧은 기상을 지녔음에도, 그들의 앞길은 순탄하지 못했다. 무력을 행사하는 권력자들의 올가미에 걸려 체포되고 감금당하고 목숨을 잃어야 하는 참담한 현실이 그들 앞에 놓여 있었기 때문이다. 그 가운데 예수와 그 제자들은 더 이상 묵시일변도의 막연한 이상주의자로 살 수 없었다. 그들에게는 주어진 현실을 냉철하게 인식하고 생존을 도모하는 치밀한 지혜가 필요했다. 하나님나라 운동이든, 천국의 가치든, 이 땅의 폭력적 현실과 부대껴 나름의 결실을 보기 위해서는 턱없는 낙관주의 신앙에 기대는 것만으로는 불충분했던 것이다. 악의 전략에 선의 전략으로 대응하더라도 그 전략이 전략의 기본 수준에 못 미치는 순진한 자포자기일 수만은 없었다. 따라서 세례 요한의 체포와 감금, 이어지는 불길한 미래와 관련하여 예수는 제자들에게 하나님나라 운동과 천국 이념을 포위해 오는 적나라한 폭력적 현실을 상기시키면서 아무런 결실 없이 그 폭력 행사자들의 밥이 되지 않기 위한 주도면밀한 대응을 요청했을 법하다.

나는 앞의 두 해석보다 이 세 번째 해석이 역사비평적인 맥락에 비추어 올바르다고 생각한다. 내 추가 해석을 보태면, 천국은 나이브하게 직선으로 뻗어가지 않고 이 세상의 폭력적 현실 가운데 질곡과 굴절을 겪어내며 곡선으로 구불구불 전개된다고 볼 수 있다. 그것은 천국의 선포자 세례 요한조차 어릿광대의 춤사위에 하찮은 미끼가 되어 폭력적인 칼날에 목이 날아가는 비극적 종말을 경험할 정도라는 것이다. 이러한 운명은 예수의 경우라고 다르지 않았다. 그 역시 천국의 선포자로, 하나님의 아들로 활동하며 선한 일을 많이 했지만 빌라도와 헤롯, 대제사장 그룹들이 합작한 음모의 수렁에서 십자가의 극형을 감내해야 했다. 폭력에 의한 희생을 통해 물론 천국의 강역은 꾸불꾸불 여기까지 확장되어온 것으로 볼 수 있겠지만 말이다.

이러한 해석적 관점에서 떠오르는 또 다른 예수의 어록은 '비둘기처럼 순결하되 뱀처럼 지혜로워야 한다'는 것이다. 지혜롭다는 말의 희랍어 표현*phronimos*은 거의 '교활할 정도의 영리함'을 함의한다. 나이브한 제자들을 선교지로 파송하면서 '어린양을 늑대 가운데 보냄과 같다'고 탄식한 예수의 심정도 이런 맥락에서 상통한다. 천국/하나님나라가 이 땅에 뻗어나가는 경로가 그다지도 고단하고 힘들었음을 반영하는 말씀의 흔적들이다. 이렇듯 늑대들에게 포위당한 어린양이라는 냉혹한 폭력적 침탈의 현실에 대응하는 지혜의 요청이 제자들을 위한 예의 어록에 암시된 것으로 볼 수 있다.

둘째 해석이든 셋째 해석이든, 마태복음의 해당 어록은 '선의의 경쟁' 또는 도전적 자극이나 시샘을 통한 공격적 목회나 선교활동을 독려하려는 뜻과 무관하다. 그런데도 대강의 직감과 때려잡기 식으로 해석해 영적인 교훈으로 선포된다. 인습 속에 그것이 사실과 진리로 고착되기까지 한다. 무지와 기만의 이야기로 얼마든지 감동받을 수 있는 현실을 나는 대강 이해한다. 그래서 성서주석이 심히 괴로워진다. 하물며 그것의 결과를 '하나님의 말씀'으로 선포하는 일은 얼마나 더 황망하고 두려운 것이랴!

제 논에 물대기하는 '이 세대'의 변덕

마 11:16-17

이 세대를 무엇으로 비유할까. 비유하건대 아이들이 장터에 앉아 제 동무를 불러 이르되 우리가 너희를 향하여 피리를 불어도 너희가 춤추지 않고 우리가 슬피 울어도 너희가 가슴을 치지 아니하였다 함과 같도다(마 11:16-17).

오래된 오해의 요점

이 구절은 강단에서 비교적 자주 인용되는 짧은 비유로, 십중팔구 오용되는 본문이다. 그래서 이 구절을 면밀히 연구해온 성서학자에게는 주석의 괴로움을 자극하는 말썽의 소지를 일으킨다. 흔히 이 구절은 복음에 냉랭하게 반응할 때 이를 비판하기 위해 쓰인다. 말씀을 듣고도 무감각한 청중, '할렐루야!'에 '아멘!'으로 화답하지 않는 회중을 꼬집을 때도 단골메뉴로 등장한다. 좀더 넓게는 우리가 사는 세대가 제 사업과 향락에 빠져 하나님나라의 메시지에 무관심과 무응답으로 냉담할 때도 이 구절을 들이민다. 교회 안에서, 또 교회 밖 세상에서, 저 말은 하나님의 말씀에 좀처럼 가슴을 열어 화끈하게 반응하지 못하는 모든 사람을 오지게 다루는 만병통치약임이 틀림없다.

메시지만 놓고 볼 때 이 비판은 옳다. 비판의 대상인 '이 세대'의 덤덤한 형편과 회중의 얼어붙은 심령이 처한 무감각의 현실을 제대로 진단했다. 그런데 문제는 비판의 근거로 이 구절을 사용하는 게 적절하고 옳으냐는 것. 이 구절이 '이 세대'의 그런 면면을 꼬집고 질타하기 위해 인용된 말씀이냐는 것이다. 바울의 변증 어투로 결론부터 말하면, 메 게노이토*me genoito*! 절대 그럴 수 없다.

혼인식, 장례식 놀이에서 부르던 가락

예수가 이 세대를 빗대어 설명하기 위해 인용한 구절은 장터의 아이들 놀이에 등장한 노랫가락이다. "우리 집에 왜 왔니, 왜 왔니, 왜 왔니? / 꽃 찾으러 왔단다, 왔단다, 왔단다." 익숙한 가락이다. 나도 어릴 적 이런 노래 부르면서 동네 공터에서 여자아이들과 논 기억이 난다. (가만, 정말 그 가운데 섞여 놀았던가? 여자애들 노는 걸 훼방 놓지는 않았나?) 마찬가지로 그 옛날 팔레스타인의 장터에서도 아이들은 무료를 달래면서 혼인식 놀이와 장례식 놀이를 했다.

혼인식 놀이에는 피리를 불며 풍악을 울리는 주인공 악사들이 있고 이에 장단 맞춰 춤을 추는 조연들이 있다. 마찬가지로 장례식 놀이에도 주인공으로 '아이고, 아이고' 호곡을 선창하는 상주喪主나 돈 받고 그 역할을 대신하는 호곡꾼 역의 주연이 있고, 거기에 맞춰 가슴을 치며 슬피 우는 조연들이 있다. 너도나도 주인공 역할을 맡고 싶어 한다. 그러나 놀이가 성립하기 위해서는 결국 한편이 주인공 역을 맡을 수밖에 없다. 그래서 힘세거나 우기기 좋아하는 녀석들이 자청하여 주연을 맡았는데, 나머지 아이들이 시큰둥하다. 주연을 맡을 아이들이 혼인식 놀이 하자며 피리 부는 시늉을 하고, 또 장례식 놀이 하자며 호곡을 선창해도 들러리 조역을 맡아야 할 아이들은 도통 반응이 없다.

너무 어이없어서였을 것이다. 아마 주연을 뽑는 절차가 공정하지 못했거나 자기들끼리만 독점하려는 게 못마땅했을 것이다. 나머지 아이들이 협조를 안 하니 주연 맡은 애들이 화가 나서 고래고래 소리 지르며 겁박을 하는 기세다. 거기서 튀어나온 소리가 바로 본문의 내용이다. "우리가 너희한테 피리를 불어 신호를 했는데도 너희는 춤추지 않네." "우리가 슬피 호곡했는데 너희가 가슴 치며 울지 않았잖아."

　　　　　　　　　　　　　　거꾸로 읽는 신약성서

요한은 예수 같지 않고, 예수는 요한 같지 않아서

이 구절은 세례 요한 이야기가 전후 맥락을 감싸고 있다. 이 노랫가락의 인용 직후 예수는 즉각 자신과 세례 요한을 비교, 대조하면서 이렇게 말씀하신다. "요한이 와서 먹지도 않고 마시지도 아니하매 그들이 말하기를 귀신이 들렸다 하더니 인자는 와서 먹고 마시매 말하기를 보라 먹기를 탐하고 포도주를 즐기는 사람이요 세리와 죄인의 친구로다 하니…"(마 11:18-19). 그 직전에서도 예수는 억울하게 감옥에 갇힌 세례 요한에 대해 길게 언급했다.

요점은 이렇다. 혼인식 놀이와 장례식 놀이의 주연을 맡아 왜 따라하지 않느냐고 겁박하고 우기는 아이들은, 세례 요한과 예수를 아전인수의 기준으로 비방하며 욕하던 바리새인들과 서기관들, 나아가 그들로 표상되는 변덕스런 '이 세대' 전체에 해당한다. 반면 제멋대로 겁박하는 자칭 주연들의 공세에 춤추지도 않고 가슴을 치며 슬피 울지도 않는 묵묵부답한 아이들은 세례 요한과 예수의 분신이다. 대꾸할 가치가 없으니 침묵으로 응대하는 것이다.

저들은 세례 요한의 '장례식스러운' 금욕주의적 행보에 대해, 일용할 양식을 취하며 일상을 즐기는 기준으로 "귀신이 들렸다"고 정죄한다. 반대로 먹고 마시길 즐기는 '혼인식스러운' 예수의 향유주의적 태도는, 대뜸 세례 요한 식의 기준을 들이대 정죄하면서 "먹보"와 "술꾼", "죄인의 친구"라고 비방한다. 예수는 아전인수의 재단과 중구난방의 정죄를 장터 아이들의 노랫가락에 빗대어 '이 세대'를 통째로 질타한 것이다.

금욕주의자 요한에게는 예수에게 어울릴 법한 혼인식 놀이에서 연유하는 비방의 잣대로 공격하고, 향유주의자 예수에게는 세례 요한의 분위기에 걸맞을 법한 장례식 놀이에서 연유하는 정죄의 잣대로 공격한다. 줄여 말해, 세례 요한은 예수 같지 않다고 욕먹고 예수는 세례 요한 같지 않다고 욕먹는 형국이다. 그런 기준을 들이대는 자들은 시대의 주류이고 당대 종교의 주역을 자처하는 사람들이다. 그들이 아전인수의 잣대로 그 둘 모두를 물먹이려고 작심했으니 왜 중구난방인들 일삼지 못했겠는가. 그들은 자신들의 종교 기득권을 세례 요한과 예수가 침해하는 것이 아니꼽고 더러워서 봐줄 수 없었다. 그래서 제멋대로 밀어붙였던 것이다.

노랫가락의 진실

결론을 맺자. 이러한 일련의 촘촘한 해석에서 저 장터의 노랫가락은 역전의 사실로 판명된다. 피리를 분 자들은 예수가 아니라 위선적인 바리새인들이다. 여기에 덩달아 춤추지 않은 이는 세례 요한이다. 호곡을 선창한 자는 세례 요한이 아니라 제 잘난 멋에 취해 살던 서기관들이다. 여기에 가슴 치거나 슬피 울지 않은 자는 예수이다. 배알도 없이 기득권자들의 억압과 선동에 휘말려들고 싶지 않았던 것이다. 아전인수와 중구난방에는 예나 지금이나 침묵이 특효약이다. 자기들끼리 지껄이라고 내버려두는 것이다.

주류와 기득권은 예나 지금이나 이렇게 무섭다. 귀에 걸든 코에 걸든, 어디에 걸더라도 잘못되었기 때문에 잘못될 수밖에 없다. 결국 잘못된 걸로 낙인찍어 자기들이 지키고 싶은 것을 사수하려고 한다. 세례 요한은 그 틈바구니에서 폭력의 칼날에 목이 잘렸다. 예수는 그의 뒤를 이어 십자가에서 정치범처럼 참혹하게 찢겨 돌아가셨다. 이들이 선도한 하나님나라조차 폭력에 의해 침탈당한 형국이다.

그런데 오늘 우리는 아이들의 노랫가락을 뒤집어 해석하여 왜 춤추지 않느냐고, 왜 가슴 치며 애통해하지 않느냐며 다그치길 좋아한다. 세례 요한의 속도 모르고, 예수의 억하심정에 눈치도 없이 멀쩡한 얼굴로 완악한 '이 세대'의 편에 서 있다. 피리 불고 호곡하며 제 선창에 왜 따라오지 않느냐고 성질부리는 그 주역과 주류의 편에서 역정을 내고 있다. 딱한 노릇이다. 주류는 이다지도 오만하고, 횡포에 눌려 은연중 따라하기를 강요당하는 변두리의 소수자들은 창의적인 비전과 혁신적 아이디어에도 불구하고 자주 소외당하고 차별을 받는다. 중앙의 위세는 여전히 대단하고 기득권의 탐욕은 결코 100퍼센트 회개하는 법이 없다.

오해로 뿌리내린 무지를 뒤집을 수 있을까

이 비유를 교인들 닦달하는 억압적 방망이로 너무 써먹지 않으면 좋겠다. 화끈하게 응답하지 못하는 속사정이 있지 않겠는가. 내면이 침침하고 우울한 실존의 심연이 엄연한데 그걸 회칠하고 환하게 웃으며 춤추는 게 무슨 자랑이겠는가. 선창하는 사람이 폼 잡고 슬피 호곡한다 해도 제 딴에 별로 슬프지 않은데 억지 감정으로 애통해한다고 한들 거기 무슨 진정성이 있겠는가. 일관성과 충실성이 없으면 차라리 그냥 침묵하는 것이 좋겠다. 주어진 삶의 이해관계와 처한 정황에 따라 갈지자 파행을 보이면서 변덕을 부리는 것은 종교적 진리도, 탄력적인 융통성도 아니다.

금욕적 취향의 신앙은 그것대로 극진하게 무르익어야 하고, 향유적 취향의 신앙은 또 그것대로 소신껏 제 삶을 꾸려갈 수 있어야 한다. 적절히 범벅이 되어 균형과 조화를 이루는 게 우리네 삶의 경험에 비추어 무난할지 모르겠다. 그러나 무죄한 남의 밥그릇에 재 빠뜨리지는 말자. 제 몫의 사역이 아닐지라도, 제 취향의 선호하는 일감이 아닐지라도, 그 나름대로 선한 가치를 추구하며 내가 잘하지 못하는 걸 남이 잘하고 있으면 축복하고 격려하는 게 좋지 않을까. 그러지는 못할망정 왜 날 따라오지 않느냐고 타박하지는 말자는 뜻이다. 그러나 저 구절의 오해로 뿌리내린 무지는 이미 굳어져 그 반대의 의미가 진실이 되었다. 의미를 뒤집기엔 너무 늦었는가.

거꾸로 읽는 신약성서

가라지를 뽑지 말라고 한 까닭

마 13:24-30

예수께서 그들 앞에 또 비유를 들어 이르시되 천국은 좋은 씨를 제 밭에 뿌린 사람과 같으니 사람들이 잘 때에 그 원수가 와서 곡식 가운데 가라지를 덧뿌리고 갔더니 싹이 나고 결실할 때에 가라지도 보이거늘 집 주인의 종들이 와서 말하되 주여 밭에 좋은 씨를 뿌리지 아니하였나이까 그런데 가라지가 어디서 생겼나이까. 주인이 이르되 원수가 이렇게 하였구나. 종들이 말하되 그러면 우리가 가서 이것을 뽑기를 원하시나이까. 주인이 이르되 가만 두라 가라지를 뽑다가 곡식까지 뽑을까 염려하노라. 둘 다 추수 때까지 함께 자라게 두라. 추수 때에 내가 추수꾼들에게 말하기를 가라지는 먼저 거두어 불사르게 단으로 묶고 곡식은 모아 내 곳간에 넣으라 하리라(마 13:24-30).

비유에 대한 오해와 편견들

천국 비유의 장으로 유명한 마태복음 13장에 가라지의 비유로 알려진 이야기가 한 토막 나온다. 여기서 예수는 천국을 좋은 씨를 밭에 뿌린 사람에 비유한다. 씨앗이 천국이 아니라 사람이 그 천국의 함의를 결정짓는 데 중요한 것이다. 그런데 사람들이 잘 때에 '원수'가 와서 곡식 가운데 가라지를 덧뿌리고 갔다고 한다. 여기서 독자는 왜 원수가 가라지를 거기에 덧뿌렸는지 그 원인과 배경이 궁금해지고, 그 원수와 가라지의 실체에 의문을 제기하게 된다. 여하튼 싹이 나서 자랐을 때 알곡과 가라지가 뒤섞여 있었다. 집안 종들이 이 사실을 주인에게 보고하면서 가라지의 기원을 물으니 주인은 원수의 짓으로 판단하였다. 종들이 가라지를 뽑아버릴지 여부를 탐문하니 주인은 그냥 그대로 두라고 명한다. "가라지를 뽑다가 곡식까지 뽑을까 염려"되었기 때문이다. 주인은 추수 때까지 기다렸다가 적시에 추수꾼들에게 명하여 가라지를 먼저 거두어 불사르게 단으로 묶고 곡식은 모아 곳간에 들일 거라며 향후 계획을 말한다.

이 비유는 천국의 종말론적 성격을 말해주는 동시에 그 종말에 닥칠 심판의 준엄함을 경고하는 것으로 알려져 있다. 최후의 심판이 모든 사람들에게 임한다는 교리적 가르침과 알곡의 열매를 맺지 못하는 가라지의 존재가 그 대상임을 이 비유는 일깨워주고 있다는 것이다. 목회 현장과 설교 강단에서는 이 비유의 메시지가 여러 방면으로 적용된다. 그중 하나는 가라지의 내포적 함의를 성도의 쭉정이 삶에 빗대어 그것을 질타하고 그런 부실한 삶의 모습이 장차 그 장본인을 심판의 곤경에 빠트리게 되리라는 경고의 맥락이다. 이보다 좀 더 빈번하고 문제적인 해석과 실천적인 적용의 맥락이 있다. 그것은 교회 안의 불화와 갈등을 해소하는 편리한 방식이다. 이를테면 그 구성원들을 알곡과 가라지로 편을 갈라 잠정적인 적대 세력을 선악 간의 잣대로 정죄하고 배제함으로써 이 비유의 메시지를 자기 방어적이고 체제 보존적인 논리로 전유하는 것이다.

가라지를 뽑다가 오판하여 곡식까지 뽑을 우려는 인간의 불완전한 판단 능력으로 인해 가령 교회의 개혁을 빌미로 조직을 붕괴시킬 위험이 있는 것인 양 그 메시지가 호도되는 경우도 잦다. 결국 잘잘못의 최종 심판자이신 하나님이 막판 종말의 추수 때에 판결할 테니 그때까지 개혁이니 변화니 하는 구호로 교회의 내부 질서를 어지럽혀서는 안 된다는 논리가 거기서 파생된다. 이런 차원에서 사회의 지탄 대상이 되는 범죄나, 지도자의 정체성을 송두리째 무너뜨리는 치명적인 악행조차 대강 넘겨버리는 해프닝도 종종 발생한다. 그런가 하면 일부 이단종파에서는 이 세상의 밭에 알곡과 가라지가 뒤섞여 있는 현상 자체에 착안하여 자신들의 선택받은 위상을 '알곡'으로 치부하고 나머지 기성 교단의 사람들은 타락한 가라지 세력이라며 공격을 일삼기도 한다. 일종의 자기 방어적 흑백논리로 알곡과 가라지의 이항대립을 편리하게 이용하는 방식인 셈이다.

알레고리 독법, 역사비평의 해법

그러나 이 비유의 세세한 면면을 훑어보면 해석의 층위가 그리 간단치 않음을 알 수 있다. 먼저 사람들이 자는 도중에 원수가 가라지를 곡식 가운데 덧뿌리고 갔다면 그 현상은 어떻게 설명해야 할까. 원수가 여기서 '사탄'의 알레고리이고, 그가 뿌린 가라지가 '악'의 표상이라면, 하나님을 대변하는 '주인'은 그걸 알고도 방치했단 말인가. 그렇다면 원수와 주인은 대립적인 상극의 관계이고, 주인은 원수의 그러한 심술에 무지하거나 알고도 무력하게 방치했거나 뭔가 심오한 뜻이 있어 허락했다는 뜻이 된다. 이러한 관점은 악의 기원과 관련하여 신정론theodicy의 질문을 야기하면서 그 해답을 미궁에 빠트리는 문제가 있다. 아울러, 이러한 해석의 틀을 밀어붙일 경우, 알곡과 가라지의 형상을 충분히 분별할 수 있는 시점임에도 종들에게 가라지를 뽑는 것을 말리고 나중에 추수 때까지 기다리라고 하는 것은 또 무엇을 암시하는가. 하나님의 최후 심판 때까지 모든 시비 판정을 유예하고 종말의 시점에 이행될 하나님의 주권에 맡겨버리라는 것인가. 그렇다면 실천을 배제한 인간의 자유의지와 영적 분별력, 지적 판단 능력의 유용성은 무엇인가 하는 의문이 생긴다. 그런데 복음서의 또 다른 전통에 의하면 한 공동체 내에서 문제가 생겼을 때 단계적 절차를 밟아 그 대상자를 징계하고 심각한 경우에는 자체 판단을 통해 출교조치까지 감행할 것을 명하고 있지 않은가.

한편 역사비평적 관점에서 일부 학자는 이 비유가 예수의 하나님나라 운동이 젤롯당들이 추구한 폭력적인 봉기를 통한 해방의 쟁취라는 명분과 차별화된 공동체적 자의식과 정체성을 드러낸 것이라고 풀이하기도 한다. 주지하듯, 젤롯당원들은 무장봉기를 통해 로마의 식민체제에 저항하였다. '시카리'라 불리는 자객들은 단도를 품에 숨기고 다니면서 제국의 원수들을 급습하는 유

거꾸로 읽는 신약성서

대의 테러리스트로 활약했다. 이들은 자신들의 주권을 제국적 식민 통치 아래 관할하는 로마의 물리적인 억압에 물리적인 힘으로 대응하고자 했다. 예수의 제자 한 명인 가나안 사람 시몬도 이런 배경을 지닌 자로서 선택을 받았을 만큼 그 역사적 실체는 분명했다. 그러니까 예수는 그들이 그런 인위적이고 물리적인 힘을 동원하여 폭력적인 방법으로 기존 체제에 대항하여 과격하게 투쟁하는 노선에 반대했다는 것이다. 대신 그는 평화의 방법을 존중하여 복음을 전파했고, 하나님나라 또한 이러한 신학적 토대 위에 정초함으로써 기존의 폭력혁명 세력과 다른 방향으로 자신의 제자그룹을 훈련시키고자 했다는 것이다.

혹여 이 비유가 예수의 구술 단계를 넘어 초기 유대인 교회공동체의 역사적 정황과 삶의 자리로 그 기원이 소급된다면 유대전쟁이 발발한 주후 70년 그들이 로마제국에 대항하여 목숨 바쳐 싸우지 않고 요단강 건너 펠라Pella 지역으로 도피한 사유와 관련하여 민족 변절자라는 주변의 따가운 시선과 수치스런 혐의로부터 스스로를 방어하려는 수사적 변론의 논리를 읽어낼 수도 있을 것이다. 그러나 예의 비유가 자리한 역사적 정황에 대한 이모든 비평적 재구성의 작업은 아무리 밀도 있게 논증해도 막연한 추론의 한계를 벗어나기 어렵다.

자연 현상과 일상 경험 속의 거울

이 비유를 직접 말하고 들었던 화자와 청자들이 겪은 일상적 삶의 자리로 소급해서 그 의미를 따져보면 어떨까. 먼저 그들이 직접 몸으로 겪거나 눈으로 관찰해온 농사 경험을 상기할 필요가 있다. 곡식의 씨를 파종할 때 거기에는 알곡의 씨와 함께 가라지의 씨가 일부 섞일 수 있는 개연성이 충분하다. 그렇지 않을 경우 바람에 다른 잡종의 씨앗이 날아와서 알곡의 씨가 파종된 밭에 섞여들 가능성도 크다. 그것은 마치 씨를 뿌리는 농부가 옥토에 뿌리는 걸 목표로 파종했음에도 일부 씨앗이 돌밭이나 길가, 가시덤불에 떨어지는 예외적인 가능성이 있는 것과 마찬가지 현실이다. 이러한 현실을 군이 '원수' 탓으로 돌리고, 그 원수를 마귀, 사탄 등으로 해석하는 것은 우리의 상상적 자유겠지만 그 원초적인 경험의 자리로 소급해보면 그 모든 것은 자연현상이고 인간을 포함한 세상사의 자연스런 현실인 셈이다.

그런데 자라날 때 보면 알곡과 가라지의 분간이 쉽지 않다. 나역시 모심기를 어린 시절 몇 차례 해보았고 피를 뽑는 제초작업의 경험도 약간 있지만 한창 자라는 동안 벼와 피를 분간한다는게 그리 쉽지만은 않았다. 여하튼 그 모든 것들이 다들 자랄 만큼 자랐을 때 피를 뽑아 없애고 알곡을 추수하는 단계로 접어들게된다. 물론 주인이 우려한 대로 가라지(피)를 제거하려다가 덩달아 알곡(벼)을 뽑아버리는 실수도 없지 않았다.

거꾸로 읽는 신약성서

그렇다면 이 비유로써 예수는 무엇을 말하고자 한 것일까. 분명한 사실은 예수가 농사 얘기를 하고자 이런 비유를 들려준 것은 아니었으리라는 점이다. 여기서 해석의 초점은 천국과 씨앗을 파종하는 사람, 곧 농부의 비유적 관계항에 있다. 농부는 신앙공동체의 경영에 책임 있는 제자들이고 신자들이며, 더러 그 지도자일 수도 있다. 그런데 그 공동체의 성원들 중에는 토실한 알곡처럼 보이는 사람들도 있었을 테고, 비교적 부실하게 보이는 쭉정이 같은 사람 또는 잡초처럼 쓸데없어 보이는 이들도 있었을 것이다. 물론 지도자의 입장에서는 사람들의 성향과 수준과 상태를 잘 분별하여 그들을 적재적소에 활용하고 협력케 함으로써 공동체의 기틀을 튼실하게 다져나가야 할 책무를 의식할 수밖에 없다. 그들 가운데 벌어지는 여러 가지의 사업과 그 성과에 대해서도 순간순간 엄밀하게 평가하려는 노력이 불가피하다.

그러나 그 모든 분별과 평가의 시도들이 그들에 대한 객관적이고 최종적인 판단의 심급은 될 수 없다. 앞으로 그 인간관계의 지형과 그들이 산출하는 삶의 열매들, 또 선교적 성과 등이 어떻게 달리 나타날지 알 수 없기 때문이다. 알곡과 가라지는 종자가 전혀 다르지만 그것이 사람들에게 적용될 때 그 분별과 평가의 과정에는 물과 기름처럼 넘어서기 불가능한 경계란 없다. 처음 된 자가 나중 되고 나중 된 자가 처음 되는 것이 하나님나라의 전복적 질서라면 알곡이 가라지 되고 가라지가 알곡 되라는 법이 왜 없겠는가. 그래서 때로 포상과 징계가 필요하고 심지어 극단적인 경우 특정 구성원에 대한 과감한 출교조치도 필요하겠지만 그 모든 과정은 극도로 신중하고 현명해야 한다. 최종적인 결실의 때, 곧 추수의 날이 당도하기도 전에 그 열매의 양과 질을 지레짐 작으로 예단할 수 없기 때문이다. 그 열매로 나무를 안다고 예수가 친히 말했지만 최종 열매를 확인하기도 전에 나무를 쳐버리는 것은 성급하고도 어리석은 일이다.

신중하고 현명한 삶의 방식

이 세상을 흑과 백의 두 가지 색으로 간편하게 재단하려는 사람들이 있다. 또 자신을 늘 피해자의 입장에서 두둔하면서 상대방은 늘 가해자라는 원한과 분노를 품고 사는 사람들도 있다. 그러나 세상이 어디 그렇게 간단한가. 흑과 백 사이에는 얼마나 다채롭고 아름다운 색깔들이 풍성한 스펙트럼으로 포진하고 있는가. 세밀하게 인간관계의 지형과 역학구도를 보면 정도의 차이야 있지만 사람들은 복잡한 먹이사슬에 매여 부분적으로 피해자가 되기도 하고 부분적으로 가해자로 살고 있지 않는가. 하나님의 창조세계는 워낙 오묘하여 때로 가라지의 효용성이란 것도 있다. 미꾸라지를 운반할 때 늘 깨어 움직이라고 천적인 메기를 몇 마리 통 속에 넣어둔다고 하지 않는가. 때로 양약도 독이 되고 독이 약효를 발휘할 때도 있는 법이다. 그런가 하면 때로 우리는 자신이 비판하고 정죄하는 그 항목의 오류와 죄악을 무의식적으로, 또는 알면서도 뻔뻔하게 저지르는 경향도 없지 않다. 이 모든 자연현상과 사람살이의 층층면면은 무엇을 시사하는가. 우리가 최선을 다하여 비판하고 분별하고 판단할지라도 그 최종적인 심급은 여전히 은밀한 베일에 감추어져 있음을 겸허히 인정해야 한다는 것이다.

이 세상의 악의 기원을 묻는 데 이 비유의 초점이 있는 것 같지 않다. 잠정적인 선인과 의인의 영성과 신심을 깨어 있게 하기 위한 한시적 효용성의 장치로 악한의 필요성을 역설하는 것 같지도 않다. 가라지는 알곡이 자라는 틈바구니에서 어쩌다 함께 자라게 되었고 그 최종적인 운명이 어떻게 판가름 날지는 끝까지 두고 봐야 한다. 종자의 차이와 그 열매의 효용성이란 견지에서 알곡과 가라지는 판이한 차이를 드러내지만 인간세계는 그렇게 간단치 않다. 공동체의 구성원들이 어떻게 변신해나갈지, 그 궁극이 진보일지 퇴락일지, 아무도 최종 심급을 알 수 없다. 그러기 때문에 생명이 새로 태어나고 뒤엉켜 살아가는 동안 여전히 시간의 은총이 허락되는 것이고, 시간이 우리의 삶을 탄주하면서 흐르고 있는 한 우리는 모든 일의 시작과 끝이 되시는 하나님의 몫을 남겨두고 겸손해야 하고 또 겸손할 수 있는 것이다. 이 땅의 법률이 지나치게 가해자를 순하게 배려하고 피해자를 거친 곤경 속에 방치한다는 비판적 지적에는 일리가 있다. 그러나 재판정의 한순간 판단 착오로 아무런 죄도 없는 이를 극형에 처하여 수십 년 동안 감옥에서 썩게 하다가 뒤늦게 결정적인 증거가 발견되어 방면되는 경우도 가끔 있다. 최근 유행을 타는 영화 〈7번 방의 선물〉은 그 극단적인 가능성을 형상화한 작품이다. 그렇다면 우리는 인간의 이름으로, 또 공동체의 신실한 제자의 위치에서, 아무리 신중하고 조심해도 가라지를 뽑으려다가 알곡까지 뽑을 수 있는 위험한 가능성에 끝까지 열려 있어야 한다. 천국은 그러한 현상을 자연스럽고도 준엄한 현실로 분별하고 신중하게 대응할 만한 지혜가 있는 사람의 명민한 안목과 통찰, 또 이에 입각한 현명한 삶의 실천 가운데 잉태되고 성장할 수 있다. 예수는 자신의 제자들이 바로 그런 사람들이 되기를 기대하며 이 비유를 들려주었을 것이다. 나아가 오늘날 기독교 신자들을 향해서도 이처럼 자신의 주관과 최대치 정통한 판단의 수위에서 늘 하나님의 몫을 배려하는 여유를 살리길 내심 간절히 원할 듯하다.

나무가 된 겨자나물의 비밀

마 13:31-32

—

또 비유를 들어 이르시되 천국은 마치 사람이 자기 밭에 갖다 심은 겨자씨 한 알 같으니 이는 모든 씨보다 작은 것이로되 자란 후에는 풀보다 커서 나무가 되매 공중의 새들이 와서 그 가지에 깃들이느니라(마 13:31-32).

이단의 알레고리 함정

이른바 이단종파의 일관되고도 공통된 특징은 성서 해석에서 인간의 창의적 상상력을 원천 배격하면서 간단명료한 단 한 가지의 표준정답에 매달린다는 점이다. 특히 비유라는 형식에서 그 문제는 더 심각하다. 그도 그럴 것이 비유에는 해석의 여지가 풍성하기 때문이다. 해석의 여지가 풍성하다는 것은 그만큼 그것이 인간의 삶에 관여하는 맥락이 중층적이고 포괄적이며 보편적이라는 뜻이다. 진리는 단순하다고 나도 믿는다. 그러나 그 단순함에 이르는 삶의 길은 그리 단순하지 않다. 가장 단순한 것이 가장 명쾌함을 누가 모르랴. 그러나 그것은 삶의 제반 풍경을 흑과 백의 두 색깔로 칠하면서 명작이라 상찬하고 하나님의 세계를 찬양하려는 얼치기 발상과 다를 바 없다. 하나님의 진리가 단순하지만 마냥 나이브하지 않은 점에 유의해야 할 것이다. 예수가 천국을 가르치면서 굳이 비유라는 형식을 사용한 까닭도 이러한 배경과 밀접히 연계되어 있다. 삶의 다양한 유비적 맥락에 빗대어 조명해봐도 천국의 풍성한 함의를 온전히 우려내기 어렵기 때문이다. 그런데 단답식 모범답안 한 가지로 제 종파의 틀 속에 때려맞추고자 할 때 그 진리의 빈곤함을 어찌 감당할 수 있을 것인가. 이단이 이런 식으로 아무리 애쓸지라도 이단의 낙인을 벗어나기 어려운 이유가 바로 여기에 있다.

물론 성서를 빈곤하게 만드는 게 이단만은 아니다. 이른바 주류 정통 교단의 교회 강단에서도 성서 해석의 엉뚱함과 빈곤함을 드러내는 현장은 곳곳에 적지 않다. 특히 목회적 필요라는 특수성에 맞추어 해석하다 보니 그 말씀의 보편타당성을 망실하고 제 눈앞의 간절한 욕구에 부응하려는 편협함이 종종 눈에 거슬린다. 이른바 자본제의 환경에 부응하는 '성장주의' 이데올로기 역시 그 빈곤함을 부추기는 또 다른 주요 원인이다. 이러한 근시안적 맥락에 치우쳐 성서의 메시지는 간단명료함을 방패 삼아 심오한 상상력을 죽이곤 하는 것이다. 더불어 예수의 원초적 의도가 적잖이 왜곡되고 그 메시지의 창의적 방향성도 종종 실종되기 일쑤이다.

나물의 식물학과 나무의 신학

　예수의 비유 중에서 간단하지만 그 명성이 가볍지 않은 것으로 이른바 '겨자씨 비유'를 들 수 있다. 공관복음서에 두루 나오지만 내가 여기서 마가복음의 버전보다 마태복음의 것을 선호한 까닭은 단 한 가지다. 바로 거기에 '나물이 나무가 되었다'는 매우 진귀한 진술이 들어 있기 때문이다. 이 한 구절은 모든 성서본문의 해석학적 원리를 함축하는 동시에 예수의 천국 메시지를 요약해주는 미덕을 품고 있다. '아, 양적인 축적의 절정에서 촉발되는 질적인 변환이라는 변증법적 원리가 예수의 가르침 속에 있다니…' 이렇게 탄복하는 가슴으로 이 구절과 이 구절을 아우르는 해당 비유를 음미해본다면 예수가 이 짧은 가르침을 통해 얼마나 풍성한 메시지를 담아냈는지 눈치 챌 수 있으리라.

　먼저 이 비유에 대한 가장 속물스런 해석은 가장 작은 겨자씨한 톨이 대단한 성장을 이루었다는 그 성장의 '사실'에만 집중하여 이를 교회 성장의 논리로 직수입하는 경우다. 해석이랄 것도 없는 이 간편한 적용의 귀결인즉, '성장은 그냥 좋은 거여' 정도가 아닐까. '왜'와 '어떻게' 등을 수반하는 더 중요한 물음을 괄호치고 일단 몸집을 부풀려보는 것이다. '네 시작은 미약했지만 끝은 창대하리라'는 욥기의 한 구절을 그 맥락과 무관하게 문자 그대로 구현해내는 비대칭의 관점이 여기 있다. 이는 사실 한국 교회 강단에서 본문의 메시지가 가장 통상적으로 유통되는 해석의 자장이었다. 물론 교회에서 조금 더 그 영역을 확장시켜 교인들의 개인적 가정 살림과 사업체, 각자 인생들이 품어온 꿈 등이 그 성장의 주체로 설정되는 것도 이 범주에서 해당 메시지의 변용으로 대강 용인된다.

이 해석을 정당화하기 위한 전제로 모든 성장을 하나님이 주도하신다는 순전한 믿음의 강령이 중요하다. 아울러 그 성장을 투자의 법칙과 연계하여 이러한 성장을 위해 요청되는 각종 헌신의 목록들이 빠지지 않는다. 그리하여 교회의 성장이 그 성장을 추동하는 겨자씨 교인들의 성장과 맞물려 역동적인 상호 작용을 통해 두루 성장해나가는 가장 낙관적인 그림이 그려진다. 이러한 성장의 그림은 땡전 한 푼 없이 맨주먹, 맨몸으로 시작하여 맨땅에 헤딩하여 자수성가한 입지전적 인물의 성공 스토리와 잘 어울린다. 예의 성장주의 모델이 이런 성공 사례에 열광하고 또 그런 사람들의 극적인 변신 욕구를 부추기는 우리 세태의 흐름과 잘 맞아떨어지는 것도 사실이다.

변신의 경이, 성장의 기쁨

그러나 예수가 과연 자본제적 성공신화를 가르치려 이러한 비유를, 그것도 천국에 빗대어 가르쳤을까. 심히 의심되지 않을 수 없다. 그가 과연 교회의 체제경쟁을 옹호하고 양적 팽창을 정당화하며 힘을 실어주기 위해 이러한 겨자씨 비유를 제자들에게 가르친 것일까. 아무리 관대하게 생각해도 결론은 요지부동, '아니올시다'로 낙착된다. 이러한 논리를 내세우면 '나물이 나무가 되었다'는 마태복음의 그 진술을 도저히 해명할 수 없다. 겨자씨의 지극히 작은 사물에 집중하여 그것이 대형 물체로 변신이라도 하는 양 그 성장의 기적적인 스케일을 연상하기 쉽지만 그것은 이 겨자씨에 대한 식물학적 사실에 걸맞지 않는다. 아무리 자라도 신장 2미터에 불과한 겨자는 그 성장의 극점에 다다라도 레바논의 백향목처럼 될 수 없다. 식물학적으로 그것은 나무가 아니라 푸성귀에 불과하다는 점도 미리 사실관계 차원에서 파악되어야 한다.

따라서 겨자나물이 나무로 변신했다는 예수의 이 진술은 식물학적 성장, 또는 그 연장선상에서 견강부회되는 자본제적 팽창의 정당성과 전혀 무관한 것이다. 양적인 팽창의 극점에서 질적인 변신을 암시하는 이 진술은 기실 천국의 본질을 암시하는데, 일부 합리적 교회성장론자들은 이로써 양적인 성장과 질적인 성숙의 상호작용을 주장하기도 한다. 주장의 결론은 정당하고 바람직하지만 이 역시 성급한 대입에 불과하다. 아무리 교회가 양적으로 성장하고 질적으로 성숙해도, 우리의 현실이 엄연히 증언하듯이, 대부분의 경우 그 성장의 부피가 성숙의 실체를 잡아먹는 형국 아닌가. 더구나 이러한 해석적 관점 역시 예수의 천국 메시지를 교회성장론이라는 패러다임으로 국한시키는 문제에서 자유롭지 못하다. 2천 년 교회사를 통틀어 현실 속의 교회가 아무리 성장하고 성숙했다 할망정 단 한 번이라도 천국에 근접해본 적이 있었던가.

성숙과 향유−성장의 목표

결국 우리는 이 비유를 원문의 어법에 맞춰 다시 차근차근 읽어가는 수밖에 없다. "천국은 마치 사람이 자기 밭에 갖다 심은 겨자씨 한 알 같으니…"(마 13:31). 이 본문에 해당되는 원문의 통사적 구조에서 주어는 '겨자씨 한 알'이 아니라 그 겨자씨를 자기 밭에 가져다 심는 '사람'으로 나온다. 아마도 그는 농부였을 것이다. 농사 지어봐야 별 보람찬 미래가 기약되지 않는 당시의 팍팍한 식민지 시절, 그래도 그는 희망을 포기하지 않고 대단한 것도 아닌 작은 겨자씨를 밭에 뿌려 심었다는 것이다. 결국 절망적인 상황에서 희망을 잃지 않고 일상의 노동을 감내하는 농부의 꾸준한 삶의 자세, 그 인고의 마음가짐 속에 천국의 비밀이 숨어 있다는 것이다.

물론 그렇게 뿌린 씨앗의 성장과정이 농부의 그 마음가짐과 무관하다고 볼 수 없다. 씨앗은 뿌려져 최대한 성장했다. 지성이면 감천이라고, 희망을 포기하지 않은 농부에 의해 결국 생명의 씨알은 땅에 심겨졌고 몸집을 키워 이 겨자는 이 세상에 나온 그 본연의 창조목적에 부응한 셈이다. 그러나 그 성장에는 뭇 유기체의 생명질서가 그렇듯이 한계가 있다. 인간이 제 탐욕에 휘둘려 좋아하는 '무한성장'이란 것은 정상적인 생태계 질서에는 존재하지 않는다. 오로지 망가진 암세포 같은 비정상적인 것만이 이런 쪽의 성장을 추구한다. 그래서 모든 유기체 생명은 성장의 극점에서 고개를 숙이며 겸손하게 성숙의 계절을 맞는다. 익은 벼가 고개를 숙이는 이치가 여기에 적절히 조응한다. 인간 역시 그 신체적 몸집의 크기가 무한정 커나갈 수 없다. 모든 조직과 기관 역시 그 창조의 목적에 걸맞은 적절한 규모란 게 있다. 그것을 벗어나 지나치게 비대해지면 온갖 부작용이 밀려온다. 탐욕의 바이러스가 퍼지고, 원하든 원하지 않든 매머드 조직의 생리상 누구나 그 바이러스에 감염되게 되어 있다.

그런데 이 농부가 뿌린 겨자씨는 발아와 성장의 극점에서 놀랍게도 '나무'로 변신하였다고 한다. 자신의 생명이 처한 물리적 질서를 벗어나 그 생명의 근원이 되는 의미를 발견하여 자기를 초월하고 숭고한 존재로 도약한 것이다. 그 결과는 생물학적 종의 위계상 자기보다 월등한 공중의 새들까지 제 품에 품고 더불어 그 생명 세계를 누리는 향연의 장으로 나타난다. 이 향연의 장은 곧 생명으로서 서로 품고 보듬으며 누리는 향유의 현장이기도 하다.

겨자씨 속의 하나님나라

겨자씨와 연계된 천국 또는 하나님의 나라는 이 세상에 태어난 제 생명의 사소하고 미미한 몫에 눈뜨는 주체적 인간의 바로 그 깨달음에서 발원한다. 제 존재 이유를 창조주 하나님과 연계지어 해석하고 그 의미를 제 것으로 취할 줄 아는 주체적 인간의 삶이 그 한가운데 자리한다. 그것은 곧 이 세상의 주류 가치를 거슬러가면서 창조주의 뜻에 맞춰 안성맞춤으로 성장하고 소박하게 그 성장의 과실을 이웃 생명과 더불어 누리는 축제로서의 삶이기도 하다. 이는 가령 구약성서에 등장하는 백향목 등에 나타난, 우주적인 나무의 제국적인 이미지와 비견된다. 이 세상의 권력자들이 좋아하는 강한 자의 논리, 힘의 논리가 거기에 걸쳐진다. 이는 나아가 위에서 비판한 간단명료한 성장주의 논리와 일맥상통할망정 소박한 겨자씨의 세계, 그 겨자씨의 소박함을 무릅쓰고 진지하게 뿌리고 성심으로 제 삶의 밭을 일구는 주체적인 인간의 눈물겨운 일상과 무관하다.

이렇듯, 예수는 이 겨자씨 비유를 통해 하나님의 주권적 통치가 이 생명세계 전반에 임하고 체험되고 누려지는 이치를 전하고자 한 것이다. 그는 나아가 그것이 어떻게 이 세상 권력자들이 추구하는 방식과 다른 것인지 제자들에게 깨우쳐주고자 하였다. 이로써 그는 어떻게 우리 생명의 물질성이 그 껍질을 벗고 초월적 도약을 이루어낼 수 있는지, 또 그것이 왜 정당한지 보여주고자 한 것이다. 요컨대 이 비유는 겨자나물이 나무가 된 사연의 속내를 통찰하여 제 생명의 잠재력을 창조주 하나님의 섭리에 잇대어 계발하고, 그것이 '공중의 새'까지 초청하여 제 품에 안는 공동체적 향유의 희망에 눈뜰 것을 권유하는 데 근본적인 목적이 있는 듯하다. 특히 놀라운 점은, 이 모든 '천국스러운' 소망의 시발점이 이 모든 사실을 알고 온몸으로 깨달은 씨 뿌리는 농부의 일상적 삶, 고단하지만 주체적인 그 삶의 자리라는 것이다. 하나님의 창조 섭리에 대한 진득한 신뢰가 없이 그런 절망적인 상황을 희망으로 바꾸면서 겨자씨 안에서 천국을 봤을 리 만무하다. 그런 창조적인 상상력 한 조각 없이는 겨자나물에서 '나무'의 가능성을 발견하기조차 어려웠을 것이다.

사족: 앞으로는 부디 이 비유로 얄팍한 교회성장론의 밑천을 삼지 말길 바란다.

공정한 희생의 샛길

마 23:29-31

화 있을진저 외식하는 서기관들과 바리새인들이여 너희는 선지자들의 무
덤을 만들고 의인들의 비석을 꾸미며 이르되 만일 우리가 조상 때에 있었
더라면 우리는 그들이 선지자의 피를 흘리는 데 참여하지 아니하였으리라
하니 그러면 너희가 선지자를 죽인 자의 자손임을 스스로 증명함이로다
(마 23:29-31).

헌신과 희생의 어둔 그림자

종교와 희생을 따로 떼어놓고 생각하기란 쉽지 않다. '희생犧
牲'이란 말의 한자어에 붙어 있는 두 마리의 소에서 우리는 희생
이란 남김없이 주는 것, 주인을 위해 평생을 전적으로 헌신하며
섬기는 것, 피를 뿌려 마침내 목숨까지 제공하는 것이란 함의가
어른거리는 걸 본다. 기독교도 예외가 아니다. 일찍이 복음이 압
제의 사슬을 끊고 사방으로 퍼져나가는 데는 순교자들이 흘린
피가 밑거름이 되었다. 그들의 그 숭고한 희생과 헌신을 나무라

거나 흠잡을 아무런 명분이나 사유가 없다. 그들은 각자의 삶이 처한 극단에서 비굴하게 생존을 도모하기보다 목숨을 걸고 신앙을 옹호하며 그 순결한 구원의 소망을 변증하였을 터이다. 물론 꼭 피를 뿌려야만 희생은 아니다. 장엄한 희생의 풍경에는 흔히 십자가를 지는 헌신적인 삶의 역정이 펼쳐진다. 다른 이들을 선도하기 위해 앞장서서 모범을 보여야 한다는 강한 사명감도 동반된다. 그래서 제 몸의 욕망을 최소치로 줄이고 더 많은 시간 기도하며, 말씀에 깊이 몰두하여 묵상한다. 뿐 아니라 공동체의 이모저모에 열정적으로 참여하여 마침내 과로로 쓰러지거나 이와 연관된 질고로 몸져누울 만큼 충성한다. 자신의 가진 것 죄다 바치고 나눠서 빈털터리 가정 살림의 적빈을 즐거이 감당하는 수순도 빠지지 않는다. 그러다가 자녀 중 하나 정도는 영양실조 따위의 비극적 고난 가운데 세상을 일찍 하직하면 감동의 드라마는 그 파급력이 갑절로 증폭된다.

그러다가 그 희생의 주인공이 영웅적인 삶으로 극적인 종지부를 찍을 정도로 그 생애의 아우라가 명멸하게 되면 주변에 추종자들이 달라붙어 이른바 '기념사업'이란 걸 벌인다. 기념비를 세우고 그의 아름다운 유산을 계승하기 위한 각종 출판사업도 이어진다. 그 피날레는 대개 무슨 거창한 이름을 붙인 기념박물관을 세우는 건축사업으로 장식되기 일쑤이다. 그 헌신자가 관장하던 공동체는 그 희생이 고상하게 역사화되는 덕분에 꽤 번창하게 된다. 이에 비례하여 희생적인 삶을 살다 간 고인의 영광은 더욱 장황한 전설 속에 녹아들고 그 와중에 자잘한 에피소드들마저 신비한 미담으로 회자되기에 이른다. 가족들이나 자손들도 가부장이 희생한 반대급부로 상당한 수준의 부귀 또는 영화를 누리는 경우가 많다. 측근들 역시 이러한 희생사업을 통해 현 체제를 존속하며, 희생한 고인의 발자취를 따르려는 용감무쌍한 후배들, 추종자들을 불러 모으는 일에 분주해진다. 그들을 대상으로 고인의 희생정신을 본받아 그 모델을 모방하는 분위기를 부추기는 각종 부대사업도 활발해진다. 이후 많은 세월이 흘러 그 희생의 약발이 떨어지면 제2의 헌신자, 희생자가 배출되기에 안성맞춤의 분위기가 조성되고 마침내 그 목표에 부응하여 또 다른 누군가 나타나 그의 십자가를 지며 또 한 차례 피를 뿌리는 희생의 열전을 장식해나간다.

크게 보아 우리 기독교의 역사에 드리운 헌신과 희생의 그림자는 이런 틀을 갖춰 전승되어왔다. 예수의 희생적 죽음으로 구약시대의 모든 동물희생제사가 불필요해졌건만 그의 뒤를 따르는 제2, 제3의 작은 예수들이 제 십자가를 지고 파격적으로 희생하는 삶과 죽음이 은연중 기대되었다. 그 불우한 희생의 역사는 온갖 감동적인 영광의 소문에도 불구하고 뭔가 병리적인 구석이 있어 보인다. 이런 침침한 가학과 피학의 음침한 그림자를 희생과 헌신에서 거두어낼 묘안은 없단 말인가.

화에서 건지는 복된 교훈

앞서 다소 장황하게 진술한 얘기는 기실 예수의 2천 년 전 근심을 내 나름의 언어로 재구성해 정리한 것이다. 예수가 당대에 통찰한 희생의 풍경도 이와 별다를 바 없는 내용이다. 마태복음 23장 본문에서 예수가 선포하는 화禍의 이유와 배경은 그의 종교비판과 연계되어 있다. 그는 무엇보다 당시 종교지도자들이 선대의 희생 위에 온갖 영광과 권위를 덧칠하여 그것으로 장사하며 먹고살아가는 위선적인 꼬락서니가 못마땅했다. 단순히 먹고살아가는 정도가 아니라 민중 위에 군림하며 이것저것 지시하고 명령하는 위압적인 태도로 자신들의 종교적인 리더십을 휘둘렀다. 야고보서가 '행함 없는 믿음'의 허탄함을 지적했다면 본문에서 예수는 무엇보다 바리새인과 서기관들이 '모세의 자리'에 앉아 드러내는 '행함 없는 말'의 공허함을 질타했다. 그것이 당사자들의 말로만 그친다면 그 공허함은 그들의 몫으로 되돌아가는 선에서 그쳤을 것이다. 그러나 그 말이 '모세의 자리'라는 텃세를 업고 당대의 서민들을 억압하는 종교적인 권세로 둔갑했기 때문에 문제가 심각했다. 스스로 실천하지 못하는 말의 권세라는 것은 온갖 위선으로 빠질 수많은 길을 열어두고 있지 않은가. 예수가 보시기에 당대의 종교지도자들의 평상시 행태가 대강 이런 범위에서 겉돌곤 했다.

이에 대한 예수의 대응 전략은 간단하면서도 영리했다. "그들이 말하는 바는 행하고 지키되 그들이 하는 행위는 본받지 말라"(23:3)는 것이다. 말과 행동을 분리해서 대응하는 전략이었다. 동시에 그들이 좋아하는 위선의 허울들, 일테면 '경문 띠'와 '옷술'의 겉치레 장식, '잔치의 윗자리와 회당의 높은 자리와 시장에서 문안 받는 것', 그리고 '랍비'라는 권위적인 호칭의 허황된 명예를 가볍게 무시하고 형제간의 관계 속에 어울리며 평등한 삶을 구가하라는 것이 예수의 대안이었다. 그렇게 파격적으로 나가지 않으면 "천국 문을 사람들 앞에서 닫고 너희도 들어가지 않고 들어가려 하는 자도 들어가지 못하게 하는"(23:13) 그들의 사악한 행태에 볼모로 잡히게 될 터였기 때문이다. 그들의 선교적 열심 또한 자가당착이었다. 왜냐하면 멀리까지 힘들게 돌아다니다가 회심자를 얻으면 그 교인으로 하여금 그들보다 "배나 더 지옥 자식이 되게" 하였기 때문이다. 그 이유는 간단히 말해 바리새인과 서기관 등의 종교지도자들이 제사보다 젯밥에 관심이 많았기 때문이다. 그들은 밥그릇을 뛰어넘는 종교적 영성을 함양하지 못했다. 괴상한 논리로 어리석은 민중의 심리를 호도하여 그들을 수탈하며 기만하는 작태에 열심을 냈을 뿐이다.

27절 이하에서 예수는 마침내 위선적인 종교지도자들이 그렇게 타락의 길을 걷게 된 종교사적 배경을, 잘못 해석하고 엉뚱하게 수용한 희생의 신학에서 찾는다. "죽은 사람의 뼈와 모든 더러운 것"이 가득한 무덤의 겉면을 회칠하여 근사하게 가꾸는 것은 애꿎은 희생의 현장에서 저질러진 불의와 부정을 토대로 종교가 번성하는 논리를 적확하게 꼬집은 것이다. 그것은 곧 '회칠한 무덤'이라는 바리새인과 서기관의 종교적 욕망이 기대고 있는 자가당착의 순환논리로 직통한다. 그들의 조상들은 바른 말을 선포한 선지자들과 하나님의 신탁을 대변한 의인들을 핍박하여 죽였고, 아마도 그 죄책감의 초기증세에 민감하게 반응했는지 그들의 무덤을 만들고 비석을 세우는 일을 하였다. 세월이 흘러 그들의 직업적 후손인 예수 당대의 바리새인과 서기관들은 '애도'의 레토릭을 활용하여 자기들이 그들의 시대에 살았다면 그런 부당한 짓을 자행하지 않았으리라고 변명하곤 하였다. 그런데 그들은 이제 옛날의 유물을 거룩하게 장식하면서 그 거룩함의 힘에 기대어 자신들의 종교적 권위를 만들고 그것을 억압적으로 휘두르며 온갖 좋은 특권을 누린다. 게다가 그들은 머잖아 또 다른 희생제물로 예수를 무고하게 정죄하며 죽이는 음모에 동참하는 장본인이 될 터였다. 한 시절의 희생 장사가 그 꼬리를 드러낼 즈음 또 다른 희생양을 만들 속셈으로 예수를 과녁으로 삼게 된 것이다.

나아가 그는 앞으로 그들의 제자들을 파송할 때 그들의 외형은 달라도("선지자들과 지혜 있는 자들과 서기관들") 희생제물에 굶주린 시대의 허기를 채우기 위해 그들이 어떻게 박해를 당하고 어떻게 죽게 되리라는 것을 예견하고 있다. 예수의 선지자적 비관주의는 종교라는 기득권 체제의 논리 속에 그들의 희생 이후 또 어떻게 그 후일담이 거룩하게 유통되고 전승되어갈지 예리하게 간파하고 있었던 것 같다. 예수의 통찰을 뒤집으면 그가 선포한 저주 어린 '화'조차 복된 소식이 될 법도 하건만⋯ 그간 당면해온 역사의 현실은 회의적인 반응을 내놓을 뿐이다.

더 나은 희생과 헌신의 대안

과연 그랬다. 재주는 곰이 넘고 복채는 엉뚱한 놈이 챙기는 그 부조리의 순환궤도가 예수 이후, 그의 제자들 이후 역사를 통틀어 지속되어갔다. 때가 되면 희생의 역사는 되풀이되었고, 잊을 만하면 헌신의 망령이 조직의 논리로 특정한 개인의 목숨을 옥죄곤 했다. 기독교가 유대교의 이단종파로 낙인찍혀 회당에서 쫓겨나 변두리를 전전하던 때가 있었다. 그러다가 로마제국의 정치권력이 핍박의 방망이를 휘두르며 수많은 그리스도인의 애꿎은 피를 흘렸다. 제국의 권력에 도취하여 인간을 신으로 떠받드는 시대의 풍조 속에 더러는 사자의 밥으로 그들이 던져지는 반인간적 만행이 자행되기도 했다. 그러다가 기독교가 제국을 뒤집어 치세의 이데올로기로 부상하면서 예수의 복음은 실종되고 예수와 그 이후 순교자들의 희생을 기념한다는 명목으로 권력의 단맛에 심취한 종교귀족들이 설쳐대기 시작했다. 결국 그들은 마녀사냥의 기세로 수많은 형제자매를 예수의 이름으로 도륙하고 하나님의 사랑으로 애꿎은 인명을 학살하는 희생의 순환궤도를 따라 종교적 권위의 관행에 익숙해져갔다.

마침내 국내로 복음이 들어와 엄청난 기세로 교회가 번창할 무렵, 선조들의 희생담과 헌신담은 그들에게 주문처럼 복창되는 부흥의 정석이었다. 설교하다가 피를 토해 쓰러져야 은혜가 된다는 말이 장난처럼, 때로 진담처럼 기독교계 안팎에 회자되었다. 그렇게 해서 축조한 거대한 대형교회들은 성도의 헌신적 열정과 함께 십자가의 불빛을 높이 치켜올렸건만 그 희생의 단물은 너무 성급하게 소수 지도자들과 그의 측근들에 의해 빨려갔다. 그러다가 가끔 약발이 떨어질 무렵이면 크고 작은 아무개들이 희생양으로 무슨 미끼처럼 던져졌다. 2천 년, 아니 그 이상 반복되어온 희생양의 무모한 폭력적 순환논리가 되풀이되면서 지금까지 그 순수한 헌신의 열정은 만수무강하고 있는 듯하다. 그래서 공동체를 살리기 위한 극약처방으로 오늘도 희생과 헌신의 열사들은 자기의 급여를 반납하고 아파트를 팔아 헌납하며 질고를 무릅쓰고 독배를 들이마신다. 건강한 몸을 초개같이 던져 모진 병을 자초하며 더러운 것을 맛있게 먹으면서 동물적인 야수성을 보이는 격렬한 하심과 겸허의 극단 속에 사람들은 은혜의 열기로 도취된다.

그렇게 죽을 지경으로 거친 밑바닥의 삶을 전전하라고 하나님이 우리 생명을 이 땅에 내신 걸까. 고난과 희생의 논리는 죽어가는 우리를 살리는 만병통치약일까. 차라리 그것은 피학적·가학적 욕망의 병리 현상이 우리의 왜곡된 관행을 숙주로 무성찰적으로 번성해온 인습이 아닐까. 예수가 경고한 예언의 말씀이 고스란히 2천 년 역사를 통틀어 반복되어왔고 지금도 무난하게 받아들여진다는 것은 참 아이러니 아닌가. 특정 개인의 헌신적 삶과 희생적 죽음을 회칠한 무덤처럼 거룩하게 포장하여 그것을 두고두고 우려먹는 성자와 그 유해, 유물 장사, 희생 장사의 현실 말이다. 그래서 희생과 전혀 무관한 후대의 엉뚱한 사람들이 그 기념물 위에서 호강을 하며 타락한 종교의 전철을 되풀이한다면 우리 시대의 영성에 무슨 희망이 있겠는가.

여기 더 나은 희생과 헌신의 대안이 있다. 먼저 희생 자체가 선한 가치임을 선전하는 인습을 비판적으로 점검하여 그 독소를 폐기하는 것이다. 동시에 개인적 헌신의 공로를 우상화하는 저급한 문화에 저항할 줄 아는 창조적 영성을 배양하는 것이다. 그래서 누가 배타적으로 희생당하고 헌신하지 않아도 좋을 정치와 경제의 시스템을 가꾸며 문화와 예술의 넉넉한 울타리를 일구어야 한다. 그렇게 아름다운 생명의 향유 지향적 가치를 선도할 필요가 있다. 그것이 하나님의 창조의 선한 뜻 가운데 중요한 요소임을 깨치는 의식의 각성도 중요하다. 그런 연후에도 물론 인간의 아둔함으로 인해, 또는 예기치 않은 악조건을 만나 불가피하게 희생이 필요해질 때가 있다. 공동체의 기강이 느슨해지고 그 조직적 연대의식이 해이해져서 대대적으로 분발해야 할, 위축되는 상황이 반드시 생긴다. 그러면 지도자는 희생과 헌신의 불가피성을 공동체 성원들 앞에서 차분히 설명하고 그 총량을 제시

거꾸로 읽는 신약성서

하는 것이다. 나아가 어떤 기준으로 그것을 합리적으로 분배하여 제 몫의 십자가를 져야 할지 이타적인 자세로 의논하고 합의에 이르는 것이다.

평상시 넉넉한 생명의 향유 감각을 만끽하고 이에 기초한 문화·예술적 감수성을 풍성하게 지닌 선진적 집단이라면 여기서 굳이 인간임을 포기하고 이기적인 탐욕에 찌든 동물로 전락하지 않는다. 평소에 선진적인 정치의식으로 무장하고 하나님나라의 경제적 운용 감각에 숙달된 이들이라면 그렇게 합리적으로 분배, 할당된 헌신과 희생의 몫에 분개하며 나 몰라라 줄행랑치지 않을 것이다. 꼭 누구 한 사람을 집중적으로 조져 희생적인 피를 봐야 열락의 도가니 속에 공동체의 갈등과 난관이 뚫린다고 정치적인 사냥 속에 핏대 올리지 않아도 괜찮을 것이다. 그런 희생의 공정한 대안이 우리 삶의 샛길 속에 분명히 존재한다. 너도나도 정의를 포효하고 공정을 읊조리는 시대라지만, 단연코 희생과 헌신의 공정한 몫에 수긍하는 공동체야말로 공정한 사회다. 그 희생과 헌신이 불필요하도록 하나님나라의 대로를 내는 사회가 성숙한 선진 사회다. 종교의 현장, 우리 교회의 목회 및 선교 사역의 현장도 마찬가지다.

일찍이 사도 바울은 근대적 계몽주의와 합리주의의 세례를 받지 않았건만 이런 합리적인 교훈으로 성도를 계몽했다. "너희가 짐을 서로 지라. 그리하여 그리스도의 법을 성취하라"(갈 6:2), "각각 자기의 일을 살피라. … 각각 자기의 짐을 질 것이라"(갈 6:4-5).

'그리스도의 법'은 곧 사랑이다. 그 사랑의 실천은 서로의 짐을 나눠 지는 공정한 희생과 함께 가능해진다. 이에 앞서 그 짐을 나눠 질 만한 역량을 배양하여 각자 자기의 짐을 질 수 있는 자만이 그 사랑의 이름으로 공정한 희생의 몫을 감당하게 된다.

거꾸로 읽는 신약성서

좁은 선교, 넓은 선교

마 10:5-6, 28:18-20

예수께서 이 열둘을 내보내시며 명하여 이르시되 이방인의 길로도 가지 말고 사마리아인의 고을에도 들어가지 말고 오히려 이스라엘 집의 잃어버린 양에게로 가라(마 10:5-6).

예수께서 나아와 말씀하여 이르시되 하늘과 땅의 모든 권세를 내게 주셨으니 그러므로 너희는 가서 모든 민족을 제자로 삼아 아버지와 아들과 성령의 이름으로 세례를 베풀고 내가 너희에게 분부한 모든 것을 가르쳐 지키게 하라. 볼지어다 내가 세상 끝날까지 너희와 항상 함께 있으리라 하시니라(마 28:18-20).

대립되는 구절의 역설적 묘미

성경의 같은 책에서 의미상 상반되는 말씀이 나오는 경우를 가끔 접할 때 당혹스러워진다. 예를 들어 마태복음이라는 동일한 책에서 예수는 산상설교를 통해 '화평하게 하는 자는 복이 있다'(5:9)고 가르치더니 파송설교에서는 "내가 세상에 화평을 주러 온 줄로 생각하지 말라. 화평이 아니요 검을 주러 왔노라"(10:34)고 이전의 가르침을 뒤집는 듯한 말씀을 한다. 이런 경우 흔히 그 구절의 '맥락'을 잘 짚어 의미를 풀어야 한다고 하지만, 그 맥락이란 것도 추론하는 사람들마다 제 논에 물 대기 식의 자기 정당화로 흐르다 보니 자주 헷갈리는 게 사실이다. 비록 같은 복음서는 아니지만 이런 어록도 가끔 대립적 의미의 구절로 거론된다. 마태복음에서 예수는 바알세불 논쟁의 결론구로 "나와 함께 아니하는 자는 나를 반대하는 자요 나와 함께 모으지 아니하는 자는 헤치는 자니라"(마 12:30)고 배타적인 어조로 말한 바 있다. 반면 마가복음에서 그는 주의 이름으로 귀신을 쫓아내면서 따로 활동하는 자들을 가리켜 "우리를 반대하지 않는 자는 우리를 위하는 자니라"(막 9:40)고 얼핏 굉장히 포용적인 발언을 하고 있다. 이렇게 상반되는 듯한 구절을 접하면 문자적 형식논리에 얽매일 게 아니라 그 논리 이면과 너머의 메시지를 포착해야 한다고 타이르지만 귀에 걸면 귀걸이 코에 걸면 코걸이 식의 자가당착 같아, 딱 부러진 걸 좋아하는 성미로는 참아내기 어렵다.

　이런 구절을 해석하면서 한 가지 염두에 두어야 할 사항은 성서의 진리가 역설과 아이러니를 그 문학적인 기법으로 자주 활용한다는 사실이다. 이를테면 '아'를 염두에 두고 '어'를 말하는 경우가 있고, '어'를 말했지만 사실 그 '어' 속에 '아'를 품고 있는 경우가 있더란 것이다. 또 다른 맥락에서 어떤 상반되는 구절은 그 말의 이면에 담긴 역사적 삶의 자리가 시대와 상황에 따라 변천해나간 흔적을 머금고 있기에 외면상 어긋나는 것처럼 보이기도 한다. 겉으로 분명 두 어록은 예수의 입에서 발화된 말씀이지만 저자는 그 말씀들로 자신이 몸담고 있는 동시대 신앙공동체의 관점에서 과거를 회고하면서 또한 현재의 방향을 설정하는 중첩된 의도를 드러내고자 했다는 것이다. 여기서 다루게 될 두 어록이 바로 그 대표적인 예라고 할 수 있는데, 물론 그 해석은 그리 단순하지 않다. 마태복음 10장 5-6절에서 예수는 제자들을 파송하면서 그 선교 반경을 다음과 같이 설정해주었다. "이방인의 길로도 가지 말고 사마리아인의 고을에도 들어가지 말고 오히려 이스라엘 집의 잃어버린 양에게로 가라." 그러나 부활 사건 이후 제자들에게 마지막으로 분부하신 예수의 말씀은 이와 다른 것이었다. "그러므로 너희는 가서 모든 (이방인) 민족을 제자로 삼아 아버지와 아들과 성령의 이름으로 세례를 베풀고 내가 너희에게 분부한 모든 것을 가르쳐 지키게 하라."

선교특수주의와 선교보편주의

흔히 하나님나라 선교의 반경을 '이스라엘 집의 잃어버린 양'으로 국한한 선교신학의 원리를 '선교특수주의mission particularism'라고 부르고 그 대상을 '모든 이방인 민족'을 포함하는 원리를 '선교보편주의mission universalism'이라고 칭한다. 그동안 이 모순되는 듯 보이는 선교명령의 대립관계를 해소하려는 다양한 해석적 시도가 제출되었다.

첫째, 가장 단순한 해법은 선교환경과 여건이 달라졌다는 상황론이다. 마태복음 10장의 단계에서 제자들은 갓 훈련받아 처음 선교 활동을 하는 마당에 일단 자신들에게 문화적·종교적으로 익숙한 동족 이스라엘을 중심으로 이른바 '지역사회 선교'에 임하는 것이 적절한 상황이었다는 것이다. 그러다가 예수의 부활 사건 이후 제자들이 신앙적 각성을 통해 복음 선교의 비전을 새롭게 갱신할 수 있었고, 그동안 어느 정도 축적된 경험도 생기게 된 상태에서 모든 민족을 선교 대상으로 설정할 수 있게 되었다고 볼 수 있다. 이러한 변화를 감지한 예수가 한편으로는 제자들에게 현실적인 실습 가능한 선교 현장을 제한적으로 용인하였고, 다른 한편으로는 그 한계를 벗어나 이방인의 세계로 뻗어나가라는 열린 지평을 제시하였다는 것이다.

얼핏 보아 그럴듯하게 비치는 이 논리는 예수와 제자들의 선교 동선을 연대기적으로 살펴보면 고개를 갸웃거리게 된다. 마태복음 10장의 갈릴리 선교 사역과 예수의 십자가 죽음과 부활의 28장까지 그 시간적 격차가 고작 1-2년 정도밖에 안 되고, 그 사이에 제자들의 수가 파격적으로 증가하고 선교적 경험이 푸짐하게 축적되었다는 증거가 보이지 않기 때문이다. 오히려 예수의 십자가 죽음으로 인해 실망한 많은 그의 추종자들이 떨어져나감으로 인해 제자공동체의 수적인 규모는 적잖이 위축되었을 공산이 크다.

둘째는 마태복음서의 배후에 자리한 신앙공동체의 역사적 구성분자에 대한 시각을 이러한 선교신학의 편차에 적용하고자 하는 시도가 있다. 간단히 말하면 이 복음서로 투영되는 신앙공동체 내에는 이스라엘 민족 선교를 급선무로 설정한 유대인 신자들과 함께 외부에서 들어온 이방인 신자들이 공존하고 있었다는 것이다. 그리하여 그들의 상황과 처지에 안성맞춤으로 양수겸장의 선교적 지침을 포용함으로써 유대인 제자들은 유대인 선교에, 이방인 제자들은 이방인 선교에 각기 독립적으로 매진하게 했다고 볼 수 있다. 이로써 서로 간의 잠재적 갈등을 봉합하면서 선교 강역과 대상의 상호 존중이라는 타협점을 모색한 증거로 본문의 배경을 설정하는 셈이다. 이러한 입체적 시각에 우호적인 방증은 갈라디아서 2장 8-9절에 기록된 예루살렘 공의회의 회담 결과이다. 거기에 보면 베드로가 할례자인 유대인에게 그 대표성을 공인받고 바울은 이방인에게 파송된 자로서 그 선교적 대표성을 인준받은 것 같은 분위기가 감지된다. 이렇게 정말 마태공동체의 유대파와 이방인파가 그 잠재적 갈등을 해소한 것일까.

이것보다 좀 더 설득력 있는 세 번째의 해석 모델은 마태공동체의 역사적 전개과정을 예수의 일생을 패턴으로 하는 마태복음의 서사적 구도 속에서 발전론적 관점에서 파악하는 것이다. 그렇게 보면 예수의 어록과 행적마다 공동체의 신앙적 체험과 발전 과정을 우회적으로 반영한다고 볼 수 있다. 가령, 10장의 어록대로 이방인과 사마리아 마을로의 선교 활동을 금하고 '이스라엘 집의 잃어버린 양'에게 그 대상을 국한한 것은 제자들이 예수와 함께 선교활동을 벌인 이래 마태공동체의 초창기 경험이 농축된 전통을 반영한다면, 28장의 선교명령은 그로부터 대략 2세대 정도 지난 주후 90년쯤 마태공동체가 이방인을 향해 보편주의적 선교신학의 비전을 확보해둔 시점, 즉 저자가 마태복음을 쓰던 당대의 시점을 투사해 보여준다는 것이다. 이와 같이 선교원리가 특수주의에서 보편주의로 발전해나간 추이는 곧 마태공동체의 신학적 확장과 성숙의 궤적과 맞물려 있다. 아울러, 그 보편주의의 비전 속에는 모든 이방 족속들이 한 분 하나님을 경배하기 위해 예물을 가지고 예루살렘을 향해 순례자로 몰릴 것이라는 구약성서의 예언이 마침내 성취되리라는 희망이 담겨 있다.

이러한 발전론적 관점에서 보면 10장의 선교특수주의 관점은 그저 '가라'는 방향 설정, 그리고 천국 복음을 선포하고 병자를 치유하는 카리스마적인 행동 위주로 진행되는 단계라고 할 수 있다. 이에 비해 28장의 선교보편주의 관점은 예수가 유대인을 선발하여 제자로 삼은 것처럼 그들이 다시 또 이방 민족들을 제자로 삼고 아버지와 아들과 성령의 이름으로 세례를 주어서 내부의 성원들을 증식시키며 또 예수의 가르침을 준행하고 전통 가운데 보존하는 등 일련의 공동체적 과제를 폭넓게 아우르고 있다. 전자의 선교 방식이 전략적인 돌파와 개척의 분위기라면 후자의 경우엔 공동체의 구축과 조직화, 체계화 등의 그림이 그려진다.

선교의 선순환 체계

마태복음 10장의 선교특수주의 관점에서 분명한 사실은 예수의 '가라'는 명령과 가서 무엇을 해야 할지에 대한 메시지가 주로 담겨 있다는 것이다. 제자들이 그렇게 이방인과 사마리아 마을을 피하여 오로지 '이스라엘 집의 잃어버린 양들'에게로 찾아가서 구체적으로 무슨 활동을 했는지 자세한 보고가 생략되어 있다. 이는 누가복음(10:17-20)에 예수의 선교명령을 준행한 제자들의 성공적인 선교 보고와 이에 대한 예수의 화답이 담겨 있는 것과 대조적이다. 이와 관련하여 우리는 마태공동체의 초기 갈릴리 선교가 별 성과 없이 실패로 귀결된 역사적 기억과 무관치 않을 것이라고 추론할 수 있다. 그러나 선교의 여정을 발전론적 시각에서 조명해보면 저자가 공동체의 선교를 '그리스도의 선교 missio Christi'에서 '교회의 선교missio ecclesiae'로 확장되는 역동적인 과정으로 파악하여 여전히 진행 중인 활동으로 간주했다는 증거로 볼 수도 있다. 선교가 한시적인 성과로 일희일비하면서 자족하는 것이 아니라 '하나님이 우리와 함께하신다'는 임마누엘의 신앙고백과 함께 끊임없이 도전하는 구원사적 미래의 지평을 향해 열려 있었음을 암시한다는 해석이다.

그런가 하면 마태복음 28장의 보편적 선교명령 속에서 우리는 교회의 선교가 선교할 사람을 제자로 키워내는 양육의 과정과 세례를 위한 일련의 교육 과정이 두루 포함되는 총체적인 과

제임을 발견한다. 여기에 서로 나누었던 가르침의 내용들은 적극 실천되면서 동시에 보존되어야 할 전통으로 자리매김된다. 이러한 선교의 체계화 내지 조직화 단계는 교회공동체의 신학이 보편주의의 비전을 획득하여 예수가 제자들과 행보하던 갈릴리 일대나 팔레스타인 지역의 강역을 벗어나 그야말로 모든 이방민족을 포용하는 수준에 이르렀음을 암시한다. 이것은 분명 사마리아와 이방인의 세계를 배제하던 초기단계와 비교하여 장족의 발전을 이룬 결과다. 그러나 거기서 조심해야 할 점은 파송받은 자로서 초심 속에 담겨 있던 순수한 열정을 잃지 않는 것이다. 옷 두 벌, 신발 두 켤레, 금은동의 재물이나 주머니를 갖지 않았던 소박한 차림새 속에 담긴 철저한 무소유의 정신은 조직의 팽창과 함께 퇴락되기 십상이다. 그러나 선교요원을 양성하고 조직을 꾸리는 걸 무서워해서 여전히 이방인과 사마리아라는 낯선 타자의 세계를 두려워하는 동네선교 수준에 머물러서도 안 될 것이다. 이 두 가지의 선교 원리가 선순환되면서 상호보완의 체계 가운데 선교의 역동성이 존속되어야 한다.

　오늘날 선교는 새로운 시대적 전환의 국면에 봉착해 있다. 종래의 복음주의 선교와 에큐메니컬 선교의 흐름이 '공동체 선교'의 대열에 합류하면서 적극 회통하는 이즈음, 우리는 툭하면 복창하는 '세계 선교'의 거창한 구호를 내실 있게 성찰하면서 교회의 선교활동이 물량공세에 따른 선교지 영역 다툼의 자본제적 경쟁을 넘어서도록 실팍한 대안을 모색할 때가 되었다. 교회의 몸집이 취약한 상태에서 주변의 후미진 골목, 낮은 자리에서 신음하는 이들을 방치한 채 미전도종족을 찾아 '해외로, 세계로!'를 외치는 선교보편주의의 기세는 맹목적인 허위의식과 거리가 멀지 않다. 이 단계에서는 몸으로 직접 가서 근접한 현장에 부대끼면서 천국의 복음을 전하고 병든 자들을 건강한 생명으로 회복시키는 통전적 구원 사역이 절박할 것이다.

나중에 교회의 몸집이 커져서 세계의 모든 민족들을 향해 복음 전파의 사명을 구현할 수 있는 역량이 충분하더라도 그 현지의 생명들을 제자 삼아 세례를 주고 자체의 조직을 구축하여 선순환하는 생산적인 '체계'를 갖추도록 하는 작업이 중요하다. 그래야 선교의 시혜적 태도를 극복할 수 있고, 제한된 역량을 효율적으로 투여하는 전략적 마인드로 현장에 맞춤한 선교신학을 창출하여 미지의 영역을 담대하게 개척할 수도 있다. 동네의 도랑물이 개울에 합류하여 넓은 강물을 타고 바다에 이르듯이, 하나님의 구원이 충만을 지향하는 열린 미래를 향해 우리의 선교는 그 단계에 맞춤하게 특수성과 보편성을 아우르는 신학적 원리를 고안하여, 병들고 약한 생명을 두루 살리며 그들의 공동체를 회복시키는 목표에 충실해야 할 것이다.

가이사에게 바치는 세금 논쟁

막 12:13-17

그들이 예수의 말씀을 책잡으려 하여 바리새인과 헤롯당 중에서 사람을 보내매 와서 이르되 선생님이여 우리가 아노니 당신은 참되시고 아무도 꺼리는 일이 없으시니 이는 사람을 외모로 보지 않고 오직 진리로써 하나님의 도를 가르치심이니이다. 가이사에게 세금을 바치는 것이 옳으니이까 옳지 아니하니이까 우리가 바치리이까 말리이까 한대 예수께서 그 외식함을 아시고 이르시되 어찌하여 나를 시험하느냐. 데나리온 하나를 가져다가 내게 보이라 하시니 가져왔거늘 예수께서 이르시되 이 형상과 이 글이 누구의 것이냐. 이르되 가이사의 것이니이다. 이에 예수께서 이르시되 가이사의 것은 가이사에게, 하나님의 것은 하나님께 바치라 하시니 그들이 예수께 대하여 매우 놀랍게 여기더라(막 12:13-17).

말로 설득하는 기술

고대로부터 말로 사람을 설득하는 기술을 '수사학'이라 이르며 적잖은 비중을 두고 가르쳤다. 사람과 사람이 만나 말로 소통하고 설득하는 데는 언어를 표현하는 기교와 전략이 필요하다. 동양에서는 매끄럽게 말 잘하는 사람을 '교언영색巧言令色'(교묘한 말과 아첨하는 얼굴빛)이라 폄하하고 외려 어눌한 말을 상찬하는 분위기였다. 그러나 그만큼 수사학의 발전을 더디게 하여 권위에 맹종하는 추세를 강화해왔다. 인간의 욕망을 한없이 단순화하여 볼 때 흑과 백의 두 색깔만으로 쉽게 설명할 수 있을 것 같지만, 욕망의 심연을 자세히 살펴보면 얼마나 휘황한 총천연색 입자들로 번쩍이는가. 그 욕망의 총천연색에 걸맞게 최대치로 표현하는 도구가 언어이듯, 그 말들의 풍경이 벌이는 충돌의 난장을 조율하기 위한 묘수도 언어 외에 없다. 그렇다면 그 언어로 사람을 설득하는 기술이라는 수사학의 필요는 필연에 가깝다.

수사학 대결에서 말이 얽히면 판이 어려워진다. 특히 화자의 의도를 은폐하거나 왜곡하여 상대방을 불측한 심사로 공격하고자 할 때 말은 자주 부대끼고 성을 돋운다. 그처럼 말과 마음이 겉도는 수사학적 공격에 대응하여 말의 화살을 피하는 것도 또 다른 수사학적 기술이다. 말의 표현에 드러난 피상적 의미를 뒤집어 반어적 의미와 역설의 묘미를 간파하는 통찰도 필요하다. 가령, 자신의 무지를 성찰하면서 호기심과 궁금증으로 뭔가를 알고 싶어 질문을 던질 때 간단명료하게 모범답안이 쉽사리 추출되기란 쉽지 않다. 그러나 어떤 질문은 양자택일의 답변이 뻔히 예상되는데도 상대방을 곤욕에 처하게 만들기 위한 음험한 의도로 제기된다. 어딜 가도 그런 사람은 꼭 있게 마련이다. 상황을 재미있게 만들려고, 어쩌다 장난기가 동해서 도발적인 질문을 던지기도 하지만, 어떤 경우는 모호한 의도가 담긴 질문과 답변의 충돌이 엄청난 갈등으로 번지기도 한다. 이러한 수사학적 상황과 그 적나라한 충돌의 어지러운 현장이 예수와 바울 당시에 없었다고 보는 것은 비현실적이다. 바울은 고대 수사학에 대단히 능란했고, 예수 역시 그의 적대자들과 부대끼고 제자들과 대화하면서, 나름의 수사학적 기술을 활용한 흔적이 종종 탐지된다.

골치 아픈 예수의 대답

마가복음의 서사 구도에서 예수의 사역 전반부를 차지하는 갈릴리 체류 기간에는 치유 이야기가 많이 등장한다. 그런데 그가 예루살렘으로 이동하면서부터는 은근히 논쟁 이야기가 주요 양식으로 분위기를 압도한다. 예수와 적대자들 사이의 논쟁 중에 가이사에게 세금을 바치는 문제가 유명하다.

사건의 개요는 이렇다. 예수가 예루살렘에 들어가 머물 때 바리새인과 헤롯당이 파견한 사람이 예수를 책잡기 위해 질문의 덫을 놓았다. 그는 당시 팔레스타인을 식민 통치하고 있던 로마 황제 가이사에게 세금을 바치는 것이 옳은지 옳지 않은지를 판결해달라고 했다. 예수는 이 질문에 숨어 있는 꼼수를 직감했다. 그것은 일종의 '시험'이었는데 그 시험이 연단을 위한 시험도, 상호 소통을 위한 건전한 대화의 수순도 아니었던 셈이다. 도리어 예수를 자신들이 놓은 덫으로 유인하기 위한 불순한 '유혹'으로서의 시험에 가까웠다. 만약 예수가 로마 당국에 세금 내는 것이 '가하다'라고 답변하면 그는 로마의 식민 통치를 정당화하는 반역자로 낙인찍혀 유대인 다수의 민족주의 감정을 들쑤실 수 있었다. 반대로 '불가하다'라고 답변하면 로마 황제의 통치에 저항하는 불순분자라는 소문이 돌아 빌라도의 총독부를 자극하는 위험을 초래할 수 있었다. 그래서인지 예수는 이 질문에 즉각 양자택일하여 안건의 시비를 밝혀주지 않고 당시 유통되던 데나리온이라는 동전 하나를 가져오라고 다소 엉뚱한 주문을 했다. 그는 거기 새겨진 형상과 글자가 누구의 것인지를 묻고는 가이사의 것이라는 답변이 돌아오자 "가이사의 것은 가이사에게, 하나님의 것은 하나님께 바치라"는 알쏭달쏭한 응수로 그 수사학적 포획의 덫을 빠져나갔다.

말의 형식을 경시하고 그 내용을 중시한 사람들은 예수의 말을 심오하게 해석했다. 널리 알려진 한 가지 주류 관점은 하나님이 통치하는 세계와 사탄에 사로잡힌 황제가 통치하는 세계를 양분하여 그것이 질적으로 전혀 섞일 수 없는 두 개의 다른 차원임을 강조한다. 가이사와 하나님은 두 왕국을 다스리는 각각 다른 통치자이기에 이 세상의 영역에 하나님나라 백성들이 개입하는 것은 옳지 않다는 신학적 변설이 이로부터 생겨났다. 정교분리의 논리를 만들고 이를 소극적으로 적용하여 교회가 이 세상 정치에 참여하는 것을 반대하는 행태가 그 논리의 연장선에서 적극 옹호되어온 것도 이런 해석의 저변과 무관치 않다. 거창한 '두 왕국설'의 해석과 별도로 이를 납세 문제로 축소하여 우리가 이 세상의 시민으로 사는 동안 국가 공권력에 충실하게 복종하여 세금을 납부함으로써 시민의 의무를 다하고, 동시에 천국 신민으로서 하나님의 직할 통치 영역에 있는 교회를 섬기며 열심히 헌금하는 것이 필요하다는 식의 적용도 자연스럽게 이 어록의 해석 범위 안에서 유통되었다.

'세금 논쟁'과 양자택일의 수사학적 덫

첫째 해석의 변용 내지 확대로서 일각에서는 예수가 동전에 새겨진 아이콘과 문자가 가이사의 형상인 걸 확인한 점에 착안한다. 세금을 내는 그 동전의 존재 자체가 이 세상의 피조물을 본떠 아무 형상도 만들지 말라는 십계명의 조항을 위반한 결과임을 지적하는 데 예수의 메시지가 있다고 보는 관점이다. 즉, 그는 이 어록을 통해 당시 식민체제에서 양산된 화폐의 부정함을 거론하며 그것으로 하나님께 예물을 드리는 것이 옳지 않다는 점을 에둘러 논평했다는 것이다. 이러한 관점에서 보면 예수는 성서문자주의에 영향을 받은 바리새파 소속의 보수적 경건주의자로 비친다. 이러한 관점을 우스갯거리로 폄하하고 마냥 무시할 수 없는 것은 일부 학자들이 예수의 신학적 입장을 당대의 유대교 신학 모형과 비교하여 그나마 바리새파의 유산과 가장 유사하다고 진단하기 때문이다.

첫째 해석에 비해 좀 더 혁신적인 해석도 있다. 예수의 의도가 가이사의 과도한 징세와 식민 통치를 직접 겨냥하는 대신 우회적으로 비판하는 데 있었다는 것이다. 가이사의 것이란 실제로 없고 가이사의 것이라고 권리를 주장하는 것조차 기실 만유의 통치자이신 하나님의 것이니 하나님께 모든 것을 바치라는 메시지를 그렇게 에둘러 표현한 것이라는 주장이다. 이 정치신학적인 관점은 별도로 가이사의 것을 아예 인정하지 않는 분위기다. 가이사의 것은 오로지 하나님의 것이라는 범주 안에서만 한시적 적법성과 효용성을 인정받는다. 따라서 로마 황제에게 세금을 납부하는 것은 식민체제의 적법성과 타당성 여부에 따라 얼마든지 거부하고 저항할 명분이 생긴다.

　이 모든 해석과 관점이 지닌 '일리'의 가능성을 인정하더라도 이 에피소드는 전체적으로 진퇴양난의 딜레마에 처한 예수가 수사학적 질문을 수사학적 재치로 빠져나간 일련의 과정으로 보는 것이 가장 합당해 보인다. 질문자들은 애당초 그 질문의 올바른 답에 별 관심이 없었다. 혹여 일말의 관심이 있었더라도 피상적인 호기심 이상으로 진지한 배움의 자세가 그들에게는 결여되어 있었다. 그들의 목적은 예수의 말을 책잡아 비난하고 그의 권위를 깎아내리려는 데 있었다. 더구나 예수는 이러한 기만적인 술수를 정확하게 꿰뚫어보고 있었다. 예수는 마치 어린아이들의 이해를 돕기 위해 시청각교재로 설명하는 유치원 교사처럼 데나리온 동전을 가져오게 하여 상황을 반전시킨다. 맞는지 틀린지 간단히 대답할 것을 기대하던 그들의 시선은 데나리온에 꽂힐 수밖에 없었을 것이다.

이렇듯 동전이라는 가시적 물질의 등장은 경직된 수사학적 상황을 산만하게 흩어버리는 착란 효과를 동반했다. 이와 더불어 예수는 그들이 던진 질문을 또 다른 질문으로 되받아치는 재치로 그들이 그 동전의 주인공을 응시하게 했다. 이렇게 물러진 수사학적 상황에서 나온 게 바로 가이사의 것은 가이사에게, 하나님의 것은 하나님에게 바치라는 답변이다. 본문의 한 변이본 variant에 나오는 대로 예수 자신의 몫이 따로 있는 것처럼 '나의 것은 내게 바치라'고 한마디 덧보탰다 할지라도 답변의 취지는 크게 달라지지 않는다. 모호함의 수사학적 전략이 작용하고 있기 때문이다. 그들은 이 질문의 속뜻을 곱씹을수록 골치가 아팠을 것이다. '그럼 무엇이 가이사의 것인가', '하나님의 것은 어디서 어떻게 구별하는가', '세금을 바치라는 것인가, 말라는 것인가' 등 숱한 질문의 잔가지들이 파생되었을 법하다. 그들이 놓은 간단한 수사학적 덫은 이처럼 복잡한 생각의 잔가지들로 전이되면서 모호한 답변 속에 파산할 수밖에 없었다. 결과적으로 예수는 시비 논쟁에서 벗어나 양자택일의 답변으로도 피해 갈 수 없는 적대자들의 수렁에서 가뿐히 벗어날 수 있었다.

거꾸로 읽는 신약성서

수사학적 형식에 주목해야 할 이유

　나와 친분이 있는 신학자 한 분이 모 대학의 특강연사로 초청
받아 기독교인 학생들 앞에 강의를 했다. 강의 도중 목사인 학생
이 손을 들어 질문했단다. "우리 인류를 구원하기 위해 꼭 예수
그리스도가 십자가에 못 박혀 죽어야 했습니까? 하나님의 다른
선택, 혹 더 나은 방법은 없었을까요?" 순수한 학구적 열정을 늘
직설적으로 표현하여 과거에 적잖이 피해를 입은 이 신학자는
자신이 알고 있는 지식을 총동원하여 곧이곧대로 성실하게 답변
을 했다. 그러나 그 결과 그는 특강조차 제대로 끝내지 못한 채
봉변을 당해야 했다. 다음 학기에 예정되었던 강의 일정조차 취
소당하는 불이익을 감수해야 했다. 이 불쾌한 해프닝의 원인은
학생들의 거센 반발과 자퇴 협박이었다. 그러나 진정한 원인은
빤한 답변을 예상하고 덫을 놓은 그 학생의 불온한 수사학적 질
문의 의중을 예수처럼 꿰뚫어보고 수사학적 재치를 살려 응수하
지 못한 데 있지 않나 싶다. 늪에 빠져 발버둥 치면 칠수록 더 깊
이 빠져 들어가는 이치대로 어떤 질문은 답변하면 할수록 더욱
미궁 속으로 빠져들면서 아무에게도 도움이 되지 못하기도 한다.
　모든 선해 보이는 말들이 그 액면 그대로 마냥 선량한 건 아니
다. 어떤 말은 내용과 무관하게 이해되거나 정반대로 새겨지기
도 하고, 때로는 형식 자체가 메시지로 전이되기도 한다. 이 모든
모호한 현상은 수사학적 상황에서 말을 매개로 파생되는 욕망의

파노라마다. 말을 매개로 전달되는 의도는 수시로 배반당하기 십상이며 경우에 따라 의도가 모호하고 묘연한, 무의도의 의도란 것도 있을 수 있다. 무엇보다 가공할 만한 말의 무기는 정교한 수사학적 기술로 상대방을 설득하는 차원을 넘어 상대방을 넘어뜨리고 죽이려 하는 가시 돋친 음모에 있다. 말의 독소와 그로 인한 상처가 쉽사리 제거되지 않는 것은 그 말의 뿌리가 질기고 그 말의 수사학적 기원이 욕망의 기원만큼 모호하기 때문이다. 예수는 질문의 근본을 지혜롭게 통찰했고 그 수사학적 그물망을 수사학적 재치로 가뿐하게 벗어났다. 따라서 가이사와 하나님이 세금 문제로 어떻게 상관하고 엉겨 붙든, 이와 무관하게 예수는 자신의 말로써 교묘한 수사학적 게임에서 승리했다. 예수의 상기 어록을 제대로 이해하기 위해 내용의 복잡한 수 싸움보다 형식의 단순함에 주목해야 할 이유가 여기 있다.

계산하는 믿음, 포기하는 믿음

눅 14:28-30

—

너희 중의 누가 망대를 세우고자 할진대 자기의 가진 것이 준공하기까지
에 족할는지 먼저 앉아 그 비용을 계산하지 아니하겠느냐. 그렇게 아니하
여 그 기초만 쌓고 능히 이루지 못하면 보는 자가 다 비웃어 이르되 이 사
람이 공사를 시작하고 능히 이루지 못하였다 하리라(눅 14:28-30).

헌금과 믿음의 대칭 구도

담임하는 교회가 없는 한 목사님이 설교 청탁을 받아 교회 예
배에 갈 때 100불을 헌금하는데 사례금을 100-150불 받아 숱한
공력을 기울인 설교 노동이 생활에 실질적으로 기여하는 몫은
거의 제로라고 하는 얘기를 읽고 씁쓸한 뒷맛이 남았다. 웬만하
면 묻어두고 감추는 게 상책일 이런 얘기를 간증 삼아 공개적인
글쓰기 공간에 토로하기까지 그 내면의 고역이 오죽했을까 싶다.
목사로서 내는 그 100불의 헌금에는 예배드리는 하나님에 대

한 감사의 의미와 함께 그 초청한 교회에 대한 다소간의 예의까지 포함되었을 것이다. 답례 받은 그 사례금 속에도 교회마다 차이가 크겠지만 관행에 준하여 설교한 목사를 향한 최소한의 정성과 예의를 담은 것이라고 변명할 수 있겠다. 결국 수렴하고 요약하면 하나님과 교회와 그 구성원들과 설교자 사이에 믿음을 매개로 이러한 주고받음의 관계가 성립되고 이행된 셈이다. 따라서 그 '믿음'에는 수평적인 차원과 수직적인 차원이 두루 아우러져 있다고 볼 수 있다.

내가 좀 문제 삼고 싶은 게 바로 이 '믿음'이라는 개념이다. 그것은 개념이면서 기독교인들의 신앙적 삶을 규정하는 거룩한 초월의 동력이기도 하고, 부조리한 인간관계를 방치하며 정당화하는 이데올로기가 되기도 한다. 더 심한 경우에는 한 인간의 존엄을 구겨버리고 그 생명을 압살하는 흉기나 흉물이 되기도 하는 게 바로 이 믿음이란 도그마다.

'믿음'의 지형과 개념도

믿음은 내가 주로 연구하는 신약성서에 보면 도그마 이전의 다양한 풍경을 지닌 생물로 출현한다. 범박하게 분류하여 갈래를 따지면 이렇다. 희랍어 *pistis*'에 해당되는 믿음은 공관복음에서 주로 하나님의 창조적 권능과 구원의 권세에 대한 신뢰의 의미

거꾸로 읽는 신약성서

로 통한다. 이 믿음을 내세워 예수가 치유 기적 등을 행한 것이 일부 사실이지만, 그런 전제 조건 없이 신적인 권능이 행사된 경우가 훨씬 더 많다. 요한복음에서 믿음은 주로 예수의 정체를 깨치고 그와 깊은 인격적 사귐에 드는 '앎·지식'과 거의 동의어로 쓰인다.

바울 서신의 경우는 이 믿음이 주로 기독론적으로 사용되어 본질상 죄인인 사람을 은혜로 덧입혀 의롭게 하는 예수에 대한 고백적 신앙과 예배의 자세를 가리킨다. 이에 해당되는 'pistis Iesou'라는 문구를 속격으로 해석하여(나는 이 해석에 동의하지 않지만) 근래에는 일부 학자들이 이를 죽기까지 하나님께 순종한 '예수의 믿음'(또는 '예수의 신실성')으로 색다르게 의미화하기도 한다. 물론 소수의 경우지만 로마서 후반부 등에서 바울은 동일한 피스티스 개념을 공관복음서와 비슷하게 하나님의 전능함에 대한 신뢰라는 차원에서 사용한다.

히브리서로 건너가면 거기서 믿음은 보이지 않고 경험하지 않은 세계에 대한 소망이나 그 불확실성을 감내하며 꿋꿋이 나아가는 담대함parrēsia과 유사한 개념으로 통용된다. 야고보서에서는 하나님이 한 분이심을 믿는 유일신 신앙을 옹호하는 차원에서 지나가면서 단출하게 이 어휘를 두 차례 언급할 뿐이다. 그러나 귀신도 믿고 떤다는 말을 저자는 빼놓지 않는다. 이런 믿음이 인간만의 전유물이 아니라는 것이다.

우리 한국 교인들에게 '믿습니다'라는 신앙고백의 주조는 저러한 믿음이란 어휘의 스펙트럼을 신학적으로 정밀하게 성찰하기 이전에 형성된 내면의 심리적 욕구의 응어리이거나 그것이 회집하여 만들어내는 집단적 쏠림의 도가니일 경우가 잦다. 대체로 감정적인 자기 확신의 열정과 결부되는 성향이 강한 듯하다. 예수에 대한 사랑의 고백적 열정이 그렇고, 예수의 부름에 갈릴리 바다로 뛰어드는 베드로의 용맹스럽고 화끈한 자기 투여를 실천적인 산 믿음으로 높이 떠받드는 추세도 여전하다.

그러나 상식적으로 무모한 게 분명한 이런 종류의 '착한 믿음' 콤플렉스는 평생 한두 번의 우발적인 기회에 깃드는 은총의 선물로 만족하기로 하고(실제로 베드로는 시도 때도 없이 갈릴리 바다로 뛰어들지 않았다!) 우리는 평정심의 차분한 상태에서 보다 합리적으로 계산하고 어리석음이 깊어지기 전에 포기하는 믿음을 증진했으면 좋겠다.

망대 건축의 지혜

요새 유행을 타는 '하나님나라' 담론이든, '믿음'의 주제이든, 설교 현장에서 거의 소개되지 않는, 그러나 내가 퍽 중요하게 생각하는 누가복음의 망대 비유에 이런 얘기가 나온다. 직접 예수의 말씀을 옮기면 이렇다. "너희 중의 누가 망대를 세우고자 할진대 자기의 가진 것이 준공하기까지에 족할는지 먼저 앉아 그 비용을 계산하지 아니하겠느냐. 그렇게 아니하여 그 기초만 쌓고 능히 이루지 못하면 보는 자가 다 비웃어 이르되 이 사람이 공사를 시작하고 능히 이루지 못하였다 하리라"(눅 14:28-30).

이 비유가 십자가를 지고 예수를 따르는 제자도의 교훈에 연이어 나온다는 사실이 흥미롭다. 우리의 막무가내식 믿음에 충실하자면 기존 예산의 적정성을 따지고 망대를 짓는 것은 믿음의 결여이거나 믿음의 부재이다. 감당할 자금이 10분의 1만 되어도 망대 공사를 시작해야 충만한 믿음이고 그래서 일단 저지르고 보는 것이 훌륭한 믿음이다. 동시에 그 부족분을 하나님이 꼭 채워주시리라고 믿어 마지않는다. 그러다가 자금이 고갈돼 공사가 중단되면 다시 하나님께 부르짖어 활로를 열어달라고 간구하는 믿음이 있으니 염려를 붙잡아두어야 한다.

그러나 예수의 말씀은 분명히 이러한 계산 부재로 망대 공사가 도중에 중단될 경우 봉착할 수치의 대가를 이야기한다. 평이하게 행간의 메시지를 읽으면 하나님이 우리에게 기본적인 산수 능력을 머릿속에 주셨는데, 그 정도의 더하기 빼기조차 못하여 곤경을 자초하느냐는 것이다. 여기에 '믿음'이란 어휘가 별도로 사용되지 않았지만 예수의 제자가 현실 사역 가운데 염두에 두어야 할 교훈으로 이 비유를 전했다는 전제 아래, 거기에 나는 '계산하는 믿음'이란 제목을 붙여주고 싶다.

이 비유의 교훈을 다른 말로 바꾸면 '누울 자리를 보고 다리를 뻗으라'는 것이다. 겨자씨만 한 믿음으로 산을 옮기고 죽은 자를 살리는 기적의 실현 여부는 하나님의 몫이지 우리의 허세와 무지와 어리석음의 미끼가 아니다. 거기에 담긴 시적인 상상력과 문학적인 수사를 놓치고 격렬한 자기최면의 꼼수를 믿음으로 정당화할 수는 없는 노릇이다.

이 망대 비유의 후일담이 이어지지 않아 아쉽지만 그 역시 우리의 문학적 상상력이 개입해야 할 해석의 여백일 뿐이다. 이 망대 공사는, 수치를 대가로 뭔가 깨달았다면 그 공사의 주체들이 천천히 나머지 공사 대금을 마련할 때까지 당분간 포기하고 유예하는 것이 상식적 행로이다. 여기에 '포기하는 믿음'도 중요하게 작용한다. 그것을 우격다짐으로 밀어붙이기 위해 여기저기 빚을 내고 무리수를 두면서 그 장벽을 믿음으로 뚫어내리라고 간구하는 것은 하나님에 대한 협박이 될 수 있다. 나아가 그건 하나님을 제 고집으로 조종하려는 신성모독으로 번질 가능성이 농후하다.

오늘날 한국 교회에서 그 무리수를 좋은 믿음으로 치켜세울 때 발생하는 부작용은 무엇보다 무리한 은행 대출을 받아 수십억, 수백억대의 거대한 교회 건물을 짓고 그 후유증 아래 짓눌려 허덕거리는 사례들이다. 교회 건물을 짓다가 도중에 중단된 경우도 있고, 교인들의 사유재산을 담보로 빚낸 돈을 헌금으로 강제하다시피 하면서 전가의 보도처럼 '믿음'이란 이데올로기를 휘두른다. 예수가 우리를 격려하기 위해 말씀하신 '산을 옮길 만한 믿음'의 교훈만을 나이브하게 끌어들인 채 꼼꼼히 예산을 따져 망대를 지으라는 또 다른 지혜의 교훈을 망각한 사태 아닌가. 이로 인한 우리 교회의 부끄러움은 어떻게 감당하란 말인가.

제 짐과 남의 짐 지기

갈라디아서의 한 구절에서 바울은 우리가 서로의 짐을 나눠 질 것을 종용한 바 있다(6:2). 동시에 그 조금 아래를 읽어보면 각자가 자기의 짐을 져야 한다고 훈계한다(6:5). 자기의 앞가림 충실하게 하고 제 짐을 제대로 지지 못하는 처지에 어떻게 남의 짐까지 나눠 질 수 있겠는가.

망대의 비유에서 추출된 교훈을 여기에 덧붙여 적용하자면 우리는 제 가정 살림과 사업 활동에서 계산하는 믿음과 포기하는 믿음을 통해 먼저 제 짐을 합리적으로 지는 버릇을 활성화해야 한다. 자신의 한 달 수입에 맞춰 지출 계획을 세우고 가용 예산에 맞춰 사업을 운용해야 한다. 들어오고 보유한 자금이 졸아붙을 때는 그만큼 덜 먹고 덜 써야 맞다. 빚까지 낼 정도면 차라리 제 집이나 가재도구를 팔아서라도 일단 구멍을 메우고 살림과 사업의 몸집을 줄여야 정상이다. 급한 대로 은행에 담보 대출받는 것이 때로 불가피하고 자본주의의 이기로 융통되지만, 그것도 습관이 되면 목마르다고 자꾸 바닷물 마시는 꼴과 진배없어진다.

그렇다고, 돈 벌어 무조건 남 주는 공익적인 회사 사업도 아닌

데 자꾸 여기저기 손을 벌려 도움을 요청하는 것은 망대의 비유가 전하는 믿음의 윤리에 합당하지 않다. 선교든, 목회든, 사업이든, 계산을 잘못하여 첫 단추를 잘못 끼웠는데 억지로 믿음 타령하며 애당초 내지른 관성대로 끌려간다면 그것은 포기하여 원점에서 다시 시작하는 것만 같지 못하다. 무엇보다 그러한 무모한 행태를 믿음으로 정당화하려는 것은 성서의 이치에도 맞지 않고, 인간의 존엄함에 대한 멸시이며, 인간에게 산수 능력을 선사하신 하나님의 창조 능력을 능멸하는 처사이다.

이런 지적에 일리가 있다면 우리는 교회 안팎에서 상당 부분 숨기고 쉬쉬하는 자금·재정·예산·급여 등의 돈 문제에 대하여 이중적 기준을 벗어나 제대로 공론화할 필요가 있다. 자가당착의 청부론이나 공허한 청빈론을 반성하면서 망대 공사의 상식을 회복해야 한다. 나는 돈으로 뭔가 자랑하려는 자가 못마땅하듯, 돈 문제로 궁상을 떠는 경우도 찜찜하다. 뭔가 그 돈의 자리가 정상 궤도를 이탈한 듯 여겨지기 때문이다. 돈에 대해 떠들고 하소연하면서 직설하지 못한 채 제 속내에 여러 가지 복잡한 카드를 감추고 있는 게 훤히 보이기 때문이다. 더구나 거기에 신앙의 고결한 포즈까지 덧칠하여 성서의 '믿음'을 요물이나 주술로 만든 채 무슨 복권 놀음하는 것처럼 느껴질 때가 많기 때문이다.

내 망대 공사는 애당초 주도면밀한 기획과 정상적인 예산과 함께 시작된 것일까. 그 공사 도중에 작동되는 믿음이란 말 속에 자기기만의 휘발성 최면은 없는 걸까. 파탄이 난 망대의 흉물을 대하면서도 그 앞에서 주구장창 하나님을 부르대며 그 애물단지를 끌어안는 인간의 밑 빠진 욕망의 허구렁을 어찌할 것인가. 미완성의 믿음이 차라리 아름답다. 처음부터 다시 계산하면 된다. 이 글머리에 예시된 목사님은 그 바닥을 경험할 만큼 하셨다면 다음에는 다시 계산하여 헌금 수표를 50불로 조정하는 유연성을 발휘하는 게 어떨까 싶다.

'거듭남'의 본래적 의미

요 3:1–21

—

그런데 바리새인 중에 니고데모라 하는 사람이 있으니 유대인의 지도자라. 그가 밤에 예수께 와서 이르되 랍비여 우리가 당신은 하나님께로부터 오신 선생인 줄 아나이다. 하나님이 함께하시지 아니하시면 당신이 행하시는 이 표적을 아무도 할 수 없음이니이다. 예수께서 대답하여 이르시되 진실로 진실로 네게 이르노니 사람이 거듭나지 아니하면 하나님의 나라를 볼 수 없느니라. 니고데모가 이르되 사람이 늙으면 어떻게 날 수 있사옵나이까. 두 번째 모태에 들어갔다가 날 수 있사옵나이까. 예수께서 대답하시되 진실로 진실로 네게 이르노니 사람이 물과 성령으로 나지 아니하면 하나님의 나라에 들어갈 수 없느니라. 육으로 난 것은 육이요 영으로 난 것은 영이니 내가 네게 거듭나야 하겠다 하는 말을 놀랍게 여기지 말라. 바람이 임의로 불매 네가 그 소리는 들어도 어디서 와서 어디로 가는지 알지 못하나니 성령으로 난 사람도 다 그러하니라(요 3:1-8).

거듭남에 대한 의문들

'보혜사'가 그렇듯이 '거듭남'은 요한복음 특유의 어휘로 흔히 중생과 구원을 일컫는 대표적인 어휘로 통한다. 거듭남을 논할 때 중요한 것은 거듭남을 가능케 하는 조건이다. 요한복음 3장에 나오는 니고데모와 예수의 대화는 그 조건으로 독생자에 대한 믿음을 제시하는 것으로 보인다. 독생자를 믿는 것이 그를 이 세상에 보내신 하나님의 사랑을 수용하는 것이다. 그를 믿지 않는 자들은 이미 심판을 받았다는 단정적인 표현도 나온다(요 3:18). 요한복음에서 예수 스스로 길이요 진리요 생명이라고 공언하였던 고로 그 독생자가 예수 자신이라고 보는 것이 전적으로 옳다. 그런데 질문이 생긴다. 예수가 독생자인 사실을 믿는다는 것은 무슨 뜻일까? 또 그것이 어떻게 거듭남을 추동한다는 것일까? 예수가 독생자라는 것을 사실로 인정하고 '아멘'을 복창하면 저절로 거듭나게 된다는 말일까? 그러면 저절로 영생을 확보하게 된다는 뜻으로 그렇게 말씀한 걸까? 니고데모의 반문대로 이미 태어나 자란 성인이 다시 모태로 들어가 새로 태어날 수 없다면, 거듭난다는 것은 얼핏 일종의 영적인 각성을 가리킨다는 생각이 든다. 육신의 탄생이 아니라 영의 재탄생 말이다. 요한복음에 익숙한 영육의 이분법적 구도는 거듭남의 비밀을 이해하는 데 중요한 잣대가 된다.

   영육의 이분법적 구별을 전제로 영적인 거듭남을 강조할수록 중생과 구원의 세계는 어쩐지 점점 더 추상화되는 느낌을 지울 수 없다. 결국 정신적 변화와 이로 말미암는 삶의 전복적 변화 경험이 그 내용으로 채워져야 한다. 그런데 예수를 독생자로 믿고 나서도 신앙생활을 한다고 제 딴에 노력은 하지만 현실 속의 그 삶은 대체로 들쭉날쭉 기복이 심하다. 더구나 예수에 대한 믿음의 반경 속에 어떤 일회적인 사건처럼 거듭남을 운운하면 예수와 그를 독생자로 믿기로 한 '나' 사이의 인격적인 관계가 중시된다. 그 관계는 으레 회개와 죄 사함을 통해 든든하게 유지되는 것으로 믿는 경향이 있고, 그 믿음은 다시 그 관계를 강화한다. 그렇게 예수와 신자들이 영적인 관계 속에 꽁꽁 묶여 아버지의 사랑을 확증하며 구원을 확신하는 것처럼 선전된다.

그런데 이 모든 믿음의 풍속도에서 내가 제기하고픈 의문은 과연 '거듭남'의 원초적 맥락에서 이런 것이 과연 예수가 의도한 것이었는가 하는 점이다. 이런 질문은 좁게는 요한복음의 구원 신학이 '거듭남'에 대한 모종의 오해 또는 편협한 해석으로 인해 적잖이 왜곡된 면이 있지 않을까 하는 혐의를 전제한다. 이런 질문은 넓게 보면 우리의 빈곤한 구원 언어가 우리를 풍성한 구원의 바다로 나가게 하기보다 구원의 강박증에 붙들어 매는 버릇에 대한 발본적 성찰과 무관치 않다. 다시 말해 거듭남과 연루된 특정한 논리적 틀의 특정한 도식적 수순을 따라야 구원이 보장되는 것인 양 성서 본문의 본래 맥락을 호도해온 인습적 통념을 반성해볼 필요가 있지 않을까 싶은 것이다.

바람/영의 비유

예수가 거듭남을 언급한 맥락은 유대인 관원이라고 알려진 니고데모가 찾아와 던진 질문에 대한 응답이었다. 그는 먼저 물로 포도주를 만든 2장의 기적을 염두에 두고 그 표적에 개입한 하나님의 능력을 언급한다. "하나님이 함께하시지 아니하시면 당신의 행하시는 이 표적을 아무라도 할 수 없음이니이다"(요 3:2). 예수는 그 표적에 대해서는 한마디도 안 하고 화제를 바꾸어 거듭남을 이야기한다. "사람이 거듭나지 아니하면 하나님의 나라를 볼 수 없느니라"(3:3). '거듭남'의 개념을 제대로 파악하지 못한 니고데모가 모태 재탄생의 불가함을 내세워 의문을 표명하자 예수는 다시 세례를 연상시키는 다음의 어록으로 대꾸한다. "사람이 물과 성령으로 나지 아니하면 하나님의 나라에 들어갈 수 없느니라"(3:5). 앞선 진술에서 하나님나라는 '보는' 대상인데 비해 여기서는 '들어가는' 장소로 표현이 다소 바뀐다. 그렇다면 거듭남과 물/성령으로 나는 것은 순차적인 과정인가, 아니면 별개의 사건인가. 하나님나라가 어디 있는지, 어떤 것인지 제대로 보고 알아야 그 입구를 확인하고 그리로 들어갈 수 있다는 상식적 추론을 통해 거듭남과 물/성령으로 나는 것을 순차적인 과정으로 볼 수 있을지 모른다. 이를테면 한 사람의 영적인 각성을 통해 내면의 거듭남을 경험한 뒤 그것을 제도권 내에서 제의적으로 인정하는 절차로 물세례를 베푼 뒤 다시 하나님의 신령한 에너지인 성령으로 채워지는 역동화 과정을 연상할 수 있다. 그러나 본문은 물과 성령을 '세례'로 베푼다고 말하지 않고 그것으로부터 '난다'고 말한다. 이는 태어남을 일컫는 어휘로 앞의 거듭남과 개념적으로 상통한다.

그렇다면 이 거듭남과 물/성령으로 태어남은 별개의 사건이라기보다 똑같은 사실을 다른 비유적 이미지로 표현한 것이었다고 볼 수 있다. 이 지점에서 예수는 '거듭남'의 신학적 정체를 해명할 만한 매우 흥미로운 비유적 어록을 남긴다. "바람이 임의로 불매 네가 그 소리는 들어도 어디서 와서 어디로 가는지 알지 못하나니 성령으로 난 사람도 다 그러하니라"(3:8). 바람이 임의로 분다는 것은 스스로 불고 싶은 대로, 제멋대로 분다는 말이다. 그래서 니고데모같이 거듭나지 못한 사람이 들을 때는 그 바람이 어디서 불어와 어디로 가는지 모른다는 것이다. 성령으로 난 자 역시 이와 같다는 말은 바로 그 사람이 바람의 존재성을 구현한다는 뜻이리라. 다시 말해 그 기원과 종말 이후의 행방에 관한, 이 지상적 감각과 안목으로 도저히 헤아리거나 깨우치기 어렵다는 논리다. 이 문장의 희랍어 텍스트를 보면 '바람'과 '성령'은 'pneuma'로 동일하게 표기되어 있다. 따라서 어색함을 무릅쓰고 일관되게 번역하면 '바람으로 난 자는 바람과 같다'고 하거나 '성령으로 난 자는 성령과 같다'고 해야 한다. 물론 존재의 기원에 대한 비유적 설명이다.

환생, 중생, 영생

그렇다면 성령/바람으로부터 태어난 자는 어떤 자일까. 주변 맥락을 살펴보면 그는 '거듭난 자'를 가리키지만 이 말의 더 정

확한 번역은 '위로부터 난 자'이다. 기실 지금까지 죽 '거듭남'이
라고 번역해온 원문의 표기*gennēthēnai anōthen*는 '위로부터 태어남'
의 의미에 더 가깝다. 지상에 뿌리를 둔 존재는 유한하고 소멸하
지만 천상에 기원을 둔 신적인 존재는 영원히 불멸한다. 그러니
까 바람의 오가는 길을 알지 못하는 자는 아래로부터 난 자이지
위로부터 난 자, 곧 바람/성령으로부터 난 자가 아니다. 바람/성
령으로 난 자는 자유롭게 기동하며 흐르는 바람의 동선을 속속
들이 알고 있다. 바람/성령과 위로부터 난 그 존재자는 결국 동
일체이기 때문이다.

그렇다면 '위로부터 난 자'와 '아래로부터 난 자'는 태생적으로
운명지어져 있는 것일까. 요한복음의 배후에 존재한 신앙공동체
의 성원들은 이러한 이분법적 구분으로 자신들의 영적 우월감과
신앙적 정체성을 구축했을 가능성이 있다. 그러나 이 구별은 오
로지 자신의 존재에 대한 성찰을 통해 얻은 깨달음의 여부에 따
라 성립되지 않았을까. 말하자면 자신이 '위로부터 난 자'라는 존
재의 각성을 지닌 자들은 예수와 함께 그 신적 기원에 동참하여
하나님의 은혜와 사랑 안에서 '영생'을 누리게 되리라는 것이다.
일부 학자는 요한공동체의 자의식을 이러한 '위로부터 난 자'의
존재 의식에 투사하여 이해한다. 즉, 요한공동체 성원들이 모두
신의 자손이란 자의식에 터하여 예수와 함께 신성을 지닌 자로
서 신학적 정체성을 지니고 있었다는 것이다. 그러나 그러한 결
론을 요한복음 3장의 본문에서 추출하기란 쉽지 않다.

주지하듯, 플라톤은 환생주의자였다. 그는 영혼의 불멸과 환생사상에 관해서 피타고라스의 영향을 받았다. 또한 이런 사상은 종교적 신념으로 굳어져 특히 오르페우스 종교Orphism가 대중들 가운데 널리 퍼져 있었다. 환생사상은 동양의 힌두교와 불교의 주요 사상으로 알려져 있고 고대 이집트와 원시사회 곳곳에서 유사한 패턴의 사상적 입자들이 폭넓게 확인된다. 내가 조사한 바에 따르면 이미 신석기시대부터 환생사상의 원초적 흔적들이 탐지된다. 영혼의 불멸성과 영원성, 또 그것이 돌고 돌면서 새로운 생명체로 거듭 태어나는 환생과 윤회의 신앙적 전통은 매우 광범위하고 오래된 것임을 알 수 있다.

　영혼불멸설의 두 가지 사상적 기둥은 영혼선재설과 영혼환생설이다. 불멸하는 영혼은 지상에서 생명의 둥지를 틀기 이전에 앞서 존재하던 천상의 신적인 기원을 가지고 있다는 믿음이 영혼선재설의 근간을 이룬다. 영혼환생설은 이 땅에 수명을 다한 생명이 죽은 뒤 육신은 흙으로 돌아가지만 영혼은 다시 천상으로 회귀하여 일정한 정화와 갱생 절차를 밟아 새로운 육신을 숙주로 삼아 다시 태어난다는 믿음이 그 사상적 골자다.

　일반적으로 플라톤주의 사상이 고대 기독교신학의 체계화 과정에서 이론적 얼개를 제공하는 데 적잖은 기여를 했다는 데에는 대체로 공감한다. 그런데 그 영향이 신약성서 내에 어떻게 발휘되었는지는 신약성서의 어떤 텍스트를 택하여 논증하느냐에 따라 해석이 다양하다. 특히 요한복음의 경우, 영혼불멸설의 한 기둥인 영혼선재설은 태초부터 계신 로고스의 선재라는 관점에서 예수 그리스도의 선재하는 신성과 신적인 기원을 뒷받침하는 얼개로 소화되고 유통된 흔적이 엿보인다. 그러면 예수 그리스도를 성육하신 하나님으로, 독생자로 믿는 신자들의 경우는 어떻게 그 존재의 기원을 해명해야 하는가. 그들 역시 신적인 기원을 지닌 영혼으로 이 땅에 태어나기 이전에 천상에 선재한 전력을 지녔다고 봐야 할까. 그것이 바로 '위로부터 난 자'의 정체성에 갈음하는 사상적 틀이라고 소급해서 해석할 수 있을까. 그럴 수 있다는 추론이 가능하지만, 이 대목에서 나는 영혼선재설보다 영혼환생설의 독창적인 '전유' 과정이 요한복음의 이른바 '거듭남', '중생' 신학의 태반을 형성하지 않았을까 추리한다. 사상적 영향사와 변용 과정이 그렇다는 것이다.

　이렇게 보면 요한복음에서 니고데모와 나눈 '거듭남'에 대한 대화는 전혀 다른 해석의 맥락을 제공받는다. 그것은 환생 사상이 반 토막 나서 중생화되는 경로를 밟았다는 해석이다. 환생은 끊임없는 다시 태어남을 전제로 한다. 그러나 니고데모의 대화에서 예수가 강조한 것은 그런 반복적인 환생이 아니다. 플라톤의 환생 사상에서 죽은 영혼이 망각의 강을 건너 정화와 재생의 절차를 거치는 것은 후대 교리의 확립 과정에서 이른바 '연옥'이란 개념으로 기독교화되었다. 그러나 기독교의 신앙 전통 속에서 연옥을 거쳐 갱생된 영혼은 영원한 내생, 곧 영생을 누리는 열락의 세계, 하나님의 빛 아래 들어간다고 봤다. 플라톤의 환생 사상이 고지하듯, 새로운 육체를 숙주 삼아 다시 태어나는 것으로 이해하지 않았다는 말이다. 따라서 제 존재의 기원이 '위로부터 난자', 곧 생명의 시종이 바람처럼 자유롭게 불어가는 영의 세계에 있음을 깨달아 다시 태어나는 중생의 가르침은 이러한 영혼불멸설의 한 가닥 전통인 환생 사상이 변용된 결과로 나타났다고 볼 수 있다.

'거듭남'의 거듭남을 위하여

여기서 우리는 다시 바람의 존재론으로 되돌아가 요한복음의 예수가 갈파한 거듭남의 비밀과 그 교훈을 되새길 필요가 있다. 그는 심리적 격동과 함께 시작하여 감정적 회한과 함께 끝나는 식의 회개와 그 귀결점으로 거듭남을 말한 것 같지 않다. 여기에 회개의 개념이 작동한다면 그것은 제 삶의 자잘한 오류와 실수, 또는 도덕적 범죄 차원의 것이라기보다 존재론적 각성이었다. 자신의 존재가 어디서 발원하여 어디로 가는지에 대한 근원적 질문과 대결하여 스스로 '위로부터 난 자'임을 깨달을 때 비로소 독생자의 정체를 알 수 있으리라는 것이었다. 이를테면 독생자이신 예수의 신적인 기원, 다시 말해 로고스로서 그의 신적인 선재를 인정할 때, 나아가 이 땅에서 추진해야 할 그의 미션, 그 이후 그가 돌아가야 할 본향에 대한 깨달음이 깃들 때 비로소 거듭날 수 있다는 것이다. 그러므로 예수의 신적인 기원과 그 정체를 아는 것과 독생자로서 그를 믿는 것은 동격의 의미이다. 게다가 예수의 그러한 정체에 터하여 자신의 존재론적 기원이 '위로부터 난 자'임을 깨우쳐 영생을 갈망하고, 바람처럼 성령처럼 살아가는 것은 예수의 정체와 기원을 아는 것과 동시 발생적인 사건이다.

결론을 맺자. 우리는 세칭 '구원파'를 이단으로 비판하고 정죄하면서도 그들의 논리에 맞춰 구원받은 경험, 중생의 일회적 사건에 집착할 때가 많다. 그것이 통속적으로 범람하는 '거듭남의 신학'에 담긴 폐단이다. 정확한 날짜와 시간대를 특정하여 강박하지 않더라도, '구원받았습니까?', '당신은 아직 구원받지 못했네요'라는 맹랑한 질의응답 속에 잠재된 우리의 신학적 전제는 다소 이완된 구원파의 논리를 연상시켜준다. 결국 오십보백보의 차이에 불과하다. 그런 구원론은 요한복음의 몇몇 핵심 개념을 피상적으로 박제한 중생, 곧 거듭남의 논리와 연동되어 있다는 것이 내 판단이다. 여기서 제대로 다루지 못한 '영생'에 대한 이해 역시 마찬가지다. 그러나 중생과 영생 등에 대한 우리의 통속적 이해는 우리가 얼마나 시간의 물량주의에 사로잡혀 고작 수명을 길게 연장하여 죽음 이후까지 그 생명을 불멸의 지경으로 끌어가고 싶어 하는가 하는 집착의 욕망은 또렷하게 드러낼망정, 그 영생의 복음과 거듭남의 이면에 깃든 '바람의 존재론'과 '위로부터 난 자'에 대한 갈망은 철저히 외면한다. 흙에서 와 흙으로 돌아가야 할 태생적으로 가난한 존재인 인생이 육체의 철저한 무기력과 덧없음을 떨치고 영의 불멸하는 세계에 눈뜬 결과가 그런 수준으로 겉돌 수는 없는 노릇이다. 거듭남의 굴절된 의미가 그 본래적 맥락에서 촘촘히 교정되어 온전히 거듭나야 할 이유가 여기에 있다.

거꾸로 읽는 신약성서

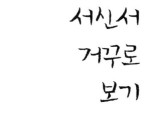

서신서
거꾸로
보기

2

어떤 믿음이 성서적 믿음인가

막 10:52; 요 3:16; 롬 10:9; 갈 2:16; 약 2:19 외

—

예수께서 이르시되 가라 네 믿음이 너를 구원하였느니라 하시니 그가 곧
보게 되어 예수를 길에서 따르니라(막 10:52).

내가 진실로 너희에게 이르노니 누구든지 이 산더러 들리어 바다에 던져지
라 하며 그 말하는 것이 이루어질 줄 믿고 마음에 의심하지 아니하면 그대
로 되리라(막 11:23).

하나님이 세상을 이처럼 사랑하사 독생자를 주셨으니 이는 그를 믿는 자
마다 멸망하지 않고 영생을 얻게 하려 하심이라(요 3:16).

네가 만일 네 입으로 예수를 주로 시인하며 또 하나님께서 그를 죽은 자
가운데서 살리신 것을 네 마음에 믿으면 구원을 받으리라(롬 10:9).

믿음이 연약한 자를 너희가 받되 그의 의견을 비판하지 말라. 어떤 사람은
모든 것을 먹을 만한 믿음이 있고 믿음이 연약한 자는 채소만 먹느니라(롬
14:1-2).

사람이 의롭게 되는 것은 율법의 행위로 말미암음이 아니요 오직 예수 그리
스도를 믿음으로 말미암는 줄 알므로 우리도 그리스도 예수를 믿나니 이
는 우리가 율법의 행위로써가 아니고 그리스도를 믿음으로써 의롭다 함을
얻으려 함이라. 율법의 행위로써는 의롭다 함을 얻을 육체가 없느니라(갈
2:16).

믿음은 바라는 것들의 실상이요 보이지 않는 것들의 증거니 선진들이 이로
써 증거를 얻었느니라(히 11:1-2).

네가 하나님은 한 분이신 줄을 믿느냐 잘하는도다 귀신들도 믿고 떠느니라(약 2:19).

믿음-거품인가, 결핍인가

'믿습니까?-아멘!'의 공식이 어째 이즈음 시들해진 것 같다. 예배 시간에 설교자에 의해 청중의 적극적인 반응을 유도하며 분위기를 달구던 이 상투적 표현이 점점 남세스럽거나 아니면 어색한 느낌을 주는 것 같다. 물론 일각에서는 '할렐루야-아멘'의 구호만으로 모든 것이 이루어질 듯한 환상의 도가니가 여전히 성업을 이루고 있을 게다. 그러나 그동안 시대가 많이 변한 것만은 틀림없다. 새롭게 부상한 신세대의 젊은이들은 그러한 획일적인 구호 속에 자신의 신앙적 주체성을 저당 잡히는 분위기를 은근히 불편해하는 눈치다. 21세기의 문화적 감각 속에 그처럼 군중심리에 호소하는 자기도취적 수사가 아무래도 구닥다리 취향처럼 느껴질 터이다. 이렇게 특정 구호에 응하여 거기에 기계처럼 빤한 외마디 복창으로 대꾸하는 선동적 분위기는 1970년대 이후 군부독재시대에 잘 어울렸다. 그러나 현시대를 주도하는 집단들은 이미 민주주의의 영양을 넉넉히 취하여 내밀한 개인성의 영역을 가꾸어온 사람들이다. 믿음이란 것이 그렇게 우렁찬 구호 한마디에 화끈하게 응답한다고 단숨에 자라날 리 없고, 또 시큰둥한 반응을 보인다고 있는 믿음이 식어버린다고 생각하지도 않는다. 그 정도의 상식적 감각이 대체로 공유된다는 전제 아래, 이제 진중하게 대체 믿음이란 무엇인가를 따져보는 게 좋겠다.

일각에서 믿음의 거품을 지적하는 것은 온당하다. 이른바 '산을 옮길 만한 믿음'(막 11:23)을 예수가 직접 언급하신 바 있기 때문에, 우리가 합리적 상식을 취하여 자력으로 애쓰다가 이루지 못하는 것들이 죄다 하나님의 초월적인 권능을 믿음으로써 이루어지리라는 신앙적 거품을 조성해온 측면을 무시할 수 없다. 그러다 보니 믿음의 열렬한 기대치와 실존의 남루한 응답 사이에 균열이 생기고, 그것을 봉합하는 각종 '인지 부조화cognitive dissonance'의 자가당착적 결과에 민망해하거나 황당해하는 현상이 종종 발생한다. 이를테면, 하나님을 바라고 기대하는 담대한 믿음의 승리를 더욱 열나게 부르짖다가도 그런 믿음 없이도 대단한 성공을 이루는 사람들 앞에 서면 괜스레 초라해지는 것 같다. 그래서 이번에는 '성공이 아니라 섬김'이라는 구호로써 성공 결여의 현실을 정당화해보지만 그 외면상의 당당함 이면에 자리한 초라한 현실의 지속을 인간의 욕망이 오래 견뎌내지 못한다. 대단한 성공을 이루지는 못하더라도 일상의 순탄한 갈무리와 넉넉한 삶의 조건은 누구나 당연히 바라는 바이기 때문이다.

한편 전통적인 믿음지상주의는 이유를 알 수 없는 선한 자의 고통과 악인의 형통하는 삶의 현실 앞에 적절한 신정론적 응답을 내놓기가 군색해진다. 예를 들어, 세월호에 승선하여 익사한 많은 불쌍한 생명들 중에는 구원을 위해 간절히 기도한 학생도 있었고 구원받아 나오던 중 선실에 갇혀 있는 친구를 구하러 되돌아갔다가 사망한 학생도 확인되었다. 이들의 기도와 결단에 작용한 믿음은 순정하고도 희생적이었지만 승리와 성공이란 결과와 무관했다. 산을 옮길 만한 믿음이 작동하지 않은 것이다. 치병과 치유의 기적에 작용한다는 담대한 믿음의 경우 역시 마찬가지다. 어떤 이는 말기 암 상태에서 산속에 들어가 혼자 고군분투하면서 생식과 생태적인 삶의 버릇을 키우던 중에 말끔히 치료받기도 한다. 그러나 어떤 이는 기도원에 들어가 오로지 믿음만 의지하며 금식 기도하다가 의사의 판정일보다 더 빨리 죽기도 한다. 물론 히스기야처럼 하나님께 매달리며 기도한 결과 불치의 병이 치유되었다는 간증도 여전히 넘쳐난다. 대체 성서의 믿음이 우리에게 무엇을 전수하였기에 이런 일관되지 못한 혼선이 생겨나는 것일까. 믿음의 기도는 무조건 응답받는 것일까. 그렇지 못한 경우는 믿음이 부족한 탓일까. 그렇다면 충분한 믿음의 분량은 어떤 수준이며, 그것을 판별하는 기준은 무엇인가. 각설하고 성서가 가르치는 믿음이란 게 정말 이런 종류의 것일까. 동일한 믿음의 어휘에도 다양한 맥락에 따라 세부적 용례가 다르다면 그 다양한 개념들은 어떻게 파악될 수 있을까.

거꾸로 읽는 신약성서

하나님의 권능에 대한 신뢰―공관복음

영어의 번역어가 'belief'든, 'faith'든, 혹은 'trust'든, 우리말로 일관되게 '믿음'으로 번역되는 희랍어는 *pistis*이다. 구약성서에 이와 통하는 유사한 의미의 히브리어가 있긴 하지만 '믿음'이란 말로 등장하는 경우는 매우 희소하다. 따라서 수십 차례 반복 사용되면서 오늘날 우리의 '믿음' 이해에 영향을 끼친 이 믿음이란 개념은 다분히 신약성서적 현상이라 할 수 있다. 대체로 공관복음서의 믿음은 예수의 치유 기적과 관련하여 등장하는데, 예수가 병자를 향하여 '네가 믿느냐'고 물었을 때 그 믿음의 내용은 그 질고를 고쳐 벗어나게 해줄 만한 하나님의 초월적 권능에 대한 전적인 기대와 신뢰에 연계되어 있다. 그것이 극단적인 비유 속에 드러난 표현이 바로 '산을 옮길 만한 믿음'인 것이다. 그것은 놀라운 기적을 행하는 권능을 아우르며, 예수는 반드시 그런 것은 아니지만 경우에 따라 그 믿음의 유무를 확인하기도 하였다. 제자들은 이런 믿음이 없어서 줄곧 예수의 지적을 받았고, 선한 백부장은 오로지 말씀만으로 자신의 병든 종을 고칠 수 있다고 말한 그 믿음으로 이스라엘에서 보지 못한 큰 믿음이란 칭찬을 받았다(마 8:10). 마찬가지로 수로보니게 여인을 향해서 예수는 자신의 시큰둥한 응대에도 개가 주인의 상에서 받아먹는 부스러기의 은혜를 강변한 그녀의 기세에서 큰 믿음을 보고 그 믿음이 치유를 가능케 했다고 선포한다(마 15:28). 열두 해 혈루증 앓던 여인이 예수의 옷자락을 만지고 치유받은 이야기에서도 믿음은 치유로서의 구원과 직결된다(막 5:34). 설사 그 병자의 믿음 여부가 확인되지 않는 경우라도 그가 고침 받을 걸 믿고서 데리고 온 사람들의 집요한 믿음을 보고 그의 죄를 사하고 병을 고쳐주기도 하였다(막 2:1-5).

맹인 바디매오에게 예수가 무엇을 원하느냐고 물을 때 그가 '낫기를 원한다'고 간구하는 모습에 응답한 예수의 선언은 '네 믿음이 너를 구원하였다'는 것이었다(막 10:52). 그렇다면 믿음은 자신의 소원 성취에 대한 욕구나 의지의 표현 같기도 하고, 그것이 하나님의 능력으로 이루어질 것으로 기대했다는 점에서 하나님의 권능에 대한 인격적 신뢰의 표현으로 볼 수도 있다. 뿐 아니라, 그 권능이 예수를 통해 발현되리라고 믿었다는 점에서 이 믿음은 또한 예수에 대한 신뢰와 무관치 않다. 어쨌든 이 믿음의 계보에는 집요함과 끈끈함이 배어 있다. 거의 집착에 가까운 전적인 자기 투신도 엿보이고 절박한 현실적 삶의 필요를 채워보려는 간절한 결의도 개입한다. 추상적인 신념이 아니라 구체적인 염원이 농도 짙게 배어나고 있는 셈이다.

이와 동시에 그 믿음은 공통적으로 인간이 이루지 못하는 삶의 질곡 어린 현실 속에 예수를 통해 하나님의 초월적 권능이 발현되리라는 전적인 의존의 자세와 결부되어 있다. 그러나 그 '산을 옮길 만한 믿음'의 귀결이 늘 만사형통으로 낙착되는 게 아니다. 이와 같은 사례에서 하나님의 권능을 대행한 예수 그리스도는 정작 죽음의 잔을 놓고 생사를 가르는 고통스런 순간에 낭패의 경험을 했다. 모든 것이 가한 하나님 아버지의 절대 권능을 고대하며 세 번이나 간구했지만 그것이 그분의 뜻에 맞지 않았기에 그 능력의 실행에 대한 기대를 접어야 했던 것이다. 하나님의 권능에 대한 신뢰조차 하나님의 궁극적인 뜻/섭리에 따라 조율되는 묘연한 굴절을 보이는 형국이다. 이런 걸 두루 헤아린 연후에야 산을 옮길 만한 기적적인 믿음을 신중히 논하며 그 실현을 겸손하게 기대할 수 있을 것이다.

독생자의 정체를 아는 인지적 믿음–요한복음

요한복음은 공관복음과 달리 예수 자신에 대한 직접적인 믿음을 요구한다. 우리가 잘 아는 요절인 3장 16절에서 하나님이 이 땅에 독생자 예수를 주신 까닭은 이 세상을 극진하게 사랑하였기 때문이고, "그를 믿는 자마다 멸망하지 않고 영생을 얻게 하려"는 것이 성육신의 궁극적 목적이었음을 알 수 있다. 여기서 예수를 믿는다는 것은 예수가 누구인지 아는 것과 통한다. 심지어 영생조차 "유일하신 참 하나님과 그가 보내신 자 예수 그리스도를 아는 것"(요 17:3)으로 정의될 정도다. 요한복음에 순차적으로 등장하는 표적 이야기는 기적 자체의 표피적 의미보다 그 기적을 통해 예수의 정체가 어떻게 드러나느냐에 초점을 맞추고 있다. 따라서 요한복음의 모든 기적 이야기는 그의 정체성을 지시하는 기표로서 '표적semeia'이 된다. 예수의 정체성을 안다는 것은 곧 그가 어떤 신적인 기원을 가지고 있으며, 그가 이 땅에 오신 목적이 무엇이고, 나아가 그 목적을 다 이루어 아버지의 영광을 드러낸 뒤에 어디로 돌아가서 무엇을 하실지, 독생자의 선교적 궤적을 온전히 통찰하는 앎이다.

육신을 가진 예수가 이 땅을 떠난 뒤 그의 말씀과 보혜사의 증언을 통해 어떻게 그의 육체적 부재를 영적인 현존으로 대체하느냐가 요한공동체의 가장 긴급한 정황이었던 것 같다. 이에 따라 요한복음의 예수는 느긋하게 자신의 지상 사역 이후에 대해 예비적 권면을 하고 자신을 보지 않고 믿는 믿음을 강조한다. 자신이 제자들의 눈에 보이지 않을 때에도 자신이 아버지와 하나이며 아버지의 영광에 동참해 있듯이, 이 믿음을 통해 진리의 영인 보혜사의 도움으로 제자들 역시 하나가 되어 서로 사랑할 때 그들도 예수가 예비한 처소로 들게 되리라 기약할 수 있었다. 이처럼 서로를 친구로 용납하고 서로를 위해 조건 없이 희생하는 사랑 가운데 요한공동체는 새로운 정체성의 표지를 세울 수 있었을 것이다. 그러므로 요한복음의 믿음은 예수 그리스도와 그 제자들, 또 그 제자들의 제자들 사이에 인격적인 신뢰관계를 돈독하게 하고 진리의 말씀을 매개로 영적인 소통을 지속하기 위한 긴요한 선결조건이었다. 그들은 이로써 그 평등한 제자공동체의 정체성과 진정성을 지켜내는 경계지표를 삼았다고

거꾸로 읽는 신약성서

볼 수 있다.

예수 그리스도에 대한 구원론적 믿음-바울 서신

앞서도 잠깐 언급한 바 있지만, 오늘날 바울신학계에서 뜨거운 감자 하나는 'pistis Iēsou'라는 문구를 어떻게 재해석하느냐의 문제다. 여기서 'Iēsou'가 속격과 여격으로 모두 쓰이는 점에 착안하여 이를 전통적인 여격 해석과 달리 속격으로 취하여 구세주인 '예수에 대한 믿음faith in Jesus'이 아니라 순종적 삶과 죽음을 통해 드러난 '예수의 신실함faithfulness of Jesus'으로 읽고자 하는 시도가 있었다. 이런 관점에서 보면 우리를 의롭게 하는 것은 예수의 대속적 죽음에 대한 신앙적 의탁보다 예수의 신실한 삶과 죽음의 자세를 따르는 제자도의 실천과 결부된다. 이것이 중요한 해석의 쟁점이 되는 까닭은 종교개혁의 기치를 이루고 개신교의 교리적 정체성 형성에서 핵심적으로 작용한 이신칭의의 교리가 바로 갈라디아서의 이 구절에 걸려 있기 때문이다. "사람이 의롭게 되는 것은 율법의 행위로 말미암음이 아니요 오직 예수 그리스도를 믿음으로 말미암는 줄 알므로 우리도 … 그리스도를 믿음으로써 의롭다 함을 얻으려 함이라"(갈 2:16). 나는 '예수의 신실함'을 따르는 제자도의 삶이 우리를 의롭게 한다는 취지로 바울이 주장했다고 보지 않는다. 루터와 칼뱅이 주도한 전통적인 해석이 오늘날 새로운 관점의 해석보다 더 적절하고 옳다고 본다. 그러나 그렇다고 바울이 예수의 순종 어린 삶과 십자가 죽음의 신학적 함의를 배제하거나 무시한 것이라고 볼 수 없다. 그는 오히려 예수의 십자가 사건에 나타난 하나님의 사랑을 중시하여 그 기독론적 구원론적 믿음이 사랑으로 작동하는 이치를 '사랑으로 역사하는 믿음'이란 조어 속에 간략하게 묘파하였다.

'율법의 행위'가 무엇을 가리키는지 역시 숱한 쟁론이 있지만 바울에게 분명한 것은 그리스도의 대속적 위상과 무관한 유대교의 율법주의 전통이 구원론의 맥락에서 실효가 없다는 확신이었다. 율법과 관련되는 제반 유대교 전통인즉 그저 '몽학선생'과 '세상의 초등학문'으로서 그리스도가 나타나기 이전의 초보적인 길잡이였을 뿐이라는 것이다. 그는 유대주의자들이 갈라디아의 이방인 교회에 들어와 '할례의 복음'을 전파하는 것에 대항하여 예수 그리스도에 대한 인격적인 믿음을 통해 성령 안에서 하나님을 만나고 의롭게 되는 교리를 재차 설파하였다. 그러나 그렇다고 바울이 '믿음'이란 어휘를 오로지 그리스도에 국한하여 사용한 것은 아니다. '율법nomos' 개념에 다차원적 포석이 있듯이, '믿음'의 개념 역시 바울신학 속에 연금술적 변용을 보여준다. 로마서 14장 1-2절, 22-23절의 맥락에서 그 믿음은 하나님 앞에서 자신의 판단과 행동이 옳다는 것을 변증할 만한 근거로 인식된다. 그것은 고기를 먹어도 좋다 또는 채식을 하는 것이 옳다는 등의 식습관이나 유대교 종교전통에 대한 교리적 확신에 근거한 일종의 개인적 신념을 가리키는 것 같다. 그런가 하면 로마서 10장 9절의 믿음은 예수를 죽은 자 가운데서 살리신 하나님의 초월적인 권능에 대한 확신을 지칭하는 듯하다. 한편 목회서신에서 여러 차례 언급되는 믿음의 개념은 경건과 신앙적 규범을 통칭하는 맥락에서 기독교의 정체성을 가늠하는 포괄적인 원리로 사용되는 것 같다.

미답의 세계를 향한 담대한 순례자적 믿음-히브리서

'믿음이 이것이다'라는 식으로 적확하게 그 개념을 정의한 사례로 우리는 히브리서를 꼽을 수 있다. 이른바 '믿음의 장'으로 유명한 히브리서 11장에서 "믿음은 바라는 것들의 실상이요 보이지 않는 것들의 증거"로 정의된다. 이 문장을 풀어 다시 말하면 믿음은 아직 이루어지지 않은 소망사항을 이루어진 것처럼 믿는다는 것이며 아직 경험하지 않은 미지의 세계를 향해 담대하게 나아가는 도전적 모험의 의욕이라는 것이다. 그 모험의 전제는 물론 하나님의 부르심이고 거기에 에너지를 공급하는 것은 우리를 부르시는 하나님에 대한 전적인 의존과 신뢰, 그리고 열정이다. 따라서 그 믿음은 우리가 경험적으로 잘 알지 못하는 세계를 알도록 해주는 상상과 깨달음의 저력이라고 할 수 있다. 이러한 맥락에서 히브리서의 저자는 우리가 이 세상이 하나님의 말씀으로 지어진 줄을 아는 앎이 믿음을 통해 가능한 것이라고 고백한다(히 11:3). 이어지는 히브리서 11장의 믿음 열전은 구약성서에 나오는 주요 인물들이 어떻게 그들의 삶을 보이지 않는 약속을 바라며 순례자로 살아냈는지 그 담대한 나그네 여정을 투사하여 보여준다.

아벨이 형 가인보다 더 나은 제사를 하나님께 드리고도 죽었지만 그 믿음이 있었기에 지금도 자신의 진정성을 증언한다고 말할 때 그 믿음은 미완의 목표를 넘어 생동하는 삶의 발자취요 교훈과 직결된다. 이와 같이 에녹, 노아, 아브라함, 이삭, 야곱, 모세, 그 밖의 다양한 영웅적 인물들은 인간적 연약함의 실존에도 불구하고 이 세상이 감당하기 어려운 용기와 지혜를 발휘하여 하나님의 언약을 실현해나갔다. 특히 모진 핍박과 고난 속에 의로운 명분을 위해 참혹하게 죽어간 순교자들은 이 세상이 감당하기 어려운 차원의 믿음을 견지했다. 구약시대의 믿음의 주인공들이 한결같이 예수 그리스도의 언약에 미치지 못한 '그림자'의 진리를 위탁받았지만 그 시대에 맞추어 신실하고 담대하게 그 소명의 몫을 담당해온 셈이다. 저자의 해석에 의하면 그들의 담대한 삶이 주는 역사적 교훈과 신학적 진리는, 하나님이 살아 계신 것과 그분이 당신을 찾는 자들에게 상 주신다는 단순한 사실을 우리가 믿어야 한다는 것이다(히 11:6).

이렇듯 히브리서의 맥락에서 믿음*pistis*은 공적인 사명을 향한 삶의 담대함*parrēsia*과 유사한 개념으로 통한다. 눈에는 아무것도 보이지 않고 손에 잡히는 것 없을지라도 하나님의 부르심을 확신하고 담대하게 자신을 던지는 도전과 모험의 삶이야말로 믿음을 드러내는 증표라 할 수 있다. 이러한 믿음이 불굴의 의지와 용기로 발현되려면 하나님이 살아 계셔서 자신을 도와주신다는 확신이 요구된다. 하나님의 구원사를 통해 드러나는 보편적 사랑과 하나님의 창조에 충만하게 깃든 은혜에 대한 신뢰가 없이 그러한 믿음은 때로 자아도취적이고 자기집착적인 욕망의 수단으로 돌변할 수 있다. 예를 들어, 야고보서에서 믿음의 개념은 '하나님이 한 분'이라는 유일신의 교리적 강령에 대한 수긍을 의미한다. 그러나 그런 하나님을 믿는 믿음은 이 땅의 경건한 신자뿐 아니라 귀신들도 소유하고 있다는 것이 야고보서의 섬뜩한 경고이다(약 2:19). 귀신들조차 그 하나님을 믿고 심지어 떠는 경외심을 가지고 있다. 따라서 그 믿음으로 우리가 무엇을 행하여 우리 삶의 구체적인 결실로 드러내지 못한다면 영혼 없는 몸과 마찬가지로 아무짝에도 쓸모없는 존재가 되어버린다는 것이다.

천태만상의 믿음을 가로지르며

믿음이란 말이 유포하는 천태만상의 현상 앞에 어지럼증을 느낄 만도 하다. 단순히 개인의 신념체계에서 교리적 확신, 계시적 경험 등이 두루 그 개념의 언저리에 걸쳐져 있다. 믿음에 인지적 요소, 의지적 요소, 그리고 그 대상과의 인격적 신뢰관계 등이 두루 포함되어 있다는 지적은 옳다. 그러나 중요한 관건은 다양한 개념 범주를 아우르는 이 믿음이 성서적 맥락에서 어떻게 자리매김되는지 그 전반적 지형을 살피고 난 뒤 그것이 자신의 삶과 교회공동체의 자리에 어떻게 관여하여 어떤 열매를 맺는가 하는 점이다. 하나님을 충실하게 믿어온 어떤 이는 그 믿음으로 교회를 통째로 말아먹기도 한다. 오직 예수만 외치며 평생 헌신봉사에 매진해온 어떤 이는 그 믿음으로 세례 받고 높은 직분까지 얻어 온 나라를 상대로 사기 치는 일에 앞장서기도 한다. 평생 성령운동을 해온 것으로 자부하는 또 다른 어떤 이는 그 믿음으로 일가친척들이 총동원된 족벌체제를 구축하여 이해관계에 따라 이리저리 전선을 확대하며 난잡한 이전투구의 무대를 보여주기도 한다. 똑같은 하나님을 믿고 똑같은 주님을 고백하며 똑같은 성령을 의지한다는데 그 믿음에서 불거지는 삶의 양상은 이처럼 천태만상으로 갈라진다. 결국 우리는 스스로 높이는 믿음의 주를 외피 삼아 자신의 욕망을 믿어온 것인지 모른다. 자신의 독단과 아집을 피상적 성경 독서에 기대어 자기 버전의 자폐적 믿음으로 치환시킨 것일 수 있다.

이제 그 혼란스런 믿음의 숲을 가로질러야 할 때이다. 결국 아무리 숭고한 지존자를 믿음의 대상으로 설정하여 구원을 말하고 종말을 예언할지라도, 믿음의 주체인 인간이 삶의 내용으로 그 믿음을 증언하지 못하면 별스런 유익이 없다. 아무리 선교현장을

거꾸로 읽는 신약성서

누비며 소명에 붙잡혀 헌신적으로 살아온 사람이라 할지라도 그 믿음의 끝판이 결국 자기 영광의 보상에 머물 뿐이라면 그 믿음은 허장성세에 편승한 속 빈 강정으로 드러날 터이다. 기독교인이 늘 열정적으로 부르대는 희생의 삶이란 것도 마찬가지다. 자기희생의 이면에 도사리는 폭력의 갈증을 읽어내지 못할 때 분별없는 불도저식 믿음은 많은 이들을 애꿎은 헛고생의 수렁에 빠트려 허우적거리게 만드는 미망의 지름길이 될 뿐이다.

일단 차분한 분별이 중요하다. 믿음에 대한 성서적 맥락과 그 지형을 두루 살펴 어떤 자리에서 어떤 방향의 믿음을 말하는지 사전 검증과 사후 성찰의 노력을 기울이는 것이 필요하다. 그리고 그 믿음을 살아내는 오늘날 내 삶의 현장이 '믿습니다-아멘' 식의 자기 최면을 넘어 냉철하고도 겸손하게 그 밑절미를 주시해야 한다. 웃자란 줄기가 멋져 보이고 거기에 피어나는 꽃이 화려하게 비칠지라도 그 밑뿌리에 달라붙은 믿음의 에너지원이 하나님나라의 공적인 사명과 무관하다면, 그리하여 그 근본적 명분이 은총으로 부여받은 내 생명의 궁극적 소명을 이탈해버린다면, 그 윗자리에서 맺히는 열매 역시 믿음의 내실을 담보하기 어려울 것이다.

이제 믿음도 허장성세에 찌든 껍데기는 가야 한다. 마치 집단 시위하듯 대형군중집회에서 단체로 토해내는 우렁찬 웅변의 틈새로 그 믿음의 적나라한 허방을 투시해야 한다. 오히려 믿음의 실상을, 지루하게 반복되는 우리 일상의 자리에서 구체적인 열매로 보여주어야 한다. 행함 없는 믿음이 죽은 것이라는 말씀은 믿음의 거듭남을 위한 실천원리로서 여전히 유효하다. 그 믿음이 오로지 사랑으로 작동할 때 진정성이 빛나리라는 통찰도 매우 긴요한 유산이다.

초대교회의 빛과 그림자

행 2:43-47; 4:32-35

—

사람마다 두려워하는데 사도들로 말미암아 기사와 표적이 많이 나타나니 믿는 사람이 다 함께 있어 모든 물건을 서로 통용하고 또 재산과 소유를 팔아 각 사람의 필요를 따라 나눠주며 날마다 마음을 같이하여 성전에 모이기를 힘쓰고 집에서 떡을 떼며 기쁨과 순전한 마음으로 음식을 먹고 하나님을 찬미하며 또 온 백성에게 칭송을 받으니 주께서 구원받는 사람을 날마다 더하게 하시니라(행 2:43-47).

믿는 무리가 한마음과 한뜻이 되어 모든 물건을 서로 통용하고 자기 재물을 조금이라도 자기 것이라 하는 이가 하나도 없더라. 사도들이 큰 권능으로 주 예수의 부활을 증언하니 무리가 큰 은혜를 받아 그중에 가난한 사람이 없으니 이는 밭과 집 있는 자는 팔아 그 판 것의 값을 가져다가 사도들의 발 앞에 두매 그들이 각 사람의 필요를 따라 나누어 줌이라(행 4:32-35).

처음의 신선함과 미흡함

시작은 대체로 신선하다. 막 올라오는 새싹이 앙증맞고 새로 태어난 갓난아기들이 싱그럽듯이, 오염되지 않은 첫 발걸음의 풋풋한 향내가 담긴 모든 시작은 두루 아름다워 보인다. 나 자신이 목사로서 안수받으며 첫 축도를 하던 순간의 감흥이 아직도 생생하다. 처음의 감격이 그때 그렇게 진하게 내 감각의 기억 속에 남아 있다. 목사다움의 신기원을 열어젖히며 뭔가 놀라운 방식으로 이 세상을 변혁할 것만 같은 청운의 꿈이 그 자리에 있었다. 교회도 마찬가지다. 첫 삽을 떼고 개척한 교회가 신선하지 않다면 아예 시작조차 하지 않는 것이 나을 것이다. 눈물 젖은 기도가 있고 한 영혼을 품고 극진하게 섬기는 종의 겸비함도 그 처음의 자리에서 만난다. 워낙 힘든 여건이라 작은 헌신도 감격의 동인이 된다. 적은 식구들이 모여 나누는 식탁교제는 가족적인 친밀함이 온화한 분위기를 만들어준다. 예수 시대의 밥상공동체가 회복되는 화기애애한 그 자리에 교회의 지체들을 하나 되게 하시는 성령의 역사가 체감되곤 한다.

그러나 처음은 처음이라서 동시에 미약하다. 처음뿐 아니라 중간도 나중도 내내 미약할 수 있지만 처음이 특히 온전히 구비되지 않은 출발이라서 어설프고 부족한 것들투성이다. "네 시작은 미약하였으나 네 나중은 심히 창대하리라"(욥 8:7). 이 말은 욥의 반성을 부추기는 빌닷의 지청구로서 결국 나중에 이치를 어둡게 하는 '무지한 말'의 일부에 포함되지만, 자업자득과 인과응보의 일반 법칙에 따르면 수긍할 만한 상식이다. 물론 이 상식이 안 통하거나 역류하는 경우도 종종 있어 우리의 나중이 두루 창대해지는 것은 아니지만 말이다.

초대교회의 경우에도 이러한 진단의 기준이 통할 수 있겠다는 생각이 든다. 초대교회란 맨 처음 시작된 기독교 생성기의 교회를 두루 싸잡아 일컫는 개념이지만 그중에서도 특히 처음 중의 처음이라 할 만한 예루살렘의 교회공동체를 자주 염두에 두는 경향이 있다. 흔히 예루살렘 공동체의 초대교회 모델은 오늘날 교회들이 본받아야 할 대표적인 이상형으로 각인된 흔적이 짙다. 현대 교회뿐 아니다. 교회사의 번영과 몰락 과정을 통틀어 공동체의 회복과 갱신의 모델은 늘 초대교회에서 발원했다. 그만큼 이 초대교회에 대한 온전한 이해와 통찰은 교회의 입지와 위상을 제대로 다시 세우는 데 긴급한 사안이 아닐 수 없다. 물론 '아, 초대교회여~' 식의 찬사 일변도 복창만으로 이 과제가 올바로 수행될 수 없다. 오히려 역발상의 성찰과 전복적인 재론만이 그 위상의 빛과 그림자를 균형 있게 파악하는 데 도움이 될 것이다.

초대교회의 경이로운 공동체성

사도행전에 두 군데(2:43-47; 4:32-35) 묘사된 초대교회의 이상적인 모습은 대략 두 가지로 요약된다. 첫째가 이 공동체의 영적 기반이라면 둘째는 유무상통의 원리를 추구한 그 물질적인 기반이다. 이 모든 혁신적인 변화와 공동체성의 구축에 기동력을 제공한 것은 바로 사도들의 말씀 전파와 표적의 증거였다. "사도들이 큰 권능으로 주 예수의 부활을 증언하니 무리가 큰 은혜를 받아"(4:33) 이러한 변화가 나타났다는 것이다. 2장의 보고에서도 사도가 외친 구원의 케리그마는 막강한 힘을 발휘하여 뭇 사람들을 두려움과 회개의 삶으로 이끌었다. 그 신앙의 초기증세는 사도들의 가르침 가운데 더욱 강화되어 "서로 교제하고 떡을 떼며 기도하기를 힘쓰"(2:42)는 일상적 생활공동체로서의 면모를 세워나가기 시작했다. 여기에 그 변화의 동력으로 가세한 것이 사도들에 의해 빈번하게 나타난 "기사와 표적"이었다. 성령의 역사로 말미암는 일종의 초월적 권능에 대한 응답으로서 예루살렘 교회는 철저한 공동체성을 추구하며 발전해나갔던 것이다. 그 발전의 영적인 구동축으로 제시된 것이 바로 앞서 언급한 말씀의 선포와 가르침/배움, 병 고침을 비롯한 기사와 표적, 찬미와 감사, 공동의 식탁, 교제, 전도의 행위 등이었다.

여기에 초대교회의 공동체성을 강화시켜준 중요한 요인은 물질적인 나눔의 실천이었다. 성령 안에서 변화된 구성원들이 아무도 자기의 재물을 사적인 소유로 여겨 집착하지 않고 그것을 팔아 사도들의 발 앞에 가져다놓음으로써 공동의 필요에 부응하여 공정하게 나눠 썼다는 것이다. 하나님이 확고히 살아 계시고 예수 그리스도 안에서 놀라운 신적인 권능으로 활동하는 것을 목격한 자들이 이와 같이 재산을 내놓는 결단은 어쩌면 당연해 보인다. 구브로 출신의 바나바가 대표적으로 그랬듯이, 이렇게 자신의 토지를 팔아 희사한 재산이 예루살렘 초대교회의 재정적 기반으로 요긴하게 사용되었음은 물론이다. 이와 같은 재정적 희사도 중요했지만 더 중요한 사실은 그것을 "각 사람의 필요에 따라" 공정하게 분배했다는 것이다. 인간의 소유 욕망을 초월하여

거꾸로 읽는 신약성서

이 모든 기적적인 변화가 가능했던 것은 "믿는 무리가 한마음과 한뜻이 되어 모든 물건을 서로 통용하고 자기 재물을 조금이라도 자기 것이라 하는 이가 하나도 없"(4:32)을 정도로 초대교회의 가치관이 통상적인 경우를 뛰어넘는 경이로운 목표를 지향했기 때문이었다.

이와 같은 선례가 전혀 없는 게 아니었다. 앞서 유대교의 일부 종파인 쿰란공동체와 이집트의 테라퓨테공동체Therapeutes를 통해 일찍이 실험된 바 있었고, 친구들 간의 활수한 코이노니아를 중시한 헬레니즘 지성사의 전통도 유사한 지론을 선보인 바 있었다. 그러나 이 모든 경우가 특정한 집단이 외진 곳에 모여 살면서 이룬 종파주의적 배타성을 띠었거나 고고한 이데아를 공유하는 각별한 '친구'의 우정이라는 전제를 깔고 있었다. 이에 비해 예루살렘의 초대교회는 도심의 한복판을 무대 삼아 밀려드는 많은 익명의 무리들을 예수의 이름으로 영접하고 환대하는 개방적 공동체의 토대 위에서 이러한 유무상통의 원리를 실현했다는 차이점이 있다. 아울러, 예루살렘의 신앙공동체는 쿰란이나 테라퓨테의 금욕주의적 지향과 달리 먹고 마시는 것을 즐기고 누린 예수의 향유 지향적 삶의 스타일을 닮은 측면을 보여준다. 다시 말해 이 공동체의 지도자와 성원들은 엄숙한 규율 아래 도를 닦는 수양공동체의 수준을 넘어 먹고 마시는 일상생활 속에 신앙의 기쁨을 추구하는 생활공동체로서의 면모를 다지게 되었다는 것이다. 나눔이 식탁의 기쁨으로 이어져 생활이 되는 신앙의 현

장에 하나님의 초월적 권능과 구원의 역사가 실현되었다는 것이
이 공동체의 도드라진 특징이자 최대 장점이다.

초대교회의 그림자

그렇다고 초대교회의 이러한 바람직한 모습에 마냥 도취되어
그 전후좌우의 감추고 싶었던 실상을 외면할 수는 없는 노릇이
다. 먼저 이 당시 필요에 따라 나누어주었다는 공동체의 재정 집
행에 어떤 공정한 기준이 있었는지 질문할 필요가 있다. 아울러,
공동체의 재원을 확보하는 과정에서 열두 사도와 그 제자들을
포함하는 모든 구성원들이 두루 공정하게 동참하였는지도 의문
의 괄호 속에 숨겨져 있다. 사도행전의 저자가 무엇보다 교회공
동체 내부의 이견과 부정적인 갈등을 극소화하고 한마음과 한뜻
으로 균형과 조화를 이루어나간 아름다운 면모를 극대화하는 역
사 기술과 편집의 전략이 그 이면에 작용하지 않았다고 보기 어
렵다. 해당 본문의 짧은 구절 이면에 채 발설하지 못한 자잘한 사
연과 속사정이 담겨 있었으리라고 보는 것이 더 합리적이다.

이와 관련하여 저자가 온전히 숨기지 못한 공동체 내부의 문제
가 꼬투리를 내민 곳이 바로 아나니아와 삽비라 부부의 이야기
속에 등장하고, 히브리파 과부들과 헬라파 과부들의 밥그릇 다툼
에서도 그 일단을 드러내고 있다. 전자의 경우는 초대교회 공동

체의 재원 마련에서 모두가 한마음 한뜻으로 동참하지 않았다는 방증의 근거로 충분하며, 후자의 경우는 공정한 물질 분배의 기준이 확립되지 않은 상태에서 출신성분에 따라 제 식구를 챙기는 본능적인 욕구와 이로 인한 원망이나 불평이 여전히 그 내부에 잠재되어 있었음을 암시하는 흔적으로 보아 무방하다. 초대교회가 마냥 이상적인 유토피아가 아니었던 것이다.

여기서 한걸음 더 나아가 이 공동체의 전모를 입체적인 시각에서 통시적으로 길게 늘여놓고 보면 문제는 좀 더 심각해진다. 먼저 사도행전이 기록한 바에 의하면 예루살렘의 이 유무상통 공동체에 가난한 자가 한 사람도 없었다(4:34)고 한다. 이는 예수 부활의 케리그마로 큰 은혜를 받은 공동체 사람들이 자발적으로 자신의 소유물을 나눈 결과로 이해된다. 그런데 이로부터 대략 10년 정도 지난 시점에서 예루살렘 공의회는 이방인 교회를 대표하는 바울에게 예루살렘의 '가난한 자들'을 기억하여 물질적인 후원을 부탁한 것으로 알려져 있다(갈 2:10). 이것이 베드로와 야고보 등의 공동체 수장들에 의해 요청된 사항인지, 예루살렘 교회가 바울을 이방인 선교 사역의 대표적인 리더로 인정해준 것에 대한 대가성 답례였는지 불분명하다. 하지만 적어도 이 회합 당시 예루살렘 신앙 공동체의 유대인 성도들이 상당한 궁핍을 경험하여 '가난한 자들'이라는 명명이 당연시되었다는 것 정도는 명확한 사실로 보인다. 바울 서신을 통틀어 종합해보면 바울의 이 구제 활동이 한시적인 단발성 시혜로 끝나지 않고 그의 사역 내내 일관되게 추진된 밀도 있는 기획 사업이었음을 짐작하게 된다. 그는 단순히 이러한 목적으로 고린도 교회에 두 차례의 행정서신(고후 8, 9장)을 써서 보낸 바 있고, 로마서에서는 이 구제 후원금에 신학적 의미까지 부여하여 "그들[=예루살렘의 유대인 교우들]의 영적인 것을 나눠 가졌으면 육적인 것으로 그들을 섬기는 것이 마땅하다"(롬 15:27)고 평가할 정도였다.

그렇다면 여기서 초대교회의 실상에 대해 피해 갈 수 없는 질문이 생긴다. 그 질문의 요체인즉, 대체 무슨 일이 있었기에 가난한 자가 한 사람도 없었다는 예루살렘 초대교회가 10년 터울의 시간 속에 가난한 자들의 대명사처럼 이방인 교회에 신세를 질 수밖에 없었는가 하는 것이다. 사도행전의 암시처럼 이 경제적인 상황 변화가 유대 땅에 발생한 심한 가뭄 등의 자연재해로 인한 기근과 무관치 않을 것으로 추론할 수 있다. 그러나 이는 특정한 시기와 지리적 공간에 발생한 이러한 사실을 증명하기에는 그 역사적 증거가 희박하거니와 기근이 도처에 편만한 당대의 대체적 현상과도 맞지 않는다.

이것보다 설득력 있는 합리적인 추론은 초대교회의 신학에서 그 변화의 원인을 찾는 것이다. 요컨대, 예수의 긴박한 재림에 집중한 초대교회의 종말론적 신학과 예수의 자발적 가난에 집착한 일부 급진파 제자들의 금욕주의 성향 신학이 그 핵심 요인으로 보인다. 예수의 재림은 그들의 기대만큼 신속히 이루어지지 않았고 그로 인한 종말론적 긴장의 해이도 충분히 예견될 만한 현실

거꾸로 읽는 신약성서

이었을 것이다. 일부 독지가들에 의해 주도되었을 재산의 헌납과 그로 인해 다져졌을 공동체의 물질적인 기반의 붕괴는 불을 보듯 빤한 미래였다. 물질적인 기반이 허물어짐에 따라 공동체에 수천 명이 회집했다던 초기의 상황은 점차 변하면서 도리어 공동체의 물질적인 시혜에 생존을 의탁하며 동거하던 다수의 성원들이 빠져나갔을 공산이 크다. 물론 이 해체의 또 다른 외부적 동인으로 유대교 주류 사회에 의한 가혹한 핍박도 한몫 차지했음을 간과해서는 안 된다. 한마디로 요약하면 예루살렘 초대교회의 그림자는 재화의 재투자와 재생산이라는 시스템이 결여된 채 오로지 그 소비적 사용으로 일관한 나머지 지속 가능한 공동체를 기획하지 못한 신학의 한계에 기인한 것으로 볼 수 있다.

초대교회를 넘어서

초대교회가 그 성장과 발전의 극점에 이르렀을 때 예수의 재림이 발생했다면 초대교회를 군이 넘어서야 할 필요가 없을 것이다. 그러다 그 이후에도 오랫동안 예수의 재림은 유예되었다. 신학적 관점에 따라 예수가 성령을 통해 교회의 현존 가운데 이미 재림했다는 해석이 제출되기도 했다. 혹자는 이 유산을 심리적으로 전유하여 예수는 그를 믿는 우리 마음속에 이미 재림해 존재한다고 믿고 싶어 하기도 한다. 또 한쪽의 풍문으로는 그때 예수가 재림을 운운한 것은 포도주에 취해 혼란스런 정신 상태에서 그냥 해본 말이었을 것이라는 어떤 고위 성직자의 촌평이 전해지기도 한다. 재림의 문제를 어떻게 신학적으로 재해석하든, 더 긴요한 현실적 문제는 오늘날 교회공동체에서 신줏단지처럼 주위섬기는 초대교회의 막연한 환상을 깨고 21세기를 넘어 지속 가능한 튼실한 종말론적 공동체를 재구성하는 작업이다.

물론 그 환상을 깼다고 해서 거기서 계승하여 발전시킬 만한 선한 유산마저 내팽개쳐서는 안 될 것이다. 목욕물 버린다고 그 속의 아기까지 버려서야 되겠는가. 특히 맘몬 자본이 교회공동체의 안팎에서 상수처럼 존중되고 사람들의 심령 속에 마치 현실적인 신처럼 등극한 세태를 가볍게 봐서는 안 된다. 말씀의 선포와 가르침/배움의 활성화, 찬미와 감사, 식탁교제의 친밀한 분위기, 전도와 구원 사역 등이 지속적으로 가능해지고 활성화되기 위해 한 공동체의 물질적인 기반이 어떻게 소박하면서도 견실한 재생산과 재투자의 구조로 확립될 수 있는가의 문제는 초대교회 공동체가 남긴 가장 절박한 질문과 결부되어 있다. 내가 연구한 바에 의하면 공동체의 건강한 생존 구조는 그 규모와 밀접한 연관이 있다. 서로 간의 친밀한 교제와 인격적인 소통이 가능한 규모 위에서 자립적인 물질적 여건이 조성되어야 한다. 그것은 공동체 성원들의 적극적인 경제 활동과 이 세상을 향한 선교적 참여를 통해 공동체의 재정을 채우고 비워내는 역동적인 선순환 구조로 정착할 수 있다.

나아가 이러한 지속 가능한 공동체의 물질적 토대는 공동체의 개별 성원들에게 부여된 은사와 성령의 자유를 공동체 전반의 규율로 속박해서도 안 되고, 반대로 개인들의 자유와 자율을 내세워 공동체로 존립하기 위한 최소한의 기반, 곧 한마음과 한뜻의 원리를 훼손해서도 안 된다. 그 조화와 균형의 맥점은 공동체 성원들이 1세기의 신화적 세계관과 위계적인 권위의식에서 탈피하여 21세기의 민주적 정신과 합리적 가치관으로 계몽될 때 내실화될 수 있으리라 판단된다. 이 모든 공동체의 구조는 모든 공동체의 성원들이 일상의 생활을 공유하며 서로를 견인하고 축복하는 건설적인 살림의 공동체로 발전해야 한다. 특정 개인의 남다른 헌신과 희생에 의탁하며 굴러가는 공동체는 아무리 발전해도 그 뒤끝이 좋지 않다. 모든 구성원들이 기쁨으로 회합하여 예배하고 현실적 삶의 고뇌를 나누며 충만한 하나님의 구원을 향해 새로운 대안적 삶의 이야기들을 만들어가는 미래 지향적 성령의 자율적 공동체야말로 1세기 초대교회가 못다 이룬, 21세기 공동체의 당연한 목표이다.

변덕의 창의성, 위선의 진보성

행 10장; 갈 2:11-14

베드로가 이르되 주여 그럴 수 없나이다 속되고 깨끗하지 아니한 것을 내가 결코 먹지 아니하였나이다 한대 또 두 번째 소리가 있으되 하나님께서 깨끗하게 하신 것을 네가 속되다 하지 말라 하더라 … 베드로가 입을 열어 말하되 내가 참으로 하나님은 사람의 외모를 보지 아니하시고 각 나라 중 하나님을 경외하며 의를 행하는 사람은 다 받으시는 줄 깨달았도다(행 10:14-15, 34-35).

게바가 안디옥에 이르렀을 때에 책망 받을 일이 있기로 내가 그를 대면하여 책망하였노라. 야고보에게서 온 어떤 이들이 이르기 전에 게바가 이방인과 함께 먹다가 그들이 오매 그가 할례자들을 두려워하여 떠나 물러가매 남은 유대인들도 그와 같이 외식하므로 바나바도 그들의 외식에 유혹되었느니라. 그러므로 나는 그들이 복음의 진리를 따라 바르게 행하지 아니함을 보고 모든 자 앞에서 게바에게 이르되 네가 유대인으로서 이방인을 따르고 유대인답게 살지 아니하면서 어찌하여 억지로 이방인을 유대인답게 살게 하려느냐 하였노라(갈 2:11-14).

말 바꾸는 사람들

'사실관계'라는 말이 있다. 특정 사안이 공적인 관심사로 불거졌을 때, 또 그것이 난마처럼 뒤엉킨 쟁점을 유발할 때, 무엇이 원초적인 현장의 사실로서 신빙성이 있는지 따져보려는 의욕이 '사실관계'를 확인하려는 의욕을 발동시킨다. 그런데 사실이면

거꾸로 읽는 신약성서

사실이지, 왜 '관계'까지 붙을까… 엉뚱한 곁다리 의문이 동한다. 아, 아마도 그건 사실이 단 하나가 아니라 여러 개이고, 그 여러 개의 사실이 관계로 엮여 또 다른 사실을 만들어내기 때문이 아닐까 내 맘대로 생각해본다. 그렇다면 사실을 품거나 그것에 기반을 둔 진실이라는 것도 이와 유사한 '관계'의 망 속에서 자생하는 것일지 모른다. 사실이 그렇게 고체가 아니라 액체나 기체처럼 흐르고 번지는 유동성을 가지고 있어서 사실관계 파악 이후에도 의혹은 계속되고 또 다른 대안적 사실의 가능성이 제출되곤 한다.

신앙적 진실을 확고부동한 고체나 화석으로 이해하는 데 질리거나 그 스펙트럼이 면면한 신학의 진화과정에서 성찰의 여백을 확보한 연후, 신앙고백이나 그 태도의 변덕을 가끔 생각한다. 이단사설을 주창하는 이들이 그 변덕을 천연덕스럽게 부려내면서 말을 바꾸고 마음을 뒤집는 데 비해, 이단사설을 공박하며 정통을 부르대는 축에서는 변덕이 없을 수 없는 인간의 심리에도 불구하고 주구장창 확고부동한 보수의 버전을 고집하는 일에 철저한 편이다. 그러나 변덕의 창의성에 비추어보면 변덕스러운 인간심사의 유동적인 흐름을 마냥 타박할 것만도 아니다. 그렇게 맘을 바꾸고 말을 바꾸면서 그렇게 바뀌게 된 저변의 내력을 성찰하고 자신의 연약한 액체적 가변성을 탄식할 때 하나님 은혜의 확고부동한 자장 안에서 예수 그리스도의 십자가에 담긴 구원의 뜻이 광활함을 더 심오하게 수긍할 수 있기 때문이다. 말을 바꾸면서 그 바꿔온 말들의 풍경을 추적하고 그 저변의 변덕스러운 욕망의 꼴을 포착하며 성찰할 수 있는 자들은 복되다! 제 삶의 음지에 덕지덕지 묻어 있는 변덕의 노폐물로 낀 위선의 이끼를 신앙의 이름으로 부끄러워하며 태초의 마음으로 하나님 앞에 벌거벗은 몰골로 회개할 수 있는 심령 또한 갸륵하다! 그 극진한 갸륵함이 어리눅고 어룽지면 거룩함의 지경도 멀지 않겠다. 그런데 주변의 이단세력들은 그 '세력' 속에 얼굴을 감춘 채 이런 아이러니의 역설을 도무지 깨닫지 못하는 듯하다.

베드로의 변덕과 위선

사도행전 10장과 갈라디아서 2장 11-14절을 번갈아 읽으면서 안타깝다가도 아, 하는 탄식과 함께 고개를 주억거리게 되는 사연이 있다. 베드로는 어부의 티를 벗고 사람 낚는 제자로 나서기 시작할 즈음 우직한 성품 그대로 선수 치는 데 장기를 발휘했다. 그렇게 도발적으로 그는 예수 앞에 '주는 그리스도요 살아 계신 하나님의 아들'이라고 고백했고, 그 열정으로 그는 변덕스레 십자가 고난을 설파하는 예수를 꾸짖으면서 앞길을 막아섰으며, 부활한 예수를 성급하게 맞으려고 갈릴리 호수의 물속으로 뛰어들기도 했다. 그러던 그가 예수의 체포 이후 뒤쫓아 따라간 성전 뜰에서 '당신도 갈릴리 도당의 일원으로 예수와 함께한 자가 아니냐'며 추궁하던 여종의 말 한마디에 대번에 '그를 모른다'고 연거 푸 예수를 세 번이나 부인하면서 표변하였다.

다시 회개한 베드로는 오순절 성령 강림 사건을 계기로 웅변의 설교자로 변신하여 대오 각성한 듯한 모습을 보였다. 예수를 잡아 죽인 예루살렘의 적대자들을 향해 담대한 어조로 성경의 예언을 풀어 변증하면서 설교한 그였다. 그러나 성령의 계몽적인 각성이 그의 유대교적 인습을 철저히 허물지 못했는지 그는 사도행전 10장에 이르러 유대인으로서 먹지 말아야 할 음식규례의 장벽을 통과하기 위한 또 한 차례의 절차로 홍역을 치렀다. 아니 홍역이랄 것까지 없는 것은 그의 환상 중에 하늘의 음성이 친절하게 그 불결한 것들을 거룩하게 하신 하나님의 의지를 확인해주었기 때문이다. 나아가 그는 그 불결한 먹을거리들이 기실 이방인들을 가리키는 것이라는 확신 아래, 예루살렘 사도공의회에서는 그들에게 율법의 멍에를 지우지 말고 차별 없이 오로지 믿음의 기준으로 용납할 것을 확신 넘치는 어조로 옹호하기도 했다.

그러나 그러던 베드로가 안디옥에서 다시 또 한 차례 변덕을 부리며 위선의 포로가 된 적이 있었다. 이른바 '안디옥 사건'이라 불리는 이 사건을 사도행전의 저자는 교회사의 공적인 기록으로 공개하기가 남세스러웠는지 생략해버렸다. 하지만 정작 그 현장의 사건 관여자였던 사도 바울은 이를 적나라하게 그의 서신 가운데 증언하고 있다. 안디옥 교회에서 이방인 신자들과 식탁교제를 하며 음식을 나누던 베드로는 당시 예루살렘 교회의 보수 세력을 대변하던 야고보가 파송한 사람들이 당도하자 눈치를 보며 그 자리를 성급히 떠났던 것으로 보인다. 이렇게 베드로가 흔들리니까 바울의 동역자 바나바마저 그 유대인들의 보이지 않는 압박 속에 회피적 동선에 동참했다고 한다. 바울은 이를 외식, 즉 종교적 위선으로 파악하였고 대번에 그를 공박했다. 요지인즉, 그가 유대인으로서 유대인답게 행하지 못하면서 어찌하여 이방인을 유대인답게 살게 하려느냐는 것이었다(갈 2:14). 참 통렬했을 것이다. 그런데 이에 대해 베드로가 무엇이라 변명하며 대꾸했는지, 아니면 참담한 심경에 얼버무리며 침묵했는지 아무런 후일담도 우리는 전해 듣지 못한다.

변덕과 위선의 역설적 힘

베드로의 이런 행보를 두고 여러 반응이 있을 수 있다. 정죄하고 질타하는 데 이골이 난 사람들은 그의 변덕이 너무 심하지 않느냐고, 그의 그런 위선이 너무 낯 두꺼운 게 아니냐고 타박할지 모른다. 또 다른 이들은 인간의 실존적 취약성을 들어 그 역시 한 사람의 연약한 존재로 그렇게 변덕을 부리며 마음을 바꾸고 자세를 분식하여 자신을 위장하지 않을 수 없는 그 필연적 실존을 두둔할 수도 있겠다. 결국 그렇게 좌충우돌하면서 시행착오 속에서 반성하고 회개하며 자신의 앞길을 조율해나갈 수밖에 없는 게 인간이란 존재다. 신앙은 그 고백과 증언의 과정에서 길라잡이 역할을 한다. 그러나 그 신앙조차 어떤 말로 어떻게 고백하고 증언하느냐가 여일하지 않다. 더구나 그 신앙이 설교의 웅변으로 나타나거나 특정 사안에 가타부타 의견을 표하고 자신의 주장을 세워야 하는 자리에서는 청중이 누구냐에 따라, 주어진 상황과 여건이 어떠냐에 따라, 다양한 변덕과 변용의 가능성이 항존한다. 그것이 동시에 우리 시대에 그토록 자주 말을 바꾸는 사람들의 행태로 인해 혼란스러워지는 이유이기도 하다. 그러나 말을 바꾸지 않으면 죽은 세포를 새것으로 바꾸길 거부하는 것처럼 정신적 성장의 지체를 초래한다. 말을 바꾸고 바꿔지는 말들의 이력을 곰곰이 성찰하면서 그 변덕의 논리적 사유를 짚어볼 때 우리는 자신의 신앙과 삶에 끼인 노폐물을 발견할 수 있다.

진정한 겸손의 가능성이 자신의 지독한 교만함을 꾸준히 살피는 데서 희망의 꽃을 피우듯이, 참으로 치열한 신앙생활의 역정도 제 거룩한 말의 위선을 아프게 인정하는 통각의 예리함 속에서 힘들게 한 발짝씩 진보할 수 있다. 굳이 변덕의 창의성을 말해야 하고 위선의 진보성을 옹호할 만한 맥락이 여기에 있다. 물론 그 위선조차 쉽사리 인습이 되어버리기에 한술 더 떠 위악의 몸부림으로 변종의 가지를 치기도 하지만, 이는 그만큼 인간의 정신세계가 경계 없이 넘나드는 밀물과 썰물로 무궁하다는 반증이기도 하다. 대체로 자기 성찰이 빈곤한 신앙적 근본주의자들이나 제 확신의 도그마에 심취하여 그 이면을 뒤집어보는 데 색맹인 이단자들이 신앙생활의 그 허방을 쳐다보길 꺼린다. 그렇게 하면 제 존재의 기반이 뒤흔들릴 것을 두려워하기 때문이리라. 그런데 역설적으로 제 존재의 기반을 뒤흔들지 않으면, 그 과정에서 변덕의 곤혹스러움과 자기 배신의 통렬한 전복을 겪어내지 않으면, 신앙이란 것은 위선의 옥상 위에 위선의 옥탑방을 쌓는 일로 분요해진다. 그러나 그 위선도 위선으로 발견되고 성찰의 담금질 속에 거듭나면 베드로처럼 숱한 우여곡절을 거친 뒤 스승의 길을 따라 십자가에 달려 순교하는 지점까지 진보해나갈 수 있다.

거꾸로 읽는 신약성서

영적인 예배? 합리적 종교!

롬 12:1-2

그러므로 형제들아 내가 하나님의 모든 자비하심으로 너희를 권하노니 너
희 몸을 하나님이 기뻐하시는 거룩한 산 제물로 드리라. 이는 너희가 드릴
영적 예배니라. 너희는 이 세대를 본받지 말고 오직 마음을 새롭게 함으로
변화를 받아 하나님의 선하시고 기뻐하시고 온전하신 뜻이 무엇인지 분별
하도록 하라(롬 12:1-2).

'영적인 것' 전성시대

기독교 신앙, 특히 한국의 기독교 신앙생활에서 항간에 만병
통치로 통하는 어휘가 몇 가지 있다. 그중에 '은혜', '구원', '말씀'
같은 것도 있지만 여기에 빠지지 않는 게 '영적'이란 말이다. 이
말은 대체로 인간의 이해와 감각으로 닿을 수 없는 신비롭고 영
험한 무엇을 지칭할 때 사용된다. 그러나 신앙 체험의 영역으로
적용되면 이 말이 동반하는 현상은 다분히 감정의 열광적인 도
가니에 맹목적으로 몰입한 상태를 가리키는 것처럼 보인다. 성경

의 말씀에 대한 해석과 관련하여 '영적으로'라는 부사어가 신비의 연막을 칠 때 자주 사용되는데, 그 연막을 걷어내고 차분히 성찰해보면 고중세의 '비유적인allegorical' 관점을 선회하는 것이 고작이다.

문자적으로 그 뿌리를 캐보면 '영적'이라는 말은 '영', '성령'에 해당되는 희랍어 '프뉴마pneuma'의 형용사형 '프뉴마티코스pneumatikos'의 번역어이다. '프뉴마'는 히브리어 '루아흐ruah'의 상응어로 '바람', '호흡', '숨결' 등을 가리킨다. 이는 하나님이 인간을 지을 때 불어넣은 생명의 숨결을 지칭하면서 동시에 예언자들의 활동 가운데 작용한 하나님의 신령한 초월적 에너지로 그 의미의 함의를 넓혀왔다. 이 말이 신약성서에서 '프뉴마'로 쓰이면서 신과 인간 사이에 분할되는 조짐을 보인다. 먼저 이 말은 하나님의 실체적 본질을 드러내는 거룩한 영으로, 동시에 예수 그리스도의 육체적 제약을 넘어서 그의 초월적 인격과 신학적 유산을 포괄적으로 일컫는 그리스도의 영이거나 그리스도를 대신하는 '보혜사'의 영으로, 나중에는 삼위일체의 한 위격으로 당당히 그 입지를 확장, 심화해나갔다. 한편 인간론적 맥락에서 이 '프뉴마'는 인간에게 부여된 신령한 기관으로 하나님의 영과 소통하는 초월적인 코드를 가리키는 어휘다. 이 말은 특히 바울 신학의 맥락에서 인간의 육체를 가리키는 '사르크스sarx'나, '생명', '이성', '혼'으로 번역되는 인간의 정신적 구성분자인 '프슈케psychē' 등과 구별하여 사용되는 경향이 있다.

이러한 어원론적 맥락에서 '영적'이라는 말을 정의한다면 그것은 하나님의 존재론적 본질을 규정하는 초월적인 권능과 에너지 또는 신비한 생명력, 그리스도의 삶과 죽음, 부활을 통해 드러난 초인적인 미덕과 신령한 구원론적 특징, 나아가 이 모든 것에 반향하며 응답하려는 인간의 소통 지향적 기질과 영감적 인식의 역량 등을 총괄한다고 볼 수 있다. 그러니 이 말은 좋은 것이고 매우 풍성하고 생산적인 개념인 셈이다. 다만 이 말을 편협하게 쓰거나 왜곡해온 우리의 미흡한 해석 능력과 자의적인 적용이 문제일 뿐이다. '영적'이라는 말이 풍미하는 전성시대에 그 능력은 왜 그리도 둔탁하게 이 땅의 현실에 체감되는지 통탄할 일이 한두 가지가 아니다. 이 말의 거품을 걷어내고 그 허장성세의 빈껍데기 속에 제대로 된 알맹이를 채워야 한다.

합리적인 영, 영적인 합리성

신약성서에는 '프뉴마티코스'가 아닌데 '영적인'으로 번역된 또 다른 단어가 있다. 바로 앞의 로마서 본문에 사용된 '로기케 *logikē*'가 그것이다. 이 단어는 남성형인 '로기코스'의 여성형인데 그 말이 수식하는 명사 '라트레이아*latreia*'가 여성명사이기 때문이다. 이 단어는 우리가 잘 아는 '로고스*logos*'의 형용사형이다. '로고스'는 요한복음 1장 1절의 유명한 구절에 사용되어 '말씀',

'단어'라는 뜻으로 풀이되지만 기실 당시 스토아철학에서는 '이성'이란 뜻으로 소통된 개념이었다. 그 밖에 '로고스'에는 '말'과 상합하는 '연설', '보고', '신조' 등의 뜻이 내포되어 있고 '사물', '이유' 등의 사뭇 다른 뜻과 함께 비즈니스 세계에서 통용되던 '회계account'라는 함의가 담겨 있기도 하다. 이 복잡한 내용을 형용사로 우려낸 것이 바로 '로기코스'인데, 이 어휘는 일차적으로 언어적인 이성이 작동하는 '합리적인rational, reasonable'이란 뜻과 함께 그 결과로 '지각 가능한intelligible'이란 의미로 번역된다. 이와 함께 파생된 '영적인spiritual'이라는 번역어가 덩달아 등장하는데, 서로 어원이 다른 '영적'이라는 번역어의 개념이 어떻게 그 곁에 동승 가능했는지 의아해진다.

바로 이 지점에서 21세기 우리 시대의 과학적 인식론과 1세기 고대, 특히 헬레니즘과 유대교가 만나던 그 시대의 문화적 지성사적 맥락에서 유통되던 영감적 인식론의 차이를 짚어봐야 한다. 오늘날 지성사의 풍조가 꼭 그런 것은 아니지만 대체로 종교와 과학적 합리주의가 결별한 이래 신령한 것과 합리적인 것은 대립되거나 서로 긴장관계에 있는 것으로 간주되는 경향이 농후하다. 물론 실리콘밸리에서도 시적인 영감이 학적인 창의력과 생산성 제고에 끼치는 영향이 인정되어 인문주의의 밑천이 중시되는 분위기이지만, 그 인문주의의 자장 안에서도 신학과 성서적 영감의 흔적은 꿰다놓은 보릿자루이거나 아예 자취를 찾기조차 힘든 형편이다. 한국 교회의 신학과 교회 신앙의 영역으로 들어서면 사정은 더 열악하다. 인간의 이성, 특히 언어적 이성이 핍진한 현실에서 합리적인 것이 영적인 것이고 영적인 것이 합리적인 것이라고 외치는 사람이 있다면 그는 진정 시공을 초월하여 난해한 개념을 깨친 탁월한 선각자이거나 엉뚱한 미치광이로 취급받기 십상이다. 그러나 1세기의 지성사적 맥락에서 실제로 '영적인 것*to pneumatikos*'은 '합리적인 것*to logikos*'이었고, 그 역도 진실이었다. 당대 헬레니즘 계통의 유대교 진영에서 최고 신학자이자 철학자였던 필론의 담론이 예증하듯, 이 두 단어는 호환 가능하게 사용되었고 당대의 '영감적 인식론'의 틀 안에서 친밀하게 이웃하며 교통될 수 있는 개념이었던 것이다.

이렇게 '영적'이란 말을 세탁하여 본문의 '로기케*logikē*'와 결부시켜보면 로마서의 매우 중요한 상기 본문은 우리가 오해하기 쉬운 '영적 예배'라기보다 '합리적인 종교' 또는 '합리적인 섬김(의 예법)'이라는 전혀 다른 의미로 재탄생된다. 이제 차근차근히 해당 말씀의 전후좌우 맥점을 짚어 그 속뜻을 풀어보자.

'기독교'라는 전혀 낯설고 새로운 종교

주지하듯, 바울은 로마서 11장까지 '이신칭의'의 담론을 집요하게 논증하면서 이방인의 타락과 유대인의 실패를 넘어 전혀 새로운 대안으로 '하나님의 의'이신 예수 그리스도가 어떻게 인간 구원의 대안이 될 수 있는지를 설파해왔다. 그 극점에서 이스라엘의 현재 곤경과 종말론적 미래와 관련하여 바울은 여러 관점에서 변증하면서 결국 '그리스도 안에서' 모든 이스라엘이 구원을 받으리라는 낙관적인 전망을 보여주었다. 바울은 이 모든 구원의 은혜에 응답하면서 그렇게 그리스도 안에서 믿음으로 의롭게 된 언약 백성들이 어떻게 살아야 할지 로마서 12장부터 그 윤리적인 삶의 기준을 제시하고 있다. 그 전체적인 총론에 해당되는 것이 바로 1-2절의 상기 본문이다. 여기서 바울은 11장까지 제시한 하나님의 구원 역사와 그 혜택을 한마디로 총괄하여 '하나님의 자비'로 요약한다. 이 땅에 구원을 베푼 그 무조건적인 '자비'야말로 의롭게 된 하나님의 백성들이 삶의 자리로 내려가 신실하게 응답해야 할 신학적 근거인 셈이다. 아울러 그 신적인 '자비'는 사도 바울이 로마의 교인들에게 그리스도인의 삶의 도리를 권고할 만한 실천윤리적 토대이기도 하다.

그 권고의 첫 번째 내용인즉 우리 몸을 하나님이 기뻐하시는 거룩한 산 제물로 드리라는 것이다. 여기에 언급된 '산 제물'은 당시 유대교와 이방종교의 제의를 통해 흔히 볼 수 있었던 희생 제물과 비견된다. 그것은 동물을 죽여 그 피를 뿌리고 그 수육을 태워 드리는 죽은 제물이었다. 예수 그리스도의 대속 사건 이후 이제 더 이상 이런 식의 반복적 동물 죽이기와 이를 통한 희생제물은 불필요해졌다. 그것을 대체하는 것이 바로 그리스도인들의 몸을 살아 있는 채로 하나님이 기뻐하시는 제물로 드리는 산제

사라는 것이다. 여기서 '산 제물'과 '산제사'는 우리 몸의 동선을 통해 일구어나가는 삶의 총체적인 헌신을 뜻한다. 그 헌신이 자신의 사적인 욕망에 복무하는 것과 구별될 때 그 헌신의 주체는 온전한 헌신의 제물이 될 수 있다. 그렇게 되어야 그 제물이 거룩한 것이고 공의의 하나님을 기쁘시게 할 수 있다는 것이다.

간단히 요약하면 바울이 여기서 제시하는 그리스도인의 삶의 총체적인 신학윤리는 삶으로서의 예배, 예배로서의 삶을 가리킨다. 물론 그 '예배'의 개념latreia은 탄력적으로 재해석되어야 한다. 그것은 교회라는 조직 내에서 순서와 예전의 격식을 갖춘 예배를 넘어서 하나님과 이 세상을 향해 행하는 섬김과 경건의 총체적인 내용이다. 이 점에서 인습적인 관행을 쫓는 제도권 내의 예배와 이와 같이 자신의 몸을 통해 헌신의 제사를 드리는 삶으로서의 예배는 긴장관계에 있다고도 볼 수 있다.

그 섬김의 총체로서 드리는 산 제물과 산제사는 당시 기성종교였던 이방의 다신교나 유대교와 현격하게 구별되는 낯설고 새로운 종교의 지평을 제시하는데, 바울은 기독교를 바로 이런 각도에서 새로운 종교로 정의하고자 시도한 것이다. 아마도 신정통주의의 신학적 유산 탓인지 우리 말 '종교'는 다분히 부정적인 함의를 내포하는 경향이 있다. 기독교 절대주의의 관점에서 기독교 신앙을 여러 종교의 하나로 분류하는 것을 견디기 힘들어 하는 것이다. 그러나 '종교宗教'라는 우리 말 자체는 '근본의 가르침'이라는 뜻으로, 선한 것이다. 마찬가지로 영어의 'religion'도 경건하고 신실한 삶의 가르침을 나타내는 긍정적인 함의를 담고 있다. 이 어휘에 가장 근접한 희랍어가 바로 본문에 쓰인 '라트레이아*latreia*'가 아닌가 한다. 하나님께 바치는 섬김의 격식을 뜻하는 이 단어는 인간의 초월적인 신앙과 경건의 총체를 나타내면서 그 지성과 영성이 융합하고 소통되는 경지를 뜻한다. 바로 이러한 연유로 에베소서에서 그리스도를 아는 것과 믿는 것에 하나되는 것을 지극히 정상적인 목표로 기술하였고, 요한복음에서도 믿음의 개념과 앎의 개념이 동류적인 범주로 취급되는 것이다.

　바울은 이와 같이 본문을 통해 제의적 격식을 갖추고 동물을 잡아 피를 뿌리는 식의 죽은 제물과 구별하여 기독교를 삶의 헌신으로서의 예배와 섬김이란 맥락에서 '합리적인 종교*logikē latreia*'로 정의한다. 여기서 합리적인 종교란 말이 통하는 신앙, 언어적 이성이 제대로 작동하여 그 믿음의 대상을 명징하게 지각할 수 있고 그 섬김의 내역을 삶 가운데 뚜렷하게 인지하며 체화할 수 있는 헌신의 종교를 가리킨다. 이는 동시에 온갖 제의와 격식에 함몰된 미신적 맹목을 비판적으로 통찰하여 극복하는 역동적인 신앙, 질문과 생각을 침묵시키는 위선과 억압적 권위의 메커니즘에 대항하여 이를 계몽하고 분쇄해나가는 주체적인 신앙을 암시한다고 볼 수 있다. 그러면 이러한 구별은 어떻게 가능해지고 또 그 헌신적 삶으로서의 예배와 섬김은 어떻게 실현될 수 있는 것인가.

　　　거꾸로 읽는 신약성서

지성의 갱신에 터한 합리적 섬김

사도 바울은 이 합리적인 종교로서의 기독교를 구현하기 위한 실천적인 방식으로 먼저 이 세대를 본받지 말라고 가르치고, 그 대안으로 하나님의 선하시고 기뻐하시고 온전하신 뜻이 무엇인지 분별하라고 권고한다. 그 사이에 '마음을 새롭게 함'이라는 구체적인 전략이 자리하고 있다. 먼저 '이 세대를 본받지 말라'는 종말론적 언급은 금세 지나가버리는 한시적인 세상의 것들에 집착하지 말라는 뜻도 있지만, 현 세대를 지배하는 주류 가치에 편승하여 그 악마적 힘에 휘둘리지 말라는 뜻이 더 강하다. '본받는다'는 것은 그 목표에 조준점을 설정하여 맹목적으로 따른다는 함의를 지닌다. 바울의 시대나 현재의 시점이나 이 세상의 주류 가치는 명확하다. 돈이고 권력이다. 또 명예이고 정욕이다. 이것들보다 심한 이 세속의 미끼는 가족 단위로 똘똘 뭉친 안락한 삶의 이기주의다. 이를 위해 모든 것을 포기해도 좋다는 사람들이 우리 사회에 행복 담론을 타고 늘어가는 것 같아서 무섭다. 예수가 해체한 혈통가족주의가 그 대안으로 제시된 '하나님의 가족'을 저버리고 이 땅의 기독교 문화를 선도하는 듯하여 안타깝다. 우리가 비평적 지성과 합리적 통찰의 수고를 내려놓으면 육체의 관성에 따라 이런 것들에 끌려갈 수밖에 없다. 그것이 기독교인을 포함하여 연약한 인간들에게 항존하는 실존의 덫이다.

이러한 이 세대의 미끼들에 물리지 않고 그것을 넘어서서 우리를 견인하는 하나님의 선하시고 기뻐하시고 온전하신 뜻을 추구하는 것은 하나님의 공의에 기초하여 우리 신앙의 공공성을 회복하는 길이다. '나'의 유익에 머물기보다 그것을 뛰어넘어 '나'와 '너' 사이, '우리'와 '그들' 사이의 관계에 가로놓인 공익적 가치에 눈떠보는 것이다. 그것이 하나님나라에 합당한 가치라면 우리 몸을 헌신하여 그것을 이루어내야 한다. 이를 위해서 분별력이 필요하다. 성령의 영감에 따라 인식하고 판단하여 분별해낼 때 제대로 행동할 수 있다. 그 분별을 위해 필요한 전략적인 선택은 우리의 '마음'을 새롭게 하는 것이다. 희랍어에서 '마음'은 두 종류로 다르게 표기된다. 먼저 '가슴'에 해당되는 '마음*kardia*'이 있다. 우리로 느끼게 하고 감동을 일으키는 마음이 그것이다. 그런가 하면 '머리'에 해당되는 '마음*nous*'도 있다. 우리로 꼼꼼하게 따져보고 궁리하게 만들며 생각하고 판단하는 이성적인 마음이다. 영어로 보통 전자는 'heart'로, 후자는 'mind', 'intellect'로 번역되는데, 이 적절한 어휘와 개념의 구별과 달리 우리말에는 이 상이한 마음의 범주를 담아낼 경계가 없다. 그냥 한통속으로 '마음'이다.

흔히 머리에서 가슴까지의 거리가 매우 멀다고 말한다. 가슴에서 손발로 내려오는 데 더욱더 오랜 시간이 걸린다는 탄식도 있다. 지적인 분별과 각성이 감성적인 차원의 공감으로 나타나는 것이 쉽지 않고, 그 공감의 역동이 손발의 실천적인 행동으로 나타나기는 더더욱 어려운 사정을 그렇게 비유적으로 표현하는 것이리라. 그런데 이 잠언들은 한 가지 중요한 걸 놓치고 있다. 그것은 머리에서 작동하는 지적인 분별과 깨우침이 충분하지 못하고 엉뚱하게 왜곡될 경우, 그것이 가슴에 일으키는 공감의 파문이 어떻게 나타나는지, 또 그것이 말과 행동으로 실천될 때 막강하기는 하지만 얼마나 막대한 악영향을 끼칠 수 있는지 너무 사소하게 생각하는 습성이다. 이즈음 세월호 참사와 관련하여 사회적 지도층이라고 하는 사람들이 내뱉는 온갖 파괴적인 말과 악랄한 행동들 가운데 우리는 그 해악의 몸살을 앓고 있지 않은가. 그중에는 부끄럽게도 하나님의 말씀을 설교한다는 목사들도 있었다. 한국 교회의 신앙이 반지성주의에 기초해 있어 문제가 심각하다는 진단이 수십 년 전부터 있어왔지만 사도 바울이 지적한 그 지성의 갱신이 턱없이 모자라는 형편 속에서 우리 교회의 사정은 예나 지금이나 별반 달라진 게 없다.

합리를 거쳐 순리로!

한국 기독교 대중은 '순리順理'라는 말을 좋아한다. 이치에 고분고분 순종하는 보수적인 관행에 익숙하기 때문일 터이다. 이에 못지않게 '정리情理'라는 말도 선호하는 편이다. 가슴에 불을 붙이는 감동과 이에 의지한 온갖 온정적인 처사가 우리의 일상을 지배하는 편이다. 그러나 바울이 강조한 '합리'의 흔적은 희미하다. 그것을 기독교 신앙의 적으로 간주할 정도로 우리 신앙에서 합리적 요소를 따지는 전통은 너무 빈곤했다. 그러나 그의 중요한 서신의 한 극점에서 바울은 기독교 신앙을 '합리적 종교'로 정의하면서 그것이 끊임없는 성찰과 공부로써 우리의 지성을 갱신하는 데서 비롯된다고 보았다. 이러한 자기갱신의 애타는 노력 없이 우리는 이 세대의 주류가치에 쉽게 함몰하며 거룩함과 무관하게 살 수밖에 없다. 그러니 당연히 하나님의 선하시고 기뻐하시고 온전하신 뜻을 추구할 발판을 확보할 수 없게 된다. 신앙이 몽매한 미신의 도가니에서 펄펄 끓는데도 그 안에 안주해버린다면 이는 끔찍한 귀결이 아닐 수 없다.

　기독교의 제도권 울타리 안에서 제의적 격식을 갖추고 드리는 예배와 예전을 그 숫자로 따지고 계산하여 경건을 말하는 세태는 우리 신앙의 적이 될 수 있다. 바울은 진정한 예배는 구체적인 몸의 섬김에 있음을 간파하였다. 죽은 몸이 아니라 살아 생동하는 몸의 일상적 동선이 우리 삶의 자리에서 헌신적으로 투여될 때 그것이 바로 진정한 섬김으로서의 예배요 경건의 실천일 수 있다는, 참으로 합리적인 통찰이었다. 이런 부분이 결여되었기에, 우리 교회들은 예배당 안에서 하루가 멀다 하고 예배풍경을 연출하는 예배 전성시대를 맞이하였는데도 그것이 이 세대의 주류 가치에 항체를 제공하는 헌신적 섬김으로 나아가지 못하고 그 열매도 지나치게 미미한 형편이다. 누굴 탓하고 무엇을 원망하랴. 우리가 성경을 잘못 읽었거나 부분적으로 편취하여 자기봉사적인 자위의 논리로 해석해온 탓이 가장 크다. 이치에 순응하고 순종하는 것은 소중한 일이다. 그러기 위해서 순리를 거슬러 오르는 역리의 도전이 필요하다. 그 순리가 합리를 거치도록 하고 하나님의 온전하신 뜻을 제대로 분별하는 노력이 지금 우리에게 매우 시급하기 때문이다.

권세자들에게 복종하라 하신 까닭

롬 13:1-7

각 사람은 위에 있는 권세들에게 복종하라. 권세는 하나님으로부터 나지 않음이 없나니 모든 권세는 다 하나님께서 정하신 바라. 그러므로 권세를 거스르는 자는 하나님의 명을 거스름이니 거스르는 자들은 심판을 자취하리라. 다스리는 자들은 선한 일에 대하여 두려움이 되지 않고 악한 일에 대하여 되나니 네가 권세를 두려워하지 아니하려느냐 선을 행하라 그리하면 그에게 칭찬을 받으리라. 그는 하나님의 사역자가 되어 네게 선을 베푸는 자니라. 그러나 네가 악을 행하거든 두려워하라. 그가 공연히 칼을 가지지 아니하였으니 곧 하나님의 사역자가 되어 악을 행하는 자에게 진노하심을 따라 보응하는 자니라. 그러므로 복종하지 아니할 수 없으니 진노 때문에 할 것이 아니라 양심을 따라 할 것이라. 너희가 조세를 바치는 것도 이로 말미암음이라. 그들이 하나님의 일꾼이 되어 바로 이 일에 항상 힘쓰느니라. 모든 자에게 줄 것을 주되 조세를 받을 자에게 조세를 바치고 관세를 받을 자에게 관세를 바치고 두려워할 자를 두려워하며 존경할 자를 존경하라(롬 13:1-7).

신성한 공권력?

"성공한 쿠데타는 처벌할 수 없다"는 말이 다시 구호처럼 허공을 떠돈다. 국기國基를 뒤흔든 전두환·노태우의 12·12 쿠데타가 이미 역사의 법정에서 단죄받았고 그 주동자들도 감옥살이를 하였건만, 이 같은 말이 갑자기 재생된 데는 사유가 있다. 단죄받은 저들이 정치적 타협 차원에서 중도 방면되었고, 지금까지도 12·12의 하극상 범죄 및 광주 학살에 대한 책임자 문책 절차가 제대로 처리되지 못한 채 폐기되어 있기 때문이다.

'성공한 쿠데타'의 당당함과 관련해서는 더 묵직한 사유가 있다. 현대사에서 최초로 쿠데타에 성공하여 18년간 독재의 철권을 휘두른 박정희 전 대통령이 사법적 단죄를 받기 전에 측근의 총탄에 사망했기 때문이다. 이후 역사적 평가에서도 그의 경제 치적이 적지 않은 국민에게 인정받으면서 무자비한 독재적 행태와 도덕적 타락에 대해서는 관대하게 묵인되는 경향이 있다. 더구나 그의 딸이 부정선거 의혹에도 현직 대통령으로 최고 권력을 휘두르고 있다. 박정희의 쿠데타를 포함하여 그의 시대에 대한 올곧은 평가는 권력의 눈치를 보면서 미적지근한 상태로 겉도는 형편이다.

박정희 통치기 권력 2인자로 꽤 장구한 정치적 수명을 유지해 온 김종필은 나름 성경을 읽고 배운 전력이 있었던지, 당시 군부 독재체제를 정당화하고 교회 측의 반독재 저항을 무마하려는 의도로 로마서 13장 1-7절을 들먹인 적이 있다고 들었다. 어디 그뿐이겠는가. 당시 독재 권력의 심기를 거스르지 않으려는 대다수 보수교회들은 먼저 꼬리를 내리고 알아서 기었다. 자기관리 차원에서 시시때때로 이 말씀의 권능을 읊조리며 복종의 메시지를 부르대곤 했던 것이다. 이것이 제도화되어 생겨난 게 조찬기도회였다. 그 교리적 배경은 정교분리설이었고 신학적 근거는 아우구스티누스의 '두 도성설'과 루터의 '두 왕국설'이었다.

형식적 민주화 이후 정치적 관심의 폭발 추세에 부응하여 교계에서도 각종 변용된 방식의 정치 참여가 봇물처럼 터지고 있다. 특히 보수교회와 교단의 이해관계가 깃든 영역에서 그 관심이 치열했다. 정교분리의 명분은 여전히 중요한 기준으로 거론되고 있지만, 역사적 기원과 의도는 사장된 채 다만 '정통'의 추억이란 견지에서 보듬어줄 따름이다.

조찬기도회는 여전히 지속되고 있고, 모 기관에서는 신임 대통령의 당선에 즈음하여 특별 축복기도회를 주최하는 충성 경쟁에 열을 올리기도 한다. 1세기의 로마와 21세기의 대한민국은 이렇게 친밀하게 교통하고 있다. 이런 세태를 접하다 보면 예나 지금이나 최고 권력자의 통치수단이 여전히 신권 수준에 머물고 있다는 생각이 든다. 왕권은 신으로부터 주어진다는 왕권신수설이 버전을 바꾸어 재생되고 있는 느낌이다.

이러한 세태의 신념 밑바닥에는 로마서 13장의 이 구절이 똬리를 틀고 있다. 대체 바울은 무슨 심사로 이런 보수적인 말을 로마 교회 성도에게 한 것일까. 이 말이 하나님 말씀이란 신적 권위의 후광을 덧입어 후대에 이르러 불의와 대적하는 그리스도인들에게 아킬레스건이 될지 그는 알았을까. 그 특수한 '의도의 오류'에 대해서는 재해석 작업을 거쳐 교정받는 길이 있다.

문제는 이 주제가 워낙 복잡하고 다양한 '설'로 맴돈다는 데 있다. 논의하면 할수록 덧나는 곤혹스러움을 어쩔 수 없다. 그럼에도 한 번 더 짚어보려는 이유는 정치권력의 우상화가 더욱 심각해지는 이즈음, 바울을 그 '원죄'의 족쇄에서 구제하고 더욱 합리적인 해석을 모색하고자 함이다.

해석의 파노라마

본문을 문자 그대로 정직하게 읽어보면 에누리 없이 명석 판명한 의미가 도출된다. 나라를 다스리는 위정자들, 공권력 집행자들에게 국민들이 복종해야 한다는 뜻이다. 그들이 왕이든, 수상이든, 대통령이든, 그 체제의 무슨 고관대작이든, 그들이 휘두르는 권력은 하나님이 용인한 것이고, 그들은 하나님의 명령을 집행하는 '하나님의 사자'이다. 따라서 그들의 명령을 거역하는 자들은 하나님의 심판을 자초하게 된다. 그들이 휘두르는 공권력의 '칼'은 국법을 위반하여 악행을 저지르는 자들에게 명령을 강제하는 합법적인 도구이자 '보응'의 물리적인 힘이다. 특히 로마 교인들의 조세저항 문제에 대한 잠재적 또는 실제적 사안을 우려했음인지 사도 바울은 공세와 국세를 구체적으로 거론하면서 납세의 의무를 마땅히 이행해야 한다고 종용한다.

전통적인 해석은 이러한 문자적인 독법을 따른다. 바울이 로마 교회를 향해 제국의 권력에 복종을 명한 것이라고 본다. 또 그것이 오늘날의 민주공화정 국가에서도 기본적으로 적용되어야 하는 당위적 명제임을 놓치지 않는다. 공권력은 그때나 지금이나 국가의 질서를 유지하기 위한 체제 보존적 목적을 띠고 있으며, 하나님이 자기 뜻을 온전히 이루기 위해 대리자로 이러한 공권력자의 권력 행사를 용인하고 있다고 보는 시각이다.

근래에 이러한 해석을 전면으로 반박하는 이견들이 제기되었다. 그중 하나가 바울의 복음이 로마 황제를 '왕'과 '주'로 숭배하길 강요하던 당시의 시대적 분위기에서 그러한 이념에 대치되는 그리스도의 왕권과 주권을 강조한 것이라는 해석이다. 십자가의 기치 안에 체제저항적인 요소를 품고 있다는 주장이다. 요컨대 바울이 옹호한 그리스도의 십자가 복음은 '가이사냐 그리스도냐'의 기로에서 응당 그리스도의 주권을 높이기 위해 당시 신성화된 가이사의 절대왕권에 대적하지 않을 수 없는 역사적 국면에 봉착해 있었다는 것이다. 이런 관점에서 바울이 강조한 '십자가'의 정신은 이 세상의 기준으로 신분과 지체가 높고 막강한 권세를 휘두르던 로마의 황제 권력에 본질적으로 상합相合할 수 없는 역설적 위상을 지니고 있었다고 볼 수 있다.

이런 방향으로 독법을 바꾸어 로마서의 이 본문에 내장된 의미를 반어적 메시지로 취하려는 시도가 있었다. 다시 말해, 바울이 로마의 공권력을 일러 하나님의 사자 역할을 하며 선을 이룬다(롬 13:4)고 얼핏 지지하는 듯한 발언을 할 때, 그의 본심은 '그들이 정녕 그런 선한 일을 하고 있느냐', '하나님의 사자다운 공의로운 명분과 권력 행사를 하고 있느냐'라는 반어적 메시지를 품고 있

거꾸로 읽는 신약성서

었다는 뜻이다.

실제로 구약성서에서 보면 하나님은 공권력을 세우기도 하고 그의 사자들을 통해 그 권력을 폐하기도 한 사례가 나온다. 사무엘을 통해 사울 정권을 폐하고 다윗의 가문을 세운 경우나, 엘리야를 통해 예후를 부추겨 실현한 오므리 왕조의 전복 쿠데타가 대표적인 경우이다. 그렇다면 공권력도 공권력 나름 아닌가. 태어날 때부터 왕의 씨를 받고 태어나 어떤 일을 행하든 그 권력이 무조건 정당화되는 것은 있을 수 없다는 게 오히려 성서의 일관된 기조 아닌가. 신약성서 요한계시록도 바울보다 약간 후대에 황제 숭배를 강요한 결과 빚어진 기독교인들에 대한 핍박 상황에서 로마제국을 '음녀 바벨론'의 휘장 아래 정죄하며 하나님의 심판을 선포하지 않았던가. 여기서 이 공룡 제국은 하나님의 선한 뜻을 행하는 '사자'이기는커녕 하나님나라의 백성들을 살육하며 무고한 피를 흘리는 원흉으로, 순교자들의 피가 신원을 호소하는 대상으로 역전되고 있다. 이러한 견지에서 혹자는 로마서의 이 구절 가운데 무슨 감추어진 암호를 발견한 것처럼 뒤집어 해석하면서 궁극적으로는 로마 권력에 저항하라는 메시지였다고 기염을 토한다.

그런가 하면 로마제국과 그 공권력 담당자들에게 순종을 명한 바울의 이 언사에서 순교와 중보기도를 통해 드러나는 하나님의 구원 섭리를 읽어내려는 시도도 있다. 해당 구절의 메시지가 1-2세기에 걸쳐 그들을 위한 축복과 안녕을 기원하는 중보기도의 행태로 전개된 점에 착안한 것이다. 전통적으로 순교는 공권력에 대한 저항의 모티프를 머금고 있다. 반면 그 세력을 위한 축복의 기도는 정반대로 그 체제 내에서 순응하려는 소극적인 자기 몸보신의 의도를 우회적으로 표출하는 것이 사실이다.

이에 반하는 또 다른 연구는 바울의 태도, 이어지는 중보기도의 전통, 2세기 교부들의 입장을 종합하여 공권력 담당자들에 대한 포용적인 자세를 강조한다. 요컨대 권력자들에 대한 중보기도의 권고는 하나님의 구원 역사가 국가의 상부 권력자들을 배제하지 않는 범우주적인 것임을 드러내는 증거라는 주장이다. 이렇게 보면 당시 로마의 권력자에게 저항했던 순교 역사와 그들을 위한 축복의 중보기도라는 이중적 현실이 반드시 상치되지는 않는다.

정치적 정적주의

아이러니의 독법은 그 자체로는 흥미롭다. 십자가에 담긴 반제국적인 메시지의 함의도 자체로만 놓고 보면 일리가 있다. 그러나 이러한 급진적인 반전의 해석학은 로마서 13장 1-7절에 과부하를 거는 억지의 인상도 풍긴다. 오늘날의 반제국적·반독재적 민주주의 이념과 저항운동의 결실을 바울의 말에 뒤집어씌워 거꾸로 정당화하려는 의도도 언뜻 엿보인다. 나아가 바울이 21세기 민주공화정의 자율적 시민이 아니라 로마제국에 구속된 시민권자였다는 점을 상기할 필요가 있다.

공권력자를 위한 중보기도와 순교적 저항의 현실이란 이중적 대립항도 로마서의 상기 구절을 해석하는 맥락으로 명확하지 않다. 모든 순교가 다 저항적 모티프를 담고 있는 것이 아니다. 오히려 공권력에 순복하여 순교한 것이라고 반대로 해석할 여지도 있다. 실제로 그들이 치열하게 저항하고자 했다면 순교 대신 무력 봉기나 투쟁을 택할 수도 있었다. 아울러 중보기도가 본문의 핵심 메시지도 아니다. 설사 권세자에 대한 복종의 메시지에 축복기도의 암시를 담고 있다손 치더라도 그들의 권력이 하나님의 의롭고 선한 뜻을 이루는 도구가 되어야 한다는 전제가 바탕이 되어야 한다. 무조건적 순종, 무비판적 순응과는 일정한 거리가 있다.

내가 여기서 가장 바람직한 해석으로 제안하는 관점은 '정치적 정적주의political quietism'이다. 유대인이었던 바울은 약소민족이 강대국의 틈바구니에서 어떻게 생존을 모색해야 하는지 선조들의 역사를 통해 잘 알고 있었다. 개인적으로, 공동체로, 주어진 여건에서 일단 생존을 도모해야 하는 현실주의적 선택으로 이 구절을 읽으면, 바울의 선택은 주어진 거대 권력체제를 일단 하나님의 도구로 인정하고 용납하는 것이었다. 이는 아시리아와 바빌론 제국 등을 이스라엘의 범죄를 심판하는 도구로 하나님이 불러들였다는 구약성서적 심판의 신학과 일맥상통한다. 가령, 고대 이집트라는 강대국의 왕권 아래 입신하여 왕명을 받들어 총리의 직분을 감당한 요셉이 제국의 방패 안에서 자기 민족의 생존을 구가한 현실이나, 페르시아의 조정에 관원으로 출세한 느헤미야가 황제의 관대한 윤허에 따라 고국의 무너진 성벽 재건의 사명을 수행한 현실 등도 같은 맥락이다.

바울도 로마라는 거대한 권력체제 아래서 갓 태어난 교회의 생존과 안녕을 고려해야 하는 위태로운 상황을 직감했을 것이다. 로마 교인들이 행여 하나님나라의 순정한 정치적 지향에 사로잡히거나 종말론적 신앙의 열정에 휘둘려 당장 국가에 바쳐야 할 세금을 거부하기라도 하면 신앙공동체의 생존에 치명적인 위기를 자초할 수 있었다. 그러한 선택이 시민적 의무의 이행을 외면케 함으로써 로마 교회가 반사회적이고 반국가적인 집단으로 매도당할 우려가 있었기 때문이다. 로마 황제의 권력체제에 그들이 깊숙이 관여할 형편도 못되고, 또 대대적인 시위나 저항을 통해 부당한 점을 호소하거나 바로잡을 실력도 없는 마당에 가장 현실적인 대안은 자숙하는 태도로 교회의 생존을 도모하며 그 기틀을 공고히 세워나가는 것이었다. 이것이 곧 정치적 정적주의라는 형태의 처신으로 나타난 셈이다. 이에 따라 바울은 납세의 의무 이행을 종용하면서 국가 권력 담당자들에게 순복할 것을 액면 그대로 지시했다고 볼 수 있다. 물론 공권력 담당자들이 하나님의 사자 역할을 수행하여 하나님의 선한 뜻을 대리해야 한다는 기본 전제에서 말이다.

거꾸로 읽는 신약성서

이 대목에서 의문이 들지 않을 수 없다. 그 제국의 권력이 하나님의 선한 뜻을 수행하기는커녕 악행을 일삼거나 부당한 압제를 자행한다면 어떻게 해야 하는가. 그 보응의 칼이 악행하는 자를 단속하여 치안을 유지하는 데 사용되지 않고 순수하게 제 신앙을 표현하고 선행을 실천하는 자들을 잡아 족치는 데 쓰인다면 이를 어떻게 이해하고 대응해야 하는가. 바울은 이 지점에서 철저하게 침묵으로 응수한다. 그것이 정치적 정적주의의 특징이자 한계이다. 바울은 굳이 자세히 물어보지도 않은 질문에 과잉으로 소신을 밝혀 권력자들에게 쓸데없는 오해와 의혹의 소지를 남겨두지 않고자 했을 것이다. 다만 공세와 국세의 납부 문제는 로마 교회가 당면한 공동체의 생존에 기로가 될 수 있는 급박한 사안이었기에 그는 단도직입적으로 자신의 사도적 입장을 밝힘으로써 제국의 심장부에 있는 이 공동체의 정치적 후견인 또는 보호자 역할을 자임하였던 셈이다.

역시 맥락이 중요하다

이렇게 볼 때 위의 로마서 본문과 그 해석적 지평을 공평하게 아우르는 입장에서 역시 맥락이 중요하다. 이 본문의 내용을 거두절미하여 '공권력에 대한 무조건 복종'의 이데올로기를 강박하거나 정교분리의 신학적 기반으로 삼는 등의 해석은 이 구절이 자리한 원초적 '맥락'을 소홀히 다루는 오류를 범할 수밖에 없다. 공권력 체제에 반응하는 기독교인의 입장은 공권력을 집행하는 체제와 기관의 성격과 수준에 따라, 또 각 교회 및 교단이 처한 현실적 정황에 따라 천차만별의 다양한 정답들이 있다. 또 그럴 수밖에 없는 삶의 천태만상이 불가피하게 우리의 현실로 존재한다.

이 구절을 해석할 때 우리는 이러한 지극히 상식적인 시각을 잃지 말아야 한다. 그 맥락의 차이로부터 우리는 공권력의 요구에 순종할 수도 있고 저항할 수도 있다. 아니, 사안별로 다르다. 예를 들어 납세의 경우 순응하는 것이 상책이라면, 국민의 인권과 자유를 억압하는 폭력적이고 부당한 강제 조치에 대해서는 단호하게 저항할 수 있어야 한다. 물론 세금 문제에서도 그것이 하나님나라의 정의에 역행하는 잘못된 입법과 불공평한 처사의 결과라면, 조세저항 캠페인에 교회가 동조하고 연대하여 함께 투쟁하는 길을 선택할 수도 있다.

한편으로 권력에 무조건적으로 빌붙어 아부하고 굴종하는 비굴한 처신을 반성하고 제어하려는 믿음과 용기가 필요하다. 특히 국가 권력이라는 막강한 힘이 강제하는 부당한 요구는 한 개인이 감당하기 불가능한 측면이 있다. 그러기에 저항과 투쟁의 대열에서는 각종 의기로 뭉친 시민단체와의 연대와 협력이 필수적이다. 동시에 우리는 툭하면 투쟁하며 저항함으로써 제 일신의 동력을 지리멸렬하게 방조하거나 공동체의 일상적 생존을 개차

거꾸로 읽는 신약성서

반으로 멍들게 하는 우매한 선택도 회피하는 지혜가 필요하다.

문제시되는 공권력의 근원이 어디인지 대상을 신중히 선택하는 것이 중요하고, 또 그것과의 부대낌을 감수하면서 싸움에 임해야 할 적절한 타이밍의 묘법도 고려되어야 한다. 바울이 이러한 방향의 세목에 철저히 침묵했다고 하더라도, 이 침묵이 우리의 신앙적 무지와 무기력한 행동을 정당화하는 기제가 될 수 없다. 성경은 바울보다 크고 로마서 13장 1-7절보다 광활하다. 물론 하나님의 뜻과 그 나라는 책 속에 기록된 내용보다 훨씬 더 높고 깊다. 무한의 심연에 감추어진 부분도 성경 해석에서 늘 고려되어야 할 맥락이다. 그래야 바울의 글에서 하나님의 뜻도 보고, 행간의 침묵까지 읽어낼 수 있다.

하나님의 미련한 것과 인간의 지혜

고전 1:18-31

십자가의 도가 멸망하는 자들에게는 미련한 것이요 구원을 받는 우리에게는 하나님의 능력이라. 기록된 바 내가 지혜 있는 자들의 지혜를 멸하고 총명한 자들의 총명을 폐하리라 하였으니 지혜 있는 자가 어디 있느냐 선비가 어디 있느냐 이 세대에 변론가가 어디 있느냐. 하나님께서 이 세상의 지혜를 미련하게 하신 것이 아니냐. 하나님의 지혜에 있어서는 이 세상이 자기 지혜로 하나님을 알지 못하므로 하나님께서 전도의 미련한 것으로 믿는 자들을 구원하시기를 기뻐하셨도다. 유대인은 표적을 구하고 헬라인은 지혜를 찾으나 우리는 십자가에 못 박힌 그리스도를 전하니 유대인에게는 거리끼는 것이요 이방인에게는 미련한 것이로되 오직 부르심을 받은 자들에게는 유대인이나 헬라인이나 그리스도는 하나님의 능력이요 하나님의 지혜니라. 하나님의 어리석음이 사람보다 지혜롭고 하나님의 약하심이 사람보다 강하니라. 형제들아 너희를 부르심을 보라 육체를 따라 지혜로운 자가 많지 아니하며 능한 자가 많지 아니하며 문벌 좋은 자가 많지 아니하도다. 그러나 하나님께서 세상의 미련한 것들을 택하사 지혜 있는 자들을 부끄럽게 하려 하시고 세상의 약한 것들을 택하사 강한 것들을 부끄럽게 하려 하시며 하나님께서 세상의 천한 것들과 멸시 받는 것들과 없는 것들을 택하사 있는 것들을 폐하려 하시나니 이는 아무 육체도 하나님 앞에서 자랑하지 못하게 하려 하심이라. 너희는 하나님으로부터 나서 그리스도 예수 안에 있고 예수는 하나님으로부터 나와서 우리에게 지혜와 의로움과 거룩함과 구원함이 되셨으니 기록된 바 자랑하는 자는 주 안에서 자랑하라 함과 같게 하려 함이라(고전 1:18-31).

거꾸로 읽는 신약성서

신본주의와 인본주의의 대결?

언제부터인지 모르겠지만 우리의 보수신학계에서는 신본주의와 인본주의를 대결적인 문맥 속에 사용하는 걸 종종 접한다. 단도직입하여 말하자면 이건 완전히 가짜 쟁점이다. 이것은 마치 우리나라 문학계에서 가짜 논쟁으로 판명된 '순수'와 '참여' 논쟁을 연상시켜준다. 순문학을 옹호하는 이들은 문학이 정치적인 선전 도구로 떨어지는 것을 우려하여 문학의 '순수'를 옹호했다. 반면 문학 역시 정치라는 무소 부재한 현실에서 독립된 외곬의 영역일 수 없다는 신념 아래 특히 민주화 투쟁의 불쏘시개로 온몸을 던져야 했던 시대적 당위와 역사적 필연성을 역설하던 목소리가 있었다. 시대가 바뀌고 이건 양자택일의 문제가 아니라 결국 양자역학의 문제임이 밝혀졌다. 문학이 세속의 시류에 부화뇌동하지 않는 '순수'의 지향을 포기할 수 없듯이, 이 세속의 잡박한 현실에 부득불 '참여'하는 것이야말로 순수의 방식임을 확인하게 된 것이다.

마찬가지로 신본주의와 인본주의 쟁점도 여기 끼인 고약한 어감의 독소를 제거하고 보면 두루 착한 태반을 깔고 있다. 하나님이 우주만물과 뭇 생명의 원천이 된다는 점에서 그 신을 근본으로 삼는 것이 당연하듯이, 그 하나님을 아버지처럼 빼다 꽂은 인간이 신의 형상을 지닌 채 이 땅의 청지기로 하나님의 뜻을 구현하는 근본적인 주체라는 사실도 엄연하다. 존재론적 위격에서 인간이 감히 하나님처럼 온전할 수 없음에도 불구하고 '하늘의 아버지가 온전함같이 너희도 온전하라'고 예수가 말씀하신 뜻이 여기에 있다. 그러나 '휴머니즘humanism'이란 말을 '인문주의'가 아니라 '인간주의', '인본주의' 따위로 번역하면서 파생하는 문제는 자못 심각하다. 인간의 이성과 지성, 지식과 지혜, 인간의 오감과 육체적 아름다움, 생명을 지탱하는 하부구조로서의 욕망 등등 온갖 선한 것들이 인간의 죄악과 타락을 표상하는 부정적인 요소로 쉽게 매도당할수록 하나님의 영광과 위엄이 더욱 드높아지는 듯한 구조적 신앙인습을 조장하기 때문이다. 반대로 인간이 저러한 자질을 계발하고 활용하여 똑똑해지고 미지와 무지의 세계를 향해 보다 대범하게 모험하려는 도전적 기획들은 하나님의 존엄에 해코지하는 불순종의 인자들로 쉽사리 매도당하는 분위기에 우리는 익숙하다.

바울의 수사학적 지혜

그런데 과연 그런가. 여기에 신앙의 순정함과 하나님의 세계 전체에 대한 통찰을 훼방하는 이데올로기의 담합과 음모는 없는 걸까. 물론 근거가 전혀 없지는 않다. 특히 상기한 고린도전서의 구절들이 그 한 근거로 종종 제시되는 걸 본다. 여기서 하나님의 우매함은 인간의 가장 고상한 지혜마저 압도하는 절대적 권위의 표상인 양 제시된다. 반면 인간은 아무리 날고 기어도 하나님의 어리석은 수준에도 미치지 못하는 하질의 지혜로 자기자랑이나 일삼는 열등한 존재로 묘사된다. 나아가 유대인이 내세우는 구약시대의 표적에 대한 자랑이나 헬라인들이 소크라테스의 후예로서 품어온 지혜사랑의 전통은 그리스도의 십자가라는 또 다른 상징 앞에 여지없이 패대기쳐진다. 십자가야말로 하나님의 능력과 지혜를 나타내는 구원의 상징이다. 인간적 상식으로는 미련하고 무기력한 방식이었지만 하나님은 이 방식으로 인류를 구원하기로 작정하였으니 그 십자가인즉 이 세상의 모든 인간적, 또는 인본주의적 지혜를 압도하는 하나님의 지혜라는 것이다.

그렇다면 그 십자가의 지혜를 말하는 역량은 무엇인가. 그것은 역설적 진리의 묘미를 간파한 사도 바울의 수사학적 지혜가 아닌가. 인간적 지혜의 어리석음을 성찰하고 지적하는 것은 다름 아닌 사도 바울의 인간적 지혜이고 통찰이다. 물론 후자의 경우에는 신령하고 초월적인 영감이라는 수식어를 붙여주는 것이 관례이고 관행이렷다. 인본주의의 극렬한 계몽적 열정으로 종교가 구축해온 초월적 신성의 영역을 난도질하는 것이 서구의 '도구적' 이성이었듯이, 그 참혹한 폐허의 토대 위에서 헛헛하게 새로운 출발의 시동을 건 것도 '성찰적' 이성이었다. 인간의 우매함에 대한 슬기로운 성찰이 하나님의 지혜로 선순환할 수 있듯이, 인간의 지혜로 인한 어리석은 패착이 하나님의 어리석은 십자가 정신으로 수렴되어 회개의 열매를 맺는 밑절미로 작동될 수 있다. 이렇듯 하나님의 어리석음과 인간의 지혜는 팍팍하게 막혀 있는 폐쇄회로가 아니다. 굳이 거기에 신본주의와 인본주의의 잣대를 들이대어 그것의 접점을 봉쇄할 필요가 없다는 것이다.

공감과 자기 연민의 문제

특히 고린도전서의 상기 맥락에서 바울이 언급한 '세상의 지혜'가 아볼로의 언변과 수사학적 재능에 연계된 말의 지혜, 수사학적 지혜에 잇닿아 있음을 추론할 수 있어야 한다. 하나님의 구원은 그것을 훌쩍 넘어서는 신령한 역설의 지혜이고 구체적인 능력이라는 것이다. 바울이 이 세상의 주류 가치로 자랑삼을 만한 것을 공격하면서 고린도 교회 교인들과 공감 작전을 펴고 있는 걸 여기서 주목해볼 필요가 있다. 그렇다. 공감이 문제다. 공감은 중요하다. 서로 간의 소통과 연대를 위해 공감은 필수적이다. 바울은 현재 고린도 교회의 파당분쟁을 해소하는 방향으로 나름의 최선을 다해 조언하는 위치에 있다. 그 파당분쟁에서 자신의 리더십을 덜 존중하거나 배격하는 이들이 행여 자신의 수사학적 웅변이 모자람을 탓하여 인간적 지혜의 결격사유로 트집 잡지 않을까 우려하는 심리도 얼핏 엿보인다.

그러나 바울은 그 와중에 고린도 교인들의 다수 구성원들이 처한 사회경제적 출신 배경, 이와 긴밀하게 연계된 그들의 지적인 배경과 그 평균치 수준을 적시하는 지혜를 드러냈다. 그것은 곧 공감의 지혜였고 갈등과 분열의 정지작업을 겨냥한 실천적 대응 전략의 일환이었다.

그러나 하나님께서 세상의 미련한 것들을 택하사 지혜 있는 자들을 부끄럽게 하려 하시고 세상의 약한 것들을 택하사 강한 것들을 부끄럽게 하려 하시며 하나님께서 세상의 천한 것들과 멸시받는 것들과 없는 것들을 택하사 있는 것들을 폐하려 하시나니 이는 아무 육체도 하나님 앞에서 자랑하지 못하게 하려 하심이라(고전 1:27-29).

여기서 하나님은 거의 계급투쟁의 선봉에 선 듯한 기세로 바울을 독려하는 분위기가 감지된다. 바울은 고린도 교인들의 다수가 처한 사회경제적 배경을 상기시키면서 그들이 말의 지혜를 자랑할 만큼 정련되고 체계적인 수사학 교육을 받은 부류가 아님을 지적한다. 나아가 그는 그들이 고귀한 귀족가문의 사람들이거나 대단한 부자가 아님을 언급한다. 여기서 우리는 고린도 교우들과 심정적으로 연대하고자 하는 공감의 지혜를 발견할 수 있다. 바울은 분명 '말의 지혜'에 관한 한 아볼로 추종 세력에게 다소 꿀리는 형편이었던 것 같다. 하여 그는 그 말의 지혜와 무관하거나 그 수준을 넘어선 고린도 교회 다수 구성원들과 공감대를 확보하여 거기에 자리한 하나님의 경륜을 투시하고 있는 셈이다. 그 공감은 은연중 자기연민의 정서를 밑바탕에 깔고 있다. 그것은 가장 똑똑한 자들이 자기의 지혜에 발등이 찍혀 낭패를 보는 역설의 묘법과 역전의 쾌감을 겨냥한 측면도 얼핏 비친다. 이를테면 하나님이 이 땅의 각진 차등과 차별을 균형과 조화로 재편하고 평탄케 하기 위한 목적으로 일부러 작고 천하고 가난한 자들, 무지하고 천대받는 자들을 택하여 구원을 이루고자 작정했다는 것이다. 이런 관점에서 보면 고린도 교회 다수 교인들의 현존, 바로 그것이 하나님의 십자가 지혜를 선전하는 생생한 증거가 된다. 그들이야말로 십자가의 지혜를 공동체의 신앙적 삶의 자리에 구현할 만한 적격의 자질을 갖추고 있다. 십자가의 어리석은 구원 방식이 바로 그들의 열악한 출신 배경과 통하기 때문이다.

그러나 그것은 일반화할 수 있는 원리 원칙이 아니다. 어쩌다 고린도 교회 교인들의 정황과 접점이 생겨서 그로부터 신적 경륜과 계시를 읽어내는 통찰은 제공했을망정, 곰곰이 성경 전반을 따지고 보면 반대의 경우도 사실이고 진실의 맥락을 제공한다. 하나님이 유력한 지도층의 위치, 가진 자의 부요한 자리, 최고 권력의 위상을 지닌 사람들을 동원하여 구원의 역사를 이루어나간 사례가 적지 않았기 때문이다. 바울은 앞서 유대인의 표적과 헬라인의 지혜를 십자가의 도에 빗대어 질타했다. 하지만 유대인에게 그 표적을 보여주고 행하신 당사자가 바로 하나님이지 않았는가. 그 표적을 매개한 인물이 그의 대리인 모세요 엘리야 아니었던가. 마찬가지로 헬라적 지혜 전통을 수입하여 유대교의 토라 전통을 세계화한 역사가 그 민족적 종교전통을 보편적 가치로 견인하여 바울 자신은 물론 신약성서 전반이 그 교육 문화적 혜택을 공급받지 않았던가.

자기연민의 동일체의식을 넘어서

여기서 우리는 공감과 연민의 강점과 함께 그 한계를 통찰할 수 있어야 한다. 특히 성서 읽기와 해석의 작업에서 이러한 관점을 과도하게 내세우다 보면 반드시 편견과 오류에 빠진다. 성서는 자신의 일시적 기분과 정서적 상태, 자신의 주관적 처지와 형편을 정당화하기 위해 존재하는 것이 아니기 때문이다. 물론 공감하면서 성서에 흥미를 느끼게 되고 성서의 메시지를 일상의 실존 가운데 접맥시키기 위해 이러한 요인이 지렛대가 되기도 하니 그것도 나름 미덕이라 할 만하다. 그러나 그것으로 이분법적 대립항을 만들고 자신이 공감하는 그 관심의 영역, 해석적 의미 바깥을 배타적으로 내치다 보면 성서적 신앙조차 매우 강퍅해지기 쉽다. 설상가상으로 이런 태도는 성서의 문자를 하나님의 '페르소나'(가면)로 차용하여 엉뚱한 쟁점을 일으키고 이로써 가짜 권위를 만들기도 하는데 때로 그것은 인간의 생명을 억압하는 흉기로 돌변한다.

신본주의가 그 최대치의 반경에서 신에 대한 인간의 자의적 명상과 주관적 신념의 응결체일 뿐이라면, 또 인본주의라는 것이

고작 인간의 한계 내에서 무지와 몽매의 늪을 벗어나 인권을 옹호하고 그 계몽적 이성의 잠재력을 다채롭게 탐사하고 모험하며 실험해본 좌충우돌의 한 갈래일 뿐이라면, 우리는 성서의 과장법을 과장스레 떠들기보다 좀 진중해져야 한다. 예컨대 '나는 말에 졸하다'(고후 11:6)는 바울의 고백을 액면 그대로 접수하는 것은 단견이다. 그것은 기실 고밀도의 수사적 겸양으로 말의 지혜를 자랑삼는 무리를 향해 자신의 존재를 급진화하는 하나의 방식이었을 뿐이다. 그렇다면 하나님의 어리석음과 인간의 지혜를 대립적으로 상치시켜 인간이 추구하는 지혜의 의욕을 주눅 들게 하는 진짜 어리석음을 범하지 말아야 할 것이다. 내 자신의 출신배경이나 사회경제적 태반, 또 정치적 후광이나 교육적 연단과정이 어떻든, 그 우월함을 자랑삼아 떠벌이는 것 못지않게 그 열악함을 버릇처럼 복창하여 자신의 현재를 정당화하려는 행태도 지양해야 할 구태에 불과하다. 더구나 이러한 기질과 성향을 성서 해석에 용감하게 적용하여 이념적 무기로 삼으려는 반지성적 선동을 늘 경계해야 마땅하리라.

그러므로 십자가의 지혜를 웅숭깊게 인간의 삶의 자리에 육화시키려면 때로 어리석고 때로 지혜로운 척하는 우리는 하나님의 어리석음과 인간의 지혜가 만나는 교집합을 열어두어야 한다. 마찬가지로 하나님의 지혜와 인간의 어리석음이 스치는 접점의 미세한 통풍구에, 그 긍정적 희망의 가능성에 늘 민감하게 반응해야 할 것이다.

거꾸로 읽는 신약성서

미혼의 불안, 비혼의 자유

고전 7:36-38

—

그러므로 만일 누가 자기의 약혼녀에 대한 행동이 합당하지 못한 줄로 생각할 때에 그 약혼녀의 혼기도 지나고 그같이 할 필요가 있거든 원하는 대로 하라. 그것은 죄 짓는 것이 아니니 그들로 결혼하게 하라. 그러나 그가 마음을 정하고 또 부득이한 일도 없고 자기 뜻대로 할 권리가 있어서 그 약혼녀를 그대로 두기로 하여도 잘하는 것이니라. 그러므로 결혼하는 자도 잘하거니와 결혼하지 아니하는 자는 더 잘하는 것이니라(고전 7:36-38).

결혼이라는 문화

결혼을 정신분석학이나 동물생태학의 관점에서 보면 고상하지 못한 그늘이 탐지되기도 한다. 2013년 8월 25일자 〈경향신문〉의 '사유와 성찰' 코너에서 철학자 김영민은 성욕을 자연과 강박의 축에 배열하고 사랑과 결혼은 문화와 가공의 축에 대치시키면서 결혼의 가공加工, Bearbeitung이 그 관계의 인습적 상투화로 인해 가공적架空的으로 전락하는 세태를 꼬집었다. 쉽게 말해 인간은 성욕을 강박적 충족본능으로 야만스럽게 방치하지 않기 위해 결혼이라는 제도를 발명하여 제도화했으리라는 것이다.

　이런 관점은 성서의 혼인관에 비추어 매우 생뚱맞은 게 사실이다. 거기에는 남녀가 부모를 떠나 한 몸을 이루며 혼인관계를 맺는 것이 하나님의 준엄한 창조명령의 연장선상에서 선포되어 있기 때문이다. 더구나 예수는 이 명령을 계승하여, 간음한 이유 외에 이혼하는 것을 금하는 별도의 부가 준칙을 세우기도 했다. 그러나 혼인이 그 형식적 구도에서 신성한 관계이면서 동시에 그 내용상 욕망의 결합이라는 요소를 배제할 수 없다면 때로 성서의 신학적 규범조차 철학적 회의의 자장 속에 성찰하고 정신분석학의 검증을 받는 것이 건강할 터이다.

　실제로 혼인이라는 관계에 들어서기 위해 특정한 남녀의 욕망이 결합하여 그 본능적 욕구를 충족시키는 차원을 배제할 수 없기 때문에, 영혼의 순결함을 중시하는 종교전통 가운데서는 그 은혜의 특권을 내려놓고 본능적 욕구마저 초월하고자 하는 금욕주의의 열기가 항상 있었다. 구약성서의 나실인 전통과 레갑 족속의 금욕적 명분이 그런 '뜨거운 상징'의 몇몇 예외적 경우였지만, 금욕주의는 기실 히브리 종교 전통을 넘어 동시대의 헬레니즘 종교사상을 관통하며 동서고금을 두루 풍미하였다. 신약시대에는 단연 예수의 독신이 관심의 요체이다. 그와 동시대인으로 세례 운동을 펼친 세례 요한은 제사장 가문 출신이었는데 역시 혼인했다는 증거가 없다. 예수의 경우, 이즈음 '예수부인복음서'의 발굴 스캔들로 또 한 차례 그의 혼인 여부에 대한 논쟁으로 잠시 관련자들이 흥분하기도 했지만 그가 혼인했을 가능성을 개연성의 수준으로 끌어올려 역사적 증거로 뒷받침하기는 아무래도 역부족인 듯하다.

여기서 나는 고린도전서 7장, 특히 36-38절에 초점을 맞추어 사도 바울이 혼인에 대해 지녔던 특수한 입장을 분석하고 그 교훈적 메시지를 추출해보는 작업을 시도해보기로 한다. 바울이 이 편지를 쓸 당시에 독신이었다는 건 의문의 여지가 별로 없다. 그러나 그가 혼인한 적이 있지만 의도적 생이별이나 사별로 혼자된 것인지, 처음부터 독신의 비혼자로 자처한 것인지에 대해서는 딱 부러진 증거가 없기에 여전히 논쟁이 가능하다.

자발적 비혼의 명분과 사유

고린도전서 7장은 최근 10여 년간 바울 서신 연구에서 가장 뜨거운 감자로 부각되었던 본문이다. 시카고대학교, 하버드대학교, 예일대학교 신학부에서 이 본문에 대한 박사학위 논문이 따로 생산되었고, 그 밖에도 몇 군데 더 있는 것으로 기억한다. 이 본문이 고린도 교회 교인들의 물음을 담은 편지를 받고 바울이 답신한 내용물인지, 바울이 자체 정보로 파악한 고린도 교회의 문제점을 염두에 두면서 예방적인 차원에서 조언한 것인지 명확하게 확인할 길은 없지만 여러 가지 합리적인 추론으로 미루어 전자의 가능성이 더 높아 보인다. 이 본문 가운데는 혼인한 부부의 합방/분방 및 성적 의무의 이행 문제, 미혼자의 결혼과 과부들의 재혼 문제, 불신자와 결혼한 부부의 이혼 문제, 처녀의 결혼 문제 등이 주요 쟁점으로 다루어지고 있다. 그 연장선상에서 '부름받은 대로 머물라'는 교훈이 도출되고 그 교훈의 포괄적 범주 속에 할례자와 무할례자, 노예와 자유인의 신분 문제까지 부분적으로 언급된다. 주된 쟁점인 혼인 문제와 관련하여 8절의 '미혼자*hoi agamoi*'와 25, 36절의 '처녀*parthenos*'를 동일한 범주로 취급할 수 있는지도 또 다른 논의의 대상이 될 수 있다.

결혼/재혼에 관한 고린도전서 7장의 논의에서 바울은 양쪽으로 다 열려 있다. 혼인할 수 있고, 하지 않을 수도 있다. "각각 하나님께 받은 자기의 은사"(고전 7:7)대로 자유롭게 선택할 수 있다는 것이다. 혼인의 필요성 내지 부부간 성적 결합의 의의와 관련하여 그는 "음행을 피하기 위하여"(7:2), 또 "사탄이 너희를 시험하지 못하게 하려 함"(7:5)이라는 자기 방어적인 명분을 제시한다. 그러나 정작 바울이 선호한 것은 자발적인 비혼이었다. "나는 모든 사람이 나와 같기를 원하노라"(7:7)는 한마디가 그 의중을 단호하게 압축해 보여준다. 그가 혼인 및 재혼을 부정적으로 본 이유는 간단하다. "때가 단축하여진"(7:29) 것이 그 이유다. 즉, 종말론적 긴박성이 그 한 가지 이유였다. 게다가 주를 섬기면서 배우자를 섬기느라 마음이 갈라지며 세상 일로 염려할 가능성이 높다는 것(7:35)이 또 다른 이유였다. 이에 따라 독신으로 오로지 주를 섬기는 삶을 추구함으로써 "몸과 영을 다 거룩하게"(7:34) 보존하는 금욕주의의 명분도 거기에 추가되었다.

그리스도인이 되었을 때 이미 혼인한 부부였거나 한 번 혼인하였다 사별하여 과부/홀아비가 된 자들은 이런 바울의 입장이 그리 부담스럽지 않았을 것이다. 그러나 한 번도 혼인한 적이 없는 처녀 총각들, 또 혼기를 넘긴 과년한 자녀들을 둔 부모들 입장에서 그들의 미래에 대한 심적인 부담이 없을 수 없었다. 그러나 그 처녀들이 그냥 평범한 미혼 상태의 교인이었을까. 그렇다면 그들을 언급하면서 왜 8절의 '미혼자hoi agamoi'와 다른 용어로 언급한 것일까. 7장 8절의 혼인하지 않은 미혼자들을 혼인을 자발적으로 거부한 25, 36절의 비혼자들과 구별하여 별도의 처방을 내린 것은 아닐까. 이러한 관점의 차이 외에도 7장 36-38절 본문에는 해석상 난해한 점이 많다.

세 가지의 관점과 대안적 해석

'아버지-딸' 관점 | 전통적 관점은 여기에 사용된 'parthenos'를 '딸'로 해석하여 가부장인 아비가 자신의 과년한 처녀 딸의 결혼 여부를 두고 조언을 구한 데 따른 바울의 답변으로 이해하는 것이다. 예수의 재림이 긴박할 정도로 때가 단축된 것이라면 공연히 혼인했다가 임신하여 배부른 몸으로 예수를 맞으

면 예수의 신부 될 입장에서 참 민망할 것이고, 또 종말의 환란을 피하기 위한 기동성도 떨어질 것을 염려했을 법하다. 이러한 관점에서 보면 여기 쓰인 '어떤 사람*tis*'은 그 처녀 딸의 아버지가 되고 '떳떳하지 않게 행함*aschēmonein*'은 과년한 딸을 미혼 상태로 집에 붙잡아두는 것이다. 과잉의 상태를 나타내는 형용사 '*hyperakmos*'는 이 맥락에서 결혼 적령기를 훌쩍 넘는 나이를 지칭하는 듯하고 '*ophelei ginesthai*'는 결혼해야 할 불가피한 상황을 암시한다. 이러한 상태에서는 결혼이 죄가 되지 않으니 해도 좋다고 허락한다. 반면 자신의 의지에 대한 권위를 확보한 상태에서 자신의 처녀 딸을 처녀로 집에 두기로 심중의 확고한 결심이 선 경우, 그렇게 시집보내지 않는 것이 더 잘하는 일이라고 조언한 셈이 된다.

'약혼남–약혼녀' 관점 | 첫째의 해석적 관점은 고전적 영어번역성경 상당수와 한글개역성경에 반영되었다. 그러나 이 해석의 여러 문제점이 지적되면서 또 다른 유력한 관점이 제기되었는데, 그것은 RSV 계통의 영문번역과 한글개역개정역에 참조되어 새로운 의미를 산출하였다. 이 둘째 관점은 약혼한 남녀의 관계를 이 본문의 배후에 전제된 기본 상황으로 파악한다. 따라서 '어떤 사람*tis*'은 약혼남이 되고 '처녀*parthenos*'는 그와 정혼한 약혼녀가 된다. '떳떳하지 못하게 행함*aschēmonein*'은 추론컨대 양자 간의 특수한 개별적 사정이 아니라면 약혼한 처자에 대한 도의적

　　　　　　　　　　　　거꾸로 읽는 신약성서

책임의 회피 같은 게 아닐까 싶다. 36절의 가정법 문장 종속절의 '*hyperakmos*'는 그렇다면 통제하기 어려운 성욕으로 마귀에게 유혹의 빌미를 제공할 만한 불가피한 사정쯤 되겠다. 그럴 경우는 결혼하는 것이 좋다는 것이다. 그러나 약혼남이 자신의 신앙적 확신에 따라 자기 의지를 통제할 권위를 확보하고 심중에 견고한 결심이 선 상태라면, 그리하여 꼭 결혼까지 나아가야 할 필요성이 없다면, 긴박한 종말을 앞두고 그냥 그 약혼녀의 처녀성을 지켜주고 결혼하지 않는 것이 더 낫다는 의미로 풀이된다.

'동정부부' 또는 '영적인 혼인' 관점 | 둘째의 관점에 부적절하고 미흡한 요소들이 탐지되면서 셋째의 또 다른 관점이 제기되었다. 그것은 영적인 혼인설, 또는 동정부부설이라고 부를 만한 관점으로 국내의 한글번역성경에는 배제되었지만 서구와 미국 가톨릭교회에서 애용되는 *The Jerusalem Bible*에 반영되었다. 이 해석 모델에 기대면 이 본문의 배후에는 가문의 요청과 사회적 압력으로 서로 혼인관계에 들어선 두 남녀가 있었다. 이들은 당시 유행하던 금욕적인 신앙의 명분을 내세워, 또 예수 재림과 결부된 긴박한 종말 신앙의 요청에 부응하여, 성관계를 갖지 않은 채 동정부부로 지내기로 서원했다. 그러나 젊은 부부로 받는 성적인 충동을 제어하기 어려운 상태에서 그 서원을 파기하고 정상적으로 혼인하여 부부관계를 갖는 것이 가능할지 궁금하던 차에 사도 바울에게 물어 본문의 응답을 받아냈다고 보는 것이다.

그렇다면 여기서 36절의 '*tis*'와 '*parthenos*'는 각기 동정부부로 서원한 남녀 당사자를 가리키고, '떳떳하지 못하게 행함 *aschēmonein*'의 내용은 남자 쪽에서 성욕을 달래기 위한 임시방편으로 자위행위나 유사성행위에 기대는 것, 또는 성욕을 해소하기 위해 창녀를 찾거나 다른 여자에게서 유혹을 받는 등의 정황을 암시하는 듯한데, 정확하게 특정하기는 어렵다. 이 관점에서도 '*hyperakmos*'는 둘째 관점과 마찬가지로 통제하기 어려운 과도한 성욕의 차원으로 해석할 수 있다. 이럴 경우에는 서원을 파기하더라도 정상적인 혼인절차를 밟아 부부관계를 가져도 죄가 되지 않는다는 것이다. 그러나 이 역시 자기의 의지를 통제할 권위가 확고하고 심중에 입장이 뚜렷하여 자신의 아내를 동정녀로 지켜주기로 결심했다면 그런 육신의 결합 없이 그대로 동정부부로 머무는 것이 더 낫다는 게 바울의 의견이다. 이러한 동정부부의 사례는 테르툴리아누스 등의 교회사 기록에 등장하는 것으로 미루어볼 때 2세기 전후 실제로 나타났던 역사적 사실이다. 이 셋째 해석의 관점은 그것이 1세기 중반 바울이 개척한 고린도 교회로 소급되어 존재했다고 상정하는 것이다. 동정부부는 이후로 그 존재 여부가 희미해졌다가 1801년 천주교 박해 때 동정부부로 서원하여 살던 유중철과 이순이의 순교와 함께 조선 땅에 다시 그 실상이 드러났다.

필자의 대안적 해석 | 이 모든 관점에서 바울은 성경의 계명이나

교회의 권위 있는 특정한 명령에 기초하기보다 자신의 경험과 신념에 근거한 의견을 개진하여 권고하며, 또 자기 스스로 이 사실을 분명히 밝힌다(7:6, 12, 25). 선호도의 차이는 있지만 그 어떤 경우를 선택해도 죄를 짓는다거나 대단한 문제는 아니라는 것이다. 나는 이러한 세 관점의 장단점을 분석하면서 한 연구논문에서 고린도 교회에 당시 헬레니즘의 금욕주의 전통에 준하여 처녀성을 종교적 권위의 기반으로 삼고 활동하던 일군의 금욕적 처녀 집단이 있었다고 상정했다. 그들은 자신의 영과 몸을 두루 거룩하게 보존하기 위한 신앙적 명분을 설정하여 공적으로 서원하였고, 그 서원에 따라 공동체의 영적 활동을 선도하는 위치에 있었다. 공중예배의 무질서와 방언이나 예언의 문제가 고린도 교회에 불거진 게 확실하다면 아마도 그 일단의 원인과 결과가 이 금욕적 처녀 집단의 활동과 직간접으로 연관되어 있었으리라고 추론할 수 있다. 그들이 주를 섬기는 일에 집중하고 영적으로 민감하게 계시의 담지자 또는 선포자 역할을 수행했다면 그 권위는 그들의 처녀성에 근거한 금욕적 삶의 실천과 무관치 않았으리라는 것이다.

그러나 어떤 사람이 그 처녀와 연정에 빠져 혼인 여부에 대해 심각하게 고뇌할 수밖에 없는 상황이 발생했다. 여기서 남자가 그 처녀에 대한 태도를 어떻게 정하느냐에 따라, 나아가 교회가 두 청춘남녀의 사적인 정분에 대해 어떤 권위 있는 처결을 내리느냐에 따라, 그들이 그것을 일시적으로 들뜬 감정의 결과로 흘

려버릴 수도 있었겠고, 또 달리는 자신들의 신앙을 오염시키거나 보존해나가는 심각한 갈림길로 여길 만한 상황이었을 것이다. 바울은 이러한 상황에서 그 당사자들이 아니라 교회의 권위 있는 지도자들, 나아가 그 공동체 성원 모두에게 그들의 형편과 사정에 따라 한편으로 결혼을 허용하라고 권하면서도 동시에 동정녀로 지켜주는 게 더 낫다고 대안의 길을 제시한 것이라고 볼 수 있다.

이렇게 본다면 '처녀*parthenos*'는 과부처럼 살기로 한 처녀, 곧 동정을 서원한 젊은 여자가 되겠고 '어떤 사람*tis*'은 그녀와 사랑에 빠지거나 혼인하고 싶어 한 공동체의 어떤 남자 교인이었을 것이다. '떳떳하지 못하게 행함*aschēmonein*'은 그들이 몰래 만나 연애하는 모습이 교회 안팎에 안 좋은 소문을 내는 경우를 상정해볼 수 있다. 과잉의 상태를 나타내는 형용사 '*hyperakmos*'는 성욕을 포함하여 그녀를 향한 연정의 강렬한 상태를 지칭하는 것으로 풀이된다. '꼭 그래야 한다면*houtēs opheilei ginesthai*'이라는 단서는 혹여 그들 사이에 정이 깊어져 임신한 상태였을 가능성도 배제할 수 없다. 책임져야 하는 상황이란 예나 지금이나 이런 경우를 쉽게 떠올리게 된다. 그러나 이러한 경우에서도 일시적인 감정의 열기를 진정시키고 자신의 의지를 통제할 수 있는 영적인 권위가 견고하게 회복된 상태에서 심중에 그녀의 서원을 존중하여 처녀로 지켜주기로 확정하였다면 혼인하지 않고 그냥 따로 사는 것이 더 낫다고 조언했을 가능성이 점쳐진다.

거꾸로 읽는 신약성서

실제로 로마 시대에 국가적 차원에서 보호받고 관리되었던 베스타 동정녀 제의vestal virgin cult의 실례를 통해서 보더라도 이런 처녀와 결혼하는 것은 늘 께름칙한 금기의 정서를 동반했다. 평생 동정녀로 살기로 서원하여 이 제의적 수행자로 입문한 터에 누구와 그 서원을 깰 만큼 강렬한 사랑에 빠지거나 그 동정녀가 나이가 들어 은퇴한 뒤 남자와 만나 결혼하는 것이 합당한가의 문제가 생겼던 것이다. 오늘날 가톨릭 수녀나 사제가 서원을 반납하고 일반인처럼 혼인하는 사례가 더러 발생하는데 이와 유사한 경우가 고린도 교회의 금욕적 처녀 집단의 일부 성원들 사이에도 충분히 있었을 법하다. 그도 그럴 것이, 〈바울행전〉에 나오는 테클라의 사례가 단적으로 암시하듯이, 당시 바울의 금욕주의적 종말신앙에 영향을 받은 처녀들은 혼인을 포기한 채 과부도 아니면서 과부로 자처하여 주를 섬기며 복음을 전파하려는 열정이 대단했다. 그들은 처녀로서 과부처럼 자청했다고 하여 통상적으로 '처녀-과부virgin widow'라 불렸다. 사도행전의 다비다 이야기도 그렇거니와, 후대의 기록은 그들이 개인이 아닌 그룹을 이뤄 공동체 단위로 모여 산 흔적을 보여주는데, 이것이 훗날 가톨릭교회의 수녀회 조직으로 제도화되어갔음은 물론이다.

디모데전서에 기록된바 과부성직단의 숫자를 확 줄이기 위해 구조조정의 기준을 제시한 대목은 이 대목에서 참조할 만하다. 거기에 나이 육십의 조건과 한 남편의 아내였어야 한다는 기준을 제시하며 젊은 과부를 배제하라고 명한 것(딤전 5:9)은 그들이 서원을 깨고 결혼함으로써 교회의 질서가 문란해질 것을 우려한 처사로 풀이된다. 처녀-과부였을 가능성이 농후한 젊은 과부의 배제와 관련하여, 이어지는 본문은 "이는 정욕으로 그리스도를 배반할 때에 시집가고자 함이니 처음 믿음을 저버렸으므로 정죄를 받느니라"(딤전 5:11-12)고 엄중하게 경고한다. 디모데전서의 저자는 나아가 '젊은 과부'를 배제하면서 그들에게 "시집가서 아이를 낳고 집을 다스리고 대적에게 비방할 기회를 조금도 주지 말기를 원하노라"(딤전 5:14) 하고 제안한다. 후대의 정황을 반영하는 것으로 추리되는 이러한 일련의 권고는 고린도전서의 관대한 입장과 비교하여 매우 엄해진 사태의 현실을 짐작하게 한다.

메시지의 현실적 적용

이러한 일련의 해석 작업에서 우리는 오늘날의 혼인문제와 독신자의 삶을 위한 무슨 교훈을 발견할 수 있을까. 글쎄다. 양쪽 사이의 거리가 너무 아득하여 딱히 꼬집어 말하기가 쉽지 않다. 독신이 무슨 예외적인 은사로 예정되어 있는 것은 아닌 듯하다. 모든 은사가 그렇듯 독신과 혼인의 선택 또한 우리 안에 잠정적으로 내장되어 있는 씨앗을 발견하여 심고 뿌리면서 서서히 확증하고 결단하는 것이 아닐까 싶다. 더구나 옛날의 경우와 달리 오늘날 다수의 비혼자들은 자신의 결정적인 기회를 기다리고 있는 미혼자들이 아니다. 많은 경우 부득이한 사정으로 적절한 사람을 만나지 못해서 독신으로 산다. 게다가 미취업이나 주택, 육아 문제 등의 부담으로 혼인을 회피하는 추세가 강화되고 있다. 몸과 영을 두루 순결하게 보존하여 그리스도의 신부로 자신의 모든 것을 드리기 위해 자발적으로 독신을 서원하거나 예수의 재림에 대한 긴박감 속에 그 타이밍을 잘못 맞출 시 발생할 위험한 가능성에 조신하는 방식으로 독신으로 머물기를 결심한 부류와는 전혀 다른 셈이다.

그렇다고 바울의 권면을 무색무취한 중도적 편의주의라고 매도하긴 어렵다. 그는 자신의 신념에 충실하여 독신을 자처하였고 자유롭게 활보하면서 복음을 전했다. 또한 그는 자신의 그 경험에 비추어 독신으로 사는 삶의 유익함을 설명하였고 종말론적 긴장을 간직하면서 교우들에게 자기 삶의 매순간을 마지막처럼 사는 그리스도인의 윤리를 설파하였다. 그렇다고 그가 결혼하는 선택을 정죄한 것도 아니었다. 흔히 결혼은 해도 후회하고 안 해도 후회한다는 속설을 말하지만, 바울은 해서 유익하고 안 할지라도 더 보람찬 길을 암시한 것은 아닐까. 무엇보다 독신의 삶을 억지로 감내하기보다 적극적으로 추구하면서 누리는 영적인 자유의 길은 저 홀로 고독한 삶을 여행하면서 하나님의 자유를 닮아 산 많은 성자들의 발자취가 증언하고 있지 않은가. 독신이든, 기혼자이든, 오늘날 자본제적 세속의 체계를 훌쩍 벗어나 탈속의 고고한 자유를 구가할 만한 사람은 거의 없다. 더 중요한 과제는 교회와 우리 사회가 독신의 비혼자든, 기혼자든, 그들에게 사람답게 살 만한 경제적·문화적 여건을 구축해주고, 삶의 우열과 그 진정성을 혼인 여부로 재단하려는 편견을 제거하는 일이다. 그리하여 각기 부름 받아 머무는 현재의 자리에서 그리스도를 따라 십자가를 지면서도 즐겁고 행복하게 살 수 있는 울타리를 제공해야 하는 것이 아닐까.

바울의 저주, 그 빛과 그림자

고전 16:22; 갈 1:8-9

만일 누구든지 주를 사랑하지 아니하면 저주를 받을지어다. 우리 주여 오
시옵소서(고전 16:22).

그러나 우리나 혹은 하늘로부터 온 천사라도 우리가 너희에게 전한 복음
외에 다른 복음을 전하면 저주를 받을지어다. 우리가 전에 말하였거니와
내가 지금 다시 말하노니 만일 누구든지 너희가 받은 것 외에 다른 복음을
전하면 저주를 받을지어다(갈 1:8-9).

기도로서의 저주?

저주도 기도의 일종일까? 꽤 오래전 바울 서신의 축원 문구를
연구하면서 내가 던진 질문의 하나였다. 그때 내가 얻은 비범할
것도 없는 결론은 고대의 종교적 환경에서 저주는 기도의 일부
로 막강한 영향력을 발휘했다는 것이다. 구약성서에 나오는 유명
한 발락의 저주 시도는 물론이려니와 시편의 꽤 많은 구절들이
적대자들에 대한 악의적인 저주의 형식에 기대어 하나님의 공의
로운 개입과 심판을 촉구한 대목도 고대인들에게 저주가 기도와

신앙생활 전반에 중요한 요소로 자리 잡고 있었음을 보여준다.

물론 신약성서에서 저주를 금지한 전통이 있어 그 상반된 자가당착의 가능성이 주목된다. 예수의 원수사랑 계명은 자신을 핍박하는 자를 향해 적대하기보다 그를 위해 기도하고(마 5:44) 저주하는 자를 축복하라고 가르쳤다(눅 6:28). 이러한 가르침은 후대의 교회로 전승되어, 예를 들어 야고보서는 한 입으로 하나님을 찬송하면서 동시에 그의 형상을 입은 사람에게 저주하는 것이 온당하지 않음을 명시하기도 했다(약 3:9). 바울도 이런 전통의 수혜자로서 예외가 아니었다. 그 역시 예수의 계명을 축복과 저주의 이분법적 상관관계로 파악하여 대적을 향하여 저주보다 축복이 상책임을 확고하게 설파했다. "너희를 박해하는 자를 축복하라. 축복하고 저주하지 말라"(롬 12:14). 이처럼 포용주의적인 태도가 확산되면 선인과 악인, 의로운 자와 불의한 자의 경계조차 가르지 않고 모든 생명을 향해 차별 없이 햇볕과 비를 내려주시는 하나님의 온전하신 보편적 은총을 닮아 이 땅의 우리도 온전해져야 한다는 '하나님 닮기imitatio Dei'의 신앙적 궁극에 이르게 된다.

그렇다고 저주의 전통이 단절된 것은 아니다. 이런 말씀을 하신 예수 자신도 열매를 맺지 못하는 무화과나무를 향해 저주의 말씀을 하신 적이 있다. 더구나 그때가 무화과의 결실 시즌도 아니었다는데, 이 저주는 아무리 생각해도 뜬금없는 감이 있다. 단순하게 예수의 인간적 육체가 굶주림에 지쳐 발끈하셨다고 봐야할까. 아니면 학자들의 심오한 해석을 좇아 이스라엘의 종말론적 운명에 대한 예언자적 심판 경고의 비유적 행동으로 읽어야 할까. 후자의 경우를 좇더라도 애꿎게 이스라엘 백성 대신 저주의 화살을 맞아 죽은 그 무화과나무가 불쌍하다.

사도 바울의 경우는 더 가관이다. 그는 예의 로마서 말씀대로 박해하는 자를 저주하기보다 축복할 것을 교훈한 주인공이었다. 더구나 그는 아름다운 사랑의 시가로 유명한 고린도전서 13장에서 "모든 것을 참으며 모든 것을 믿으며 모든 것을 바라며 모든 것을 견디"는 아가페 사랑의 신묘한 이치를 역설한 당사자 아니었던가. 그런 그가 무화과나무 같은 한갓 미물도 아니고 사람을 향하여, 그것도 크게 보면 한 울타리에서 신앙생활을 한다고 볼 수 있는 사람들을 대상으로 저주를 선포했다면 믿을 수 있을까. 한 번이 아니라 명시적으로 '저주'라는 낱말을 쓴 것만 해도 두 번이다. 거기에 플러스알파의 측면에서 덧보탤 만한 저주의 언사가 몇 군데 더 있다(예컨대, 살전 2:14-16). 얼핏 자가당착으로 비치는 이 저주의 언사를 어떻게 해석하고 이해해야 할까. 그 결론은 묘연하겠지만 논의의 과정만은 탱탱하게 채워나가보자.

'다른 복음'을 향한 저주

갈라디아서 1장 8-9절에서 바울은 여느 경우와 달리 서신의 형식적 절차로 으레 하던 감사인사를 빼놓는 대신 저주의 언사를 퍼붓는다. '이중 저주double curse'로 알려진 이 저주 문구는 바울이 매우 격노한 상황을 잘 대변한다. 그 대상은 '다른 복음'을 전하는 자이다. 바울은 자기 자신과 심지어 천사들마저 이 확고한 기준에서 예외가 될 수 없다는 잠정적 논리로, 이전에 전파된 복음과 상반되는 복음을 전하는 이들을 저주한다. 자신을 조건부 저주의 대상으로 상정한 것은 이 저주가 사사로운 감정에 휘둘린 결과가 아니라 매우 엄정한 신학적 기준에 근거하고 있음을 은연중 암시한다. 여기서 저주는 선택의 결과에 따라 주어질 수도 있고 면제될 수도 있는 것으로, 바울은 갈라디아 교인들에게 엄정한 결단을 요구한 셈이다. 물론 그 결단에 따라 이 저주의 대상이 되는 사람들은 교회로부터 출교의 대상이 된다는 메시지가 그 가운데 내포되어 있다. 실제로 1세기 후반 그리스도인들을 이단자들로 저주하는 문구를 기도문에 담아 안식일 예배 때마다 암송하게 한 유대교의 전통에 비추어보면 이 '아나테마anathema'의 저주문은 공동체로부터의 파문과 출교를 공식화하는 예전적인 표현이라 할 수 있다.

그렇다면 왜 바울은 '다른 복음'을 전하는 자들을 저주의 대상으로 삼았던 것일까. 또 그 '다른 복음'이란 무엇을 염두에 둔 표현일까. 학자들의 긴 논의를 간단히 압축하자면 그 다른 복음은 '할례의 복음'이었다. 이는 예수를 믿고 구원을 받았다는 징표로 일부 유대인 그리스도교도 세력이 갈라디아 교인들에게 요구했던 외형적 선결조건을 가리킨다. 바울이 갈라디아 교인들을 질타

거꾸로 읽는 신약성서

하면서 '어리석다'라고 표현한 것으로 미루어 일부 교인들이 그들의 강력한 권유에 미혹되어 실제로 할례를 받았던 것 같다. 예전에 루터의 이분법적 잣대가 유대교와 기독교 사이를 물과 기름처럼 가르면서 전자의 범주를 행위 종교, 즉 율법의 행위로써 의롭게 된다고 믿은 사람들로 단정하고, 후자의 범주를 믿음의 종교, 곧 오로지 예수를 그리스도를 믿음으로써 의로워진다고 믿은 부류로 특징짓는 해석의 풍토를 조성해왔다. 그러나 지난 반세기 동안 이러한 관점은 많은 연구를 통해 지나친 과장이거나 왜곡된 관점으로 진단되었다. 바울의 갈라디아서와 이신칭의의 교리 논쟁은 유대교와 기독교의 싸움이라기보다 생성기 기독교 내부의 세력 갈등과 그 연장선상에서 유대교와의 경쟁도상에서 기독교 고유의 정체성을 확립시켜나가는 과정의 일환으로 불거졌다는 것이다. 아울러 '율법의 행위'의 내포적 함의가 도덕 윤리적 선행이 아니라 유대교의 정체성을 표상하는 경계지표로서 배타적인 몇몇의 특정한 조항들(예컨대 할례, 안식일, 음식규례 등)을 가리킨 것이거나 그로 인한 종교적 위선의 짓거리들을 염두에 두었다는 해석이 제출되기도 하였다.

여기에 바울이 그토록 강력한 '저주'의 논조로 상황을 타개하지 않으면 안 되는 절박한 사정이 포착된다. 그는 자신이 주도한 이방인 선교의 현장에서 할례를 구원의 선결조건처럼 요구할 때 예수 그리스도를 통해 정립된 복음의 원초적 의미가 훼손되고 이방인 교회의 신앙 정체성이 파괴될 수 있다고 본 것이다. 나아가 이로 인해 포용주의적 기치 아래 유대인과 이방인을 향해 열려 있는 복음의 보편적 가치가 왜곡되고 교회의 분열마저 조장될 위험을 우려했던 것이다. 이러한 현실 인식이 바울로 하여금 자신의 잠정적 저주까지 전제하면서 '다른 복음'을 전하는 자들을 향해 저주의 언사를 쏟아붓게 하였다. '천사들'의 존재마저 끌어들인 걸 보면 아마도 적대세력이 그들의 '다른 복음'을 천사들로부터 계시 받은 것이라고 주장했던 게 아닐까 하는 의혹을 불러일으킨다. 여하튼 바울의 저주는 복음을 자의적으로 편취하여 배타주의의 장벽을 세우고 보편주의적 개방성이란 가치를 훼손하는 세력, 아마도 예루살렘 교회의 보수적인 기득권에 유착된 일부 권위주의적 파당과 무관치 않았을 그 세력을 향한 투쟁의 선포였다. 요컨대, 예수 그리스도 안에서 세례 받은 자들이 남자와 여자, 유대인과 헬라인, 노예와 자유인 등의 차별적 경계를 뛰어넘어 하나 되는 새 언약의 공동체를 해체하려는 파당주의자들이 그 저주의 대상이었던 것이다.

주를 사랑하지 않는 자를 향한 저주

갈라디아서의 저주가 명확한 맥락이 깔려 있는 것이었다면 고린도전서의 또 다른 저주는 마무리 인사 도중 튀어나온 것이라 정황상 모호한 감이 짙다. 그는 파당 분쟁과 복잡한 갈등으로 들끓던 고린도 교회를 향해 긴 권면과 제안의 말을 전한 뒤 편지를 맺으면서 끄트머리에 다음과 같이 한마디한다. "만일 누구든지 주를 사랑하지 아니하면 저주를 받을지어다"(고전 16:22). 이 말은 "우리 주여 오시옵소서*marana tha*"의 아람어 문구로 이어지고, 은혜와 사랑의 축원 문구(고전 16:23-24)로 연결되어 서신의 대단원을 장식한다. 이 구절의 직전 구절은 "나 바울은 친필로 너희에게 문안"(고전 16:21)한다는 지극히 평범한 내용으로 채워져 있다. 그러니까 이전까지는 바울이 대필하는 비서에게 구술하여 편지를 받아쓰게 했는데, 이 편지를 마무리하는 시점에서 직접 자신의 손으로 마무리 인사를 하고자 몇 마디 가필加筆한 셈이다. 그런데 마무리 인사의 첫마디가 '저주'의 선포라니 좀 뜨악한 심사가 일렁이지 않는가.

여기서 해석의 관건은 '주를 사랑하지 않으면'이라는 조건절이다. 바울은 여기서 '사랑'을 표현하면서 고린도전서 13장을 비롯하여 자신의 전매특허와 같은 '아가페/아가파오*agapē/agapaō*'라는 희랍어를 사용하지 않는다. 대신 '필레인*philein*'이 그 자리를 차지하고 있다. 이로써 바울은 주를 사랑하는 것이 하나님과의 우정적인 사랑으로 우호적인 관계를 맺고 있는 것임을 암시한다. 그렇다면 우호적이지 않은 관계, 그로 인해 하나님께 저주의 심판을 받도록 내쳐지는 파탄 난 관계란 무엇일까. 혹자는 이 문구가 제의적인 맥락을 걸치고 있는 점을 감안하여 이것이 세례 받은 자와 세례 받지 않은 자를 갈라쳐 성만찬 의식에 참여할 수 있을지 여부를 결정한 증표라고 해석한다. 그러나 기독교 신앙에 막 입문하여 아직 세례 받지 않은 상태의 신자를 향해 바울이 굳이 저주를 선포했을 리 없다. 고린도전서 12장 3절에 의하면 누구든지 하나님의 영을 좇아 말하는 자가 '예수는 저주받아라'고 말할 수 없고 그 아무도 성령을 통하지 않고서는 '예수는 주님이시다'라고 선언할 수 없다. 이는 종교적인 엑스터시 체험 속에서 예수를 주술적인 마법의 매개로 사용하거나 황홀경의 체험적 언어가 정제되지 않은 상태에서 신성모독의 위험을 범할 수 있음을 경계한 대목이다.

혹여 신앙공동체 안팎에서 예수의 십자가 체험이 죄인의 형벌에 대한 신의 저주 어린 심판이었다는 생각이 제기되었을 가능성이 있다. 그러나 바울의 해석에 의하면 예수는 그로써 저주받은 것이 아니고, 또 저주받은 존재로 교회의 기초가 된 것도 아니다. 따라서 예수가 주님으로서 온당한 위상을 확보한 교회공동체에서 예수를 저주의 매개나 대상으로 삼는 것은 올바르지 않다. 그렇다면 그 저주는 어떤 맥락에서 재정립되어야 하는가. 이러한 의문의 연장선상에서 바울은 신앙공동체와 모종의 암묵적 공감 아래 주를 사랑하지 않는 어떤 행태와 그 기준을 염두에 두었을 것이다. 종합적으로 고찰해보건대 그것은 주 되신 예수 그리스도의 몸, 곧 교회공동체의 분열과 갈등을 조장하는 온갖 행태가 아닐까 추론된다. 고린도전서는 파당과 분쟁으로 사분오열된 교회공동체의 모든 성원들로 하여금 한 생각과 한마음을 품게 하려는 일관된 목적으로 집필된 서신이다. 바울은 이 목적으로 서신을 통틀어 다양한 생각과 주장을 가진 교인들을 대상으로 그들의 처지와 입장을 배려하는 동시에 조율하면서 조화와 균형을 잡아주고자 노력했다. 그것이 13장에서 아가페의 원리로 집약되어 나타났다고 볼 수 있다.

　그러나 그 사랑을 배척하고 끝끝내 교회의 분열을 조장하는 자는 곧 주를 사랑하지 않는 자의 범주 내에서 저주의 대상이 될 수 있다. 다시 말해 이런 부류는 곧 예수를 주님이라고 시인하는 성령에 근거한 정신이라고 하기 어렵다. 이는 오히려 예수를 저주의 대상이나 그 매개로 수단화하고 자기의 의를 세우고자 하는 편협한 아집이거나 파당분쟁의 결과로 유발되는 삿된 이득에 눈먼 행태라고 하지 않을 수 없다. 바로 그 자리에 저주가 선포되고 '마라나타'의 재림 신앙이 그 저주의 심판을 담보할 종말론적 사건으로 피력된다. 얼핏 바울의 이 저주 문구는 자신의 눈 밖에 난 자들을 비난하고 솎아내기 위한 당파적 선언 같지만 자세히 들여다보면 역설적으로 그런 배타적인 당파를 해소하고 공동체의 보편적 위상을 세우기 위한 제의적인 경고의 성격이 짙다. 바울은 자신의 사도직에 반대하는 자들이나 어떤 특정한 교리적인 문구에 이의를 제기하는 자들에게 저주를 선포하지 않았다. 자신의 교회 개척에 따른 주도권과 무관하다는 이유도, 지지 세력의 선호도나 보수/진보의 교리적 명분도 그 저주의 기준이 될 수 없었다. 오로지 '주를 사랑하지 않는' 기준, 모호한 듯하면서도 광

활할 정도로 보편적인 그 기준이 저주의 여부를 가르는 잣대로
제출된 것이다.

무엇을 어떻게 저주할 것인가

얼마 전 한국 교회는 WCC 총회 개최 건으로 또 한 차례 홍역
을 앓았다. 이러한 분열상은 철이 되면 읊조리는 뻐꾸기의 노랫
가락처럼 흔해빠져 그 내막을 자세히 아는 자들에게 신물 나는
경험이다. 나아가 먹고사느라 바빠서 그런 신학·교리적 내막이
나 세력 다툼에 관심을 두지 못하는 자들 모두에게 두루 시큰둥
한 현상이다. 쟁쟁한 토론이나 서로에게 득이 되는 논쟁이라면
환영하지 못할 까닭이 없다. 그러나 이런 다툼은 한쪽이 천사가
되고 나머지 한쪽은 자연스레 사탄이 되어 죽고 죽이는 살벌함
을 동반하는 터라 그 명분의 시비를 떠나 짐짓 곤혹스러워진다.
인간들의 머릿속에서 제조하여 인간들의 언어로 읊조리는 말과
주장이 아무리 옳다고 한들 하나님의 의에 미달할 것이 빤한데,
굳이 자신의 의를 하나님의 의와 등치시키려는 그 속셈은 아무
리 정신분석의 고삐를 늦추어본다 해도 무모한 욕망의 동종교배
와 진배없는 풍경이다.

바울이 말한 '다른 복음'은 할례의 복음으로, 자신들의 기득권
을 내세워 교회를 이간질하고 연약한 무리들을 선동하려는 미혹

의 일종이었다. 거기에 저주를 선포한 바울의 의도는 그 파당적 미혹을 보편적 교리인 양 부추긴 분열주의 세력을 공동체의 대적으로 규정하여 선량한 피해자들을 구제하려는 것이었다. 그것은 어떻게 서로의 차이를 넘어 그리스도 예수 안에서 보편주의의 지평을 확대해나갈 수 있을지, 한 발짝 더 나아가 (예수의 희구대로) 이 땅에 촘촘한 배타적 경계의 장벽을 넘어 하늘 아버지의 온전함을 닮아 우리 또한 온전해질 수 있을지에 착념한 의기의 소산이었다. 결국 보편을 향한 그의 진보적 열망은 역사의 무대에서 승리했다. 할례의 복음을 내세워 교회를 들쑤셔대던 무리들은 자칭 그들만의 '정통'과 함께 칙칙한 수구적 전통의 무대 저편으로 사라졌다. 역사는 한 발짝 앞서 디디며 더디더라도 꾸준히 진보하는 자의 몫으로 그렇게 바울과 함께, 바울을 넘어 선취되었다.

이제 우리가 저주해야 할 대상이 선명해졌다. 그것은 제 잇속을 분식하여 교회의 그럴듯한 명분으로 추구하며 입만 살아서 온갖 분열주의적 언동을 일삼는 회칠한 무덤들이다. 자기 의의 극대치를 하나님의 의의 극소치과 접맥시켜 연약한 형제들을 선동하며 공동체의 일치를 훼손하는 무리들 역시 저주받아 마땅하다. 주님을 사랑한다며 사탕발림의 언어로 고백하기를 즐겨하면서도 고개를 돌리자마자 그 사랑의 언어가 삭막하게 비난과 저주의 색깔로 범벅되는 자들, 그리하여 툭하면 이편과 저편을 갈라 쳐서 명분 다툼에 열을 올리다가도 수시로 그 투쟁의 열매를 끼리끼리 나누며 희희낙락하는 자들… 그들에게 왜 주님의 자비가 필요하지 않으랴만, 씁쓸한 저주의 말 한 접시를 대접하는 것도 우리의 기도 가운데 필요하리라. 이를 (파괴적인) 저주에 대한 (건설적인) 저주, 저주의 독기를 배제하는 명랑한 저주의 역설이라 부르면 어떨까.

거꾸로 읽는 신약성서

연보의 유래, 헌금의 미래

고후 8-9장

그러므로 내가 이 형제들로 먼저 너희에게 가서 너희가 전에 약속한 연보를 미리 준비하게 하도록 권면하는 것이 필요한 줄 생각하였노니 이렇게 준비하여야 참 연보답고 억지가 아니니라. 이것이 곧 적게 심는 자는 적게 거두고 많이 심는 자는 많이 거둔다 하는 말이로다. 각각 그 마음에 정한 대로 할 것이요 인색함으로나 억지로 하지 말지니 하나님은 즐겨 내는 자를 사랑하시느니라. 하나님이 능히 모든 은혜를 너희에게 넘치게 하시나니 이는 너희로 모든 일에 항상 모든 것이 넉넉하여 모든 착한 일을 넘치게 하게 하려 하심이라. 기록된 바 그가 흩어 가난한 자들에게 주었으니 그의 의가 영원토록 있느니라 함과 같으니라(고후 9:5-9).

'헌금'과 '연보'의 개념 문제

'헌금'이라는 말이 유독 교회에서만 사용되는 것은 아니다. 특정한 명분과 명목을 가지고 특정 기관에 일정한 금전적 기부를 하는 것을 통칭하여 '헌금'이라 부른다. 그런데 이 말이 오늘날 교회에서 이루어지는 각종 봉헌행위를 가리키는 말로 압도적인 용례를 보이는 것도 사실이다. 그만큼 헌금을 둘러싸고 벌어지는 교회 내의 풍경에는 말도 많고 탈도 많다. 헌금의 종류가 워낙 다양하여 솔로몬의 일천번제를 모방한 명목의 헌금이 나왔을 정도다. 그런가 하면 헌금의 용도, 헌금과 기복주의, 공적인 헌금의 사적인 유용, 불투명한 재정 운영 등에 대한 불미스러운 소문이 끊이지 않으며 일부 교회의 목회자 사례비 과다 책정과 전별금 과용, 다수 미자립교회의 빈곤 등의 문제 역시 헌금을 원천으로 하는 교회 내부의 재정 운용상 여러 부조리한 현상을 낳는 배경이다.

그렇다고 헌금에 대한 이야기를 전혀 아니할 수도 없는 노릇이다. 교회 역시 물질적 기반이 있어야 굴러가는 조직체이므로 그 재정적 기반을 조성하기 위해 필연적인 현실을 외면할 수 없는 까닭도 있을 것이다. 그러나 더 중요한 본질적인 이유는 헌금이라는 것이 그냥 조직운영상 필요한 기금을 의무적으로 그 구성원들로부터 추렴하는 상호부조의 성격이 아니라 하나님을 향한 신앙적 행위로 성서가 강조하기 때문이다. 예수는 물질적인 재화와 관련하여 에둘러 말씀하지 않으셨다. 그는 인간의 마음에 깃든 '견물생심'의 이치를 정확하게 꿰뚫어보셨다. '보물이 있는 곳에 네 마음이 있다'는 그의 한마디 말씀 가운데 인간의 물질적 소유욕망이 적나라하게 노출된다. 여기에 덧대어 그는 인간이 재물을 이 땅에 묻어두는 것과 하늘에 쌓아두는 것의 차이를 명쾌하게 설명했다. 즉, 이 땅의 빈곤한 삶의 자리에 후하게 베풀고 나누는 삶이야말로 그 재물을 허비하는 것이 아니라 하늘에 상급을 쌓아두는 일종의 신앙적 투자라고 이해한 것이다. 여기에는 고대 유대교에서 중시된 '보상신학'의 흔적이 엿보인다. 이 땅에서 자신의 재물로 선한 업적을 남긴 자들에게는 인과응보적 차원의 보상이 내생의 하늘나라에서 이루어지리라는 믿음이 작용했으리라 보기 때문이다. 예수는 제자들에게 이러한 종말론적 믿음을 급진화하여 자신의 재물뿐 아니라 가족까지 다 떠날 것을 준엄하게 명령했다. 이른바 '무소유'의 제자도를 설파한 것이다. 자신의 소유물을 다 팔아 가난한 자에게 나누어주고 예수를 따르라는 것이 제자도의 급진적 명령이었고 십자가의 길이었다.

그러나 기독교의 역사에서 교회라는 조직이 꾸려지고 그 안에서 '헌금'이라 할 만한 싹이 트는 최초의 기록은 복음서보다 앞서 기록된 바울 서신에 등장한다. 그것은 애당초 구약성서의 율법서에 규정된 각종 '제물'이나 솔로몬의 일천번제 등과 별 상관이 없는 맥락에서 제시된 유래를 보여준다. 그중에서 가장 이른 증거는 앞에서도 살펴본 갈라디아서 2장 9-10절에서 확인된다. 예루살렘 공의회를 회고하며 서술하는 한 대목에서 바울은 예루살렘 교회의 부탁으로 그곳의 가난한 성도를 물질적으로 섬기는 구제의 요청을 받아 열심히 이행해온 내력을 간단히 언급한다. 이후 발생한 바울의 이방인 교회와 예루살렘 교회의 이런저런 껄끄러운 해프닝에도 불구하고 이 요청은 신실하게 준행된 것으로 보인다. 그는 고린도전서 16장 1절에서 이 모금의 명칭과 용도와 관련하여 '성도를 위하는 연보'라고 분명히 적시하였다. 아울러, 그는 그 방식으로 매주 첫날, 곧 주의 날에 모일 때 각자의 수입에 따라 조금씩 적립해둘 것을 권고했다. 이것이 기독교회의 역사에서 확인되는 최초의 헌금, 아니 연보의 기록이다.

여기서 '연보*logeia*'라고 기록된 희랍어는 그 동사형이 '*logeuein*'으로 '모으다' '수집하다'라는 뜻을 담고 있다. 영어로 번역된 'collection'이 '모금'이라는 그 원어의 뜻을 잘 살린 단어이다. 우리말의 '연보捐補'는 그 한자어가 '버릴 연'과 '기울 보'로 짜여 있어 자기의 것을 버리듯 내어주어 부족한 구석을 보충한다는 뜻을 담고 있다. '*logeia*'의 본래적 목적에 충실한 번역인 셈이다. 바울은 초기교회에서 이 연보의 목적을 살려 모금 캠페인을 일관되게 수행했다. 고린도전서 16장 1-2절에서 간단히 그 방식과 개념을 정립한 그는 이제 고린도후서 8-9장에 이르러 그 개념을 확장시키고 신학적 근거와 실천적 원리까지 제시하면서 비교적 상세하게 이 주제를 논하게 된다.

모금의 신학적 근거와 실천적 원리

고린도후서 8-9장은 일부 학자의 연구에 의하면 순전히 모금 캠페인을 위해 별도로 작성된 행정서신이라고 한다. 그도 그럴 것이 이 단락은 전후의 내용과 변별된 독립적인 논제를 설정하고 있다. 여기에서 바울은 연보의 개념을 보다 확장하여 '*aplotētos*'라는 단어를 사용한다(고후 8:2). 이 단어는 '관대함', '성실함'을 가리키는 명사로 그들이 베푼 물질적인 풍성함이 그런

값어치에 부응했다는 지적이다. 나아가 이 선행은 바울이 보기에 '은혜와 섬기는 일에 참여'하는 것이었다(고후 8:4). 그 모범적인 사례로 그는 마게도냐 교회 사람들의 실천을 거론한다. 그들이 극심한 가난 속에서도 기쁜 마음으로 이 일에 풍성한 연보로 동참했다는 것이다. 바울은 이미 1년 전에 이 프로젝트에 수긍한 고린도 및 아가야 지역의 교회들에게 동참할 것을 권고하면서 모인 연보를 수금해 올 대리인으로 디도 및 한 익명의 형제를 추천한다. 이러한 내용이 8장의 골격을 이루고 있다.

특히 바울이 강조한 연보의 신학적 근거로 중요한 것은 '균등의 원칙'이다. 바울은 구약성서 출애굽기 16장 18절의 만나 사건을 예로 들면서 모금을 통해 이루고자 하는 것이 교회공동체의 '균등함*isotēs*'이었음을 강조한다.

이는 다른 사람들은 평안하게 하고 너희는 곤고하게 하려는 것이 아니요 균등하게 하려 함이니 이제 너희의 넉넉한 것으로 그들의 부족한 것을 보충함은 후에 그들의 넉넉한 것으로 너희의 부족한 것을 보충하여 균등하게 하려 함이라. 기록된 것같이 많이 거둔 자도 남지 아니하였고 적게 거둔 자도 모자라지 아니하였느니라(고후 8:13-15).

바울은 교회공동체 내부의 구성원들 사이뿐 아니라 교회공동체들 사이에서도 빈부 격차가 생기는 것에 대해 문제의식을 공유하고 있었다. 이는 일찍이 예루살렘 공동체의 삶의 스타일로 추구된 유무상통의 방식을 연상시켜준다. 물질적인 소유에서 많이 가진 자와 덜 가진 자, 거의 가지지 못한 자들 사이에 자신의 여유분으로 서로의 결핍을 보완하여 균등하게 하는 것이 하나님의 샬롬을 모방하며, 나아가 하나님나라의 뜻을 이행하는 실천으로 보았던 것이다. 만나의 기적 이야기가 증언하듯, 하루의 일용할 양식에 만족하여 골고루 균등하게 제 몫의 만나를 챙기게 했던 것과 마찬가지로, 하나님나라의 모델로서 교회공동체는 자신의 넉넉한 것으로 타자의 부족한 것을 보충하는 데서 연보의 의미를 발견하고 그 의의를 수긍했던 것이다.

바울이 "후에 그들의 넉넉한 것으로 너희의 부족한 것을 보충"한다고 말한 뜻은 무엇일까. 아마도 그는 예루살렘의 가난한 성도들이 현재의 궁핍함을 벗어나 추후 이방인 교회가 어려울 때 그들의 연보로써 반대로 이방인 교회를 도울 수 있지 않을까 하는 다소 막연한 기대를 내비친 것 같다. 그러나 이러한 기계적인 교차 상환의 기대가 좀 부담스러웠는지 그는 로마서에 이르러 '육적인 것'과 '영적인 것'의 가치가 호혜적으로 교환되는 또 다른 코이노니아의 양상을 직시하였다.

그러나 이제는 내가 성도를 섬기는 일로 예루살렘에 가노니 이는 마게도냐와 아가야 사람들이 예루살렘 성도 중 가난한 자들을 위하여 기쁘게 얼마를 연보하였음이라. 저희가 기뻐서 하였거니와 또

한 저희는 그들에게 빚진 자니 만일 이방인들이 그들의 영적인 것을 나눠 가졌으면 육적인 것으로 그들을 섬기는 것이 마땅하니라 (롬 15:25-27).

여기서도 역시 연보의 주된 목적은 성도들 간에 피차 빚진 자 의식을 가지고 섬기는 데 있음을 밝힌다. 그런데 앞서 고린도후서의 '섬김diakonia'과 다른 어휘인 'leitourgēsai'가 여기에 사용되고 있다. 이는 이 섬김이 결국 예배적인 헌신과 봉사의 차원에서 이루어지는 것임을 암시한다. 다시 말해 신적인 은혜가 구원을 매개로 때로 육적인 물질적인 재물로, 때로 영적인 복음으로 선회하면서 공유되는 코이노니아의 역사를 통찰한 것이다.

나아가 연보의 신학적 근거로 하나님께 드리는 '감사'의 의미를 지적할 수 있다. 이는 구약성서의 각종 제물에 담긴 감사 드리기의 의미와 연관지어 생각해보면 지극히 당연한 요소이다. 빌립보서에서 바울이 빌립보 교인들에게 받은 후원금을 '향기로운 제물'(빌 4:18)로 표현한 것과 일맥상통한다. "이 봉사의 직무가 성도들의 부족한 것을 보충할 뿐 아니라 사람들이 하나님께 드리는 많은 감사로 말미암아 넘쳤느니라"(고후 9:12). 이 감사는 구원에 대한 감사요, 드릴 만한 물질적인 재원을 풍성하게 베풀어주신 은혜에 대한 감사를 가리키는 듯하다.

문제는 이러한 감사의 예물인 연보가 성도의 부족한 것을 보충하기 위한 목적에 부응하기 위해 어떤 자세로 드려져야 하는 가이다. 바울은 바로 이런 연보의 실천적 원리와 관련하여 '자발성'을 강조한다. 억지로 드리고 얼떨결에 남들의 눈치를 봐서 드리기보다 미리 정성껏 준비하여 풍성하게, 자발적인 의지를 담아 기쁨으로 드릴 때 그 연보가 온전한 의미를 띤다는 것이다. 이에 대한 그의 발언은 다음과 같다.

[마게도냐 교회들은] 환란의 많은 시련 가운데서 그들의 넘치는 기쁨과 극심한 가난이 그들의 풍성한 연보를 넘치도록 하게 하였느니라(고후 8:2).

할 마음만 있으면 있는 대로 받으실 터이요 없는 것은 받지 아니하시리라(고후 8:12).

이렇게 준비하여야 참 연보답고 억지가 아니니라. … 각각 그 마음에 정한 대로 할 것이요 인색함으로나 억지로 하지 말지니 하나님은 즐겨 내는 자를 사랑하시느니라(고후 9:5, 7).

마게도냐 교회들은 환란과 시련이 컸고 경제적 형편도 '극심한 가난'의 상황이었지만 그 고된 상황이 역설적으로 그들의 자발적인 연보를 가능케 하였고 그러한 과감한 실천적 행위 가운데 '넘치는 기쁨'이 생겼다. 자발적인 의지로 기쁘게 하지 않는 연보는 억지로 하는 것이다. 그리고 그것은 정성껏 준비된 연보가 될

거꾸로 읽는 신약성서

수 없다. 하나님은 굳이 자발성이 결여된 상태에서 억지로 드리는 연보는 받지 않으신다. 왜냐하면 그는 즐겨 내는 자를 사랑하시기 때문이다.

연보와 기복신앙

위의 지문에서 인색함으로 내는 경우를 지적한 것은 풍성함을 독려하기 위해서다. 예수를 믿는 신자들은 풍성함으로 돕는 것이 중요하다. 자발성과 함께 '풍성함'이 연보의 또 다른 실천적인 원리로 자리매김되어야 할 필요가 있는 것이다. "오직 너희는 믿음과 말과 지식과 모든 간절함과 우리를 사랑하는 이 모든 일에 풍성한 것같이 이 은혜에도 풍성하게 할지니라"(고후 8:7)에서 '이 은혜'는 곧 연보의 행위를 가리킨다. 마게도냐 신자들의 모범을 따라 아무리 가난해도 최선을 다해 풍성하게 할 수 있는 것은 단순히 많은 것이 적은 것보다 좋기 때문이 아니라, 우리가 믿음으로 뿌리는 선행이 더 풍성한 선행을 야기하는 영적 자기 증식의 희망 때문이다. 예를 들어, 바울이 "적게 심는 자는 적게 거두고 많이 심는 자는 많이 거둔다"(고후 9:6)고 말할 때 이는 단순히 뿌린 대로 거둔다는 자연법의 이치를 설파하고자 한 것이 아니다. 다다익선의 기준으로 모금성과를 올리기 위한 수사학적 구호만도 아니다. 거기에는 아무리 어려운 여건 속에서도 넘치는 기쁨으로 최선을 다한 마게도냐 교회들처럼 인색하지 않게, 풍성하게 참여했다는 뜻이 담겨 있다.

　앞의 말은 종종 연보를 자판기의 기계적 주술과 연루시켜 기복주의를 조장하는 데 사용된다. 연보를 많이 한 자들이 물질적인 보상을 많이 받고 적게 한 자들은 적게 받으며 하지 않은 자들은 받을 게 없으리라는 식의 해석이 먹혀드는 것이다. 실제로 연보를 통한 구제행위를 포함하여 모든 경건한 삶과 선한 행실에 하나님이 금생과 내생에 좋은 복락으로 갚아주신다는 보상신앙은 당대 유대교와 이후 예수의 가르침 속에 존속된 것으로 보인다. 예수는 하나님나라라는 선한 대업을 위해 이 땅의 가족과 토지 등을 떠난 제자들에게 금생과 내세에 훨씬 더 풍성한 보상을 받으리라 약속한 바 있다(막 10:29-30). 앞서 살핀 대로 보물을 하늘에 쌓아두라는 교훈 역시 이 땅의 재물을 가난한 자들에게 후하게 베풀고 나누라는 구제의 선행과 이에 대한 보상을 염두에 둔 것이었다. 그러나 그것이 다다익선의 경쟁적 질투를 야기할 우려가 있었다. 자발성과 풍성함은 갖추어졌지만 순수성이 훼손되어 이기적인 축복의 도구로 전락한다면 연보의 본래 취지가 탈색되기 때문이다.

　이와 관련하여 다소 난해하면서도 중요한 본문이 고린도후서 8장 9절이다. "우리 주 예수 그리스도의 은혜를 너희가 알거니와 부요하신 이로서 너희를 위하여 가난하게 되심은 그의 가난함으로 말미암아 너희를 부요하게 하려 하심이라." 여기서 예수의 자발적 가난은 우리를 향한 은혜의 결과이다. 그 은혜는 그가 본래 부요하신 분으로서 모든 특권을 내려놓고 스스로 가난하게 된 사건으로 특징지어진다. 여기에는 또 다른 이타적인 의미가 담겨 있는데, 바울의 해석에 의하면 그것은 그의 그 자발적 가난이 그를 따르며 경배하는 신자들을 부요하게 하려는 비밀을 담고 있다는 것이다. 그리하여 예수를 믿는 자들이 부자가 될 수밖에 없다는 과장된 논리가 여기서 파생되기도 한다.

그러나 그 결론은 성급하다. 여기서 미묘한 해석의 맥점은 "그의 가난함으로 말미암아"에서 '말미암아'라는 말에 있다. 이 '말미암아'는 이유를 나타내는 어휘로, 문자 그대로 풀면 예수의 가난함 때문에 우리가 부요하게 되었다는 식의 의미가 산출된다. 영어번역은 '말미암아' 대신에 전치사 'by' 또는 'through'를 집어넣어 예수의 자발적 가난이 우리의 부요함에 하나의 수단이나 방편이 되었다는 뉘앙스를 풍긴다. 그러나 희랍어 원문의 구절 'te ekeinou ptōcheia'에는 그런 뜻과 합치되는 전치사가 없다. 여격의 명사구로 짜여 있어 차라리 '그의 가난함과 함께'로 푸는 것이 자연스럽게 비친다. 예수의 자발적 가난, 나아가 그의 십자가 구속 사건은 우리를 부자로 만들어주기 위한 무슨 마법적 주술장치 같은 것일 수 없다. 그것은 오히려 우리가 예수의 명령대로 자기의 소유물을 비롯한 기득권을 내려놓고 그를 따를 때 그 세속의 값어치에서 자유로워지는 대가로 마게도냐 교인들처럼 가난함 가운데서도 풍성하게 연보를 드릴 수 있다는 역설적 메시지를 암시한다.

따라서 이 말씀으로 바울의 연보 원칙을 왜곡하여 예수의 가난함이 우리를 부요하게 했으니 기독교 신자는 누구나 부자가 될 수 있고, 또 부자가 되어야 한다는 식의 억지 논리를 유포해서는 안 된다. 바울은 이 어록을 통해 자발적 가난을 무릅쓰는 자들이 누리는 자유함 속의 풍요로움을 통찰했던 것이다. 요컨대 그는 아가야 교회, 고린도 교인들도 예수 그리스도로 소급되는 그 이치를 깨달아 자기 살림의 곤궁함을 핑계대지 말고 최선을 다해 자발적으로 이 모금 캠페인에 동참할 것을 주문한 셈이다.

헌금의 불길한 미래

최근 모 교단에서 교인의 규정과 관련하여 십일조 납부를 필수 조건으로 하고자 교단 헌법 개정을 추진하다가 무산된 일이 있다. 오죽 절박하면 이러한 발상이 나왔을까 내심 답답해지면서도 이러한 원칙이 헌금의 미래뿐 아니라 교회의 미래에 불길한 그림자를 드리우는 것 같아 불안하다. 무엇보다 이러한 발상이 성서가 말하는 연보의 원칙, 특히 기독교가 새로운 역사의 무대에 발흥하기 시작하면서 제시된 그 원칙을 근본적으로 망가뜨릴 우려가 크기 때문이다.

옛날의 원리를 오늘날에 액면 그대로 고집하면 많은 무리가 따른다. 성서도 옛날의 관습을 대변하는 구석이 적지 않기에 그 이후 2천 년간 전개된 교회사의 전통과 그 신학적 첨가물을 무시할 수 없다. 그럼에도 오늘날 연보의 원리가 교회라는 조직의 몸집 부풀리기 내지 생존의 논리로 편협하게 적용되면서 그 왜곡의 문제도 점점 더 심각해져왔다. 그것은 결국 교회의 헌금 및 재정 운용과 관련된 수많은 문제를 야기하여 교회의 부정적 이미지를 악화시켜온 감이 없지 않다.

불안한 헌금의 미래를 구제하기 위해 다시 확실하게 연보의 기원과 목적을 명토박아두자. 그것은 교회와 교회 사이, 궁핍한 성도와 다소 넉넉한 성도 사이의 빈부 격차를 조정하고 일용할 양식이란 소박한 기준으로 서로 간에 '균등성'을 증진하기 위한 베풂과 나눔의 차원에서 비롯되었다. 그 이외의 연보란 거의 없었다고 봐도 좋다. '거의'라는 부사를 정당화하기 위해 한 가지 첨언하자면 바울 등 교회 지도자의 옥바라지를 위한 영치금 내지 선교 후원금 명목의 것이 있는데, 이 역시 하나님께 드리는 향기로운 예물로 봉헌되었을 것이다. 초대교회 교인들은 복을 받기 위해 연보를 하지 않았고, 사도 바울이 그렇게 가르치지도 않았다. 오히려 예수의 자발적 가난을 모범으로 삼아 그의 가난에 동참하는 심정으로 자신의 가진 것을 비워내고자 하는 실천이 곧 연보의 충실한 동기를 촉발하였다고 보는 것이 옳다.

물론 구약성서에 하나님의 부름을 받은 자들이 물질적인 복을 받은 예가 많이 나온다. 하나님이 주시는 복 중에 물질적인 복도 포함되었음을 부인할 수 없다. 경건한 삶으로 선행을 하는 자들에게 약속된 여러 복들 중 재물의 복이 포함되었다고 말하는 것이 틀리지 않다. 그러나 우리는 성서에서도 신학적 진화의 과정을 탐색할 수 있어야 한다. 공시적인 안목의 문자적 의미는 통시적인 안목의 심층적인 해석 작업을 통해 무엇이 궁극적인 지향이고 목적이었는지 되물어야 하는 것이다. 욥기에서 적절하게 공명되듯이, 주신 이도 하나님이시요 거두어가는 분도 하나님이심을 고백한다면, 먹고 쓸 것이 넉넉하면 자족할 줄 알고, 거기에 더하여 연보의 일에도 힘써야 신실한 삶을 살 수 있는 게 아닐까. 좀 더 기준을 높여 예수 그리스도의 자발적 가난에 담긴 깊은 뜻을 숙고한다면, 가난한 자가 복되고 풍요해지는 역설의 진리에 눈뜨는 것이 신앙적 성숙의 길이 아닌가.

기독교가 막 시작되고 교회공동체가 토대를 놓아갈 무렵, 그 원시적 기원의 자리에는 서로 간의 넉넉함과 부족함을 가지고 하나님께 감사하는 마음을 담아 균등하게 공동체의 삶을 조율하기 위해 자발적으로 참여하는 은혜와 섬김으로서의 연보가 있었다. 그 이외에 다른 헌금은 없었다. 그 뒤에 생겨난 수많은 종류의 헌금에 아무런 정당성이 없다고 말할 수야 없겠지만 상당 부분 거품과 군더더기의 요소가 범람하는 것도 사실이다. 오늘날 우리가 겪는 현상이 하도 꼬여 심히 혼란스럽다면 애써 그 문제의 기원을 살펴야 한다. 연보의 기원이 그래서 되짚어져야 한다. 헌금의 미래가 이즈음 너무 불안하기 때문이다.

인사말에 담긴 속뜻

빌 1:1-2

—

그리스도 예수의 종 바울과 디모데는 그리스도 예수 안에서 빌립보에 사는
모든 성도와 또한 감독들과 집사들에게 편지하노니 하나님 우리 아버지와
주 예수 그리스도로부터 은혜와 평강이 너희에게 있을지어다(빌 1:1-2).

인사말의 메시지?

뭇 편지는 글로써 소통하는 매개이다. 전화와 인터넷 등 문명
이 낳은 현대적 기기들이 없던 옛날에는 인편으로 전하는 편지
가 유일한 원거리 통신수단이었다. 편지는 글로 표현된 말이기에
제한된 지면 안에 사연과 메시지를 담아내기 위해서는 고도의
압축이 필요했다. 더구나 종이가 본격적으로 유통되기 전에 편지
를 썼던 고대에는 파피루스로 만든 지면을 사용하기가 불편했을
것이다. 물론 짧게 용건만 전달하는 목적의 편지가 많았다. 그러

나 길게 형식을 갖춰 쓰는 편지글은 이러한 글쓰기의 도구들로 감당하기가 만만치 않았을 것이다. 대단한 정성과 공력이 들어간 게 틀림없다. 사도 바울을 비롯해 성서에 들어 있는 편지만 떠올려도 그런 흔적이 쉽게 감지된다. 오늘날 매끈한 종이 위에 쓰기도 쉽지 않았을 그리 긴 편지를 어떻게, 그것도 여러 개씩이나 써낼 수 있었는지 그 생산 공정을 상상만 해도 참 감탄스럽다.

아무리 압축이 효율성의 필수조건이라 해도 예의를 갖춰 할 말은 꼭 해야 한다. 무엇보다 편지의 내용이 간절하고 호소하는 어조라면 극진한 마음을 내서 편지를 받아 읽어줄 상대방을 부르며 그들을 축복하는 것이 상례이다. 그래서 사도 바울의 편지들은 앞머리의 말이 예외 없이 인사로 시작된다. 그 인사말에 메시지가 없을까. 그것은 그저 당대의 관행을 좇은 상투적인 인사말이었을까. 그의 인사말이 모든 편지에 유사하기 때문에 그것을 인습과 관행의 산물로 볼 수 있을지도 모른다. 그러나 그것이 내게는 바울이 교회를 향해 일관되게 견지한 충실성의 산물로 보인다.

바울의 동역자 의식

바울은 위대한 사도였다. 그 '위대함'의 기준은 여러 가지 있겠지만 내가 여기서 발견하는 기준은 그의 동역자 의식이다. 그는 혼자서 위대하지 않았다. 또 자신의 성취와 업적을 내세워 위대함을 과시하지도 않았다. 그는 스스로 고백하듯이 '그리스도 예수의 종'에 불과한 자신의 분수를 늘 의식한 듯 보인다. 그런데 그는 발신자인 자신을 언급함과 동시에 자기 이름과 나란히 제자이자 동역자였던 디모데의 이름도 병기해준다. 바울이 로마서를 구술한 것은 그의 비서였던 더디오의 존재로 하여 확연해진 사실이다. 그 밖에 그가 직접 편지를 쓰지 않고 구술하여 받아쓰게 했다면 다른 편지를 쓸 때도 대필자가 있었을 가능성이 높다. 더구나 빌립보서는 옥중서신으로 그가 감옥에 갇혔을 때 작성되어 빌립보 교회로 보내진 서신이다. 바울이 디모데와 함께 선교활동을 하다가 그와 같이 갇혔던 것일까. 그래서 고생하며 동역한 그의 이름을 기억하여 발신자 이름으로 넣어준 것일까. 그렇지 않았을 가능성이 더 커 보인다. 디모데는 감옥에 갇힌 바울의 시중을 들면서 빌립보 교회와의 소통에 매개 역할을 했다고 보는 것이 더 합리적인 추론이 아닐까 싶다. 빌립보 교회에서 에바브로디도를 사자로 보내서 그의 옥바라지를 금전적으로 도왔듯이, 바울도 자신의 형편을 알리며 그쪽 교회와 소통할 수 있는 중개자로 디모데 같은 동역자를 필요로 했을 것이다. 실제로 디모데는 바울의 편지 빌립보서를 작성하는 데 구술한 내용을 대필해주는 비서 역할을 했을 가능성이 있다.

　나아가 그는 이 편지를 직접 여행하여 멀리 있던 빌립보 교인들에게 전달해주었을 가능성마저 점쳐진다. 그렇다면 바울이 디모데의 이름을 병기한 것은 이 편지의 배달부 노릇을 한 디모데에 대한 추천의 의미가 담겨 있었다고 봐야 한다. 마치 고린도후서 8장 16-24절에서 예루살렘 교회의 가난한 성도를 위해 모금한 연보를 수거하는 일꾼으로 디도와 익명의 두 형제를 추천한 것과 마찬가지 맥락이다. 여기서 바울은 그들을 실명과 익명으로(왜 이 두 형제는 익명으로 처리했는지 의문이다) 이렇게 성의껏 소개하며 추천했다. "디도로 말하면 나의 동료요 너희를 위한 나의 동역자요 우리 형제들로 말하면 여러 교회의 사자들이요 그리스도의 영광이니라"(고후 8:23). 또한 로마서를 로마 교회에 전달해주는 중대한 임무를 띤 뵈뵈를 향한 바울의 배려는 매우 극진하다. "너희는 주 안에서 성도들의 합당한 예절로 그를 영접하고 무엇이든지 그에게 소용되는 바를 도와줄지니 이는 그가 여러 사람과 나의 보호자가 되었음이라"(롬 16:2).

이러한 기능적인 역할이 디모데를 동역자로 여기는 바울의 마음 전부였을까. 그렇지 않은 것 같다. 바울의 최초 편지로 알려진 데살로니가전서에서 바울은 이 편지의 발신자로서 자신의 이름 옆에 실루아노와 디모데의 이름을 나란히 병기한다. 디모데야 본문의 내용으로 미루어보건대 이 편지를 쓸 수 있도록 데살로니가 교회의 정황을 전달해주고 추후 이 편지를 배달해주는 역할을 담당했던 것 같다(살전 3:2, 6). 그런데 실루아노의 역할에 대해서는 아무런 증거가 없다. 이 편지를 쓸 당시 바울과 동역하고 있었으리라는 개연성은 충분하다. 그렇다면 바울은 자신의 편지

거꾸로 읽는 신약성서

에 동역자 이름을 병기한 데 또 다른 속 깊은 뜻이 있었던 것은 아닐까. 자신의 이름을 단독자로 내세우기보다 공동체적 사고방식에 기초하여 동역자들과 나란히 공동 작업하고 있다는 인식을 보여주려고 한 게 아니었을까. 나아가 자기의 동역자들을 선후배, 스승/제자의 차별 없이 대등하게 세워주려는 넉넉한 배려 아니었을까. 자기 혼자 대표자로 나서서 선교사역의 공로를 독점하려는 유혹을 떨쳐버리고, 그로 인한 상징적 권위까지도 적절히 분배하면서 더불어 추구하는 공동의 선과, 이로 인해 영광 받으실 한 분 하나님을 명민하게 의식한 흔적은 아니었을까.

이러한 바울의 인사말에 담긴 사소한 암시가 사소하지 않다는 생각이 드는 것은 오늘날 자칭 주님의 제자요 종이라 하는 많은 지도자들이 보여주는 언행이나 통념이 바울의 이 사소한 거명에 비추어 너무 엇나가고 있기 때문이다. 예를 들어, 대부분의 교회 주보를 보라! 또 교회를 소개하는 안내 책자나 교회 이름으로 찍어내는 달력 등을 보면 대개 담임목사 이름을 큼지막하게 박아두고 나머지 동역자들은 그 이름의 자취를 찾아보기 어렵다. 주보 뒷면에 깨알만큼 작은 글씨로 그들의 작은 존재성이 가물거리는 정도이다. 한 공동체를 대표하는 매체에 그 대표자가 자신의 동역자를 어떻게 취급하는지는 사소한 이름 표기법에서 의외로 절묘하게 드러난다. 내가 아는 한 목사는 교회 달력을 찍어낼 때 자기 이름과 새파란 풋내기 전도사의 이름을 동일한 크기로 달력의 한자리에 나란히 병기해준다. 이런 사례는 참 희귀하지 않은가. 그런데 사도 바울은 제 편지에서 그렇게 하지 않았다. 그는 자기의 동역자 이름을 또박또박 편지의 맨 첫머리에 발신자명으로 표기함으로써 그 후배이자 제자들을 동역자로 공대하였다. 나아가 그는 편지가 공동의 저작인 것처럼 비치게 하고 공동체와 공동체 사이에 오가는 복음의 메시지임을 강력히 피력했던 것이다. 갈라디아서처럼 쟁론의 화제가 심각하고 '저주'까지 발할 정도로 심히 까칠한 상황에서 제 이름을 발신자로 달랑 제시하는 예외가 없지 않았다. 그러나 갈라디아서의 맥락에서는 그런 예외가 오히려 동역자들에게 웅숭깊은 배려였을 것이다. 그러한 쟁쟁한 대립각을 이룬 현실 속에 동역자의 이름에 흙탕물이 튈 수 있는 위험성을 제 한 이름으로 방어하고 있다는 암시를 주기 때문이다.

은혜와 평강의 보편성과 포용성

바울의 상용문구로 잘 알려진 '그리스도 안에서'/'그리스도 예수 안에서'는 일종의 구원론적 공간이다. 그것은 예수의 삶과 죽음을 모범으로 삼아 따라 살고자 하는 이들이 추구하는 구원론적 정체성의 보루이자 그 정체성을 이루어나가는 삶의 장소를 두루 포괄한다. 바울은 예수 그리스도 안에서 빌립보 교회의 "모든 성도"를 먼저 언급하고 연이어 "감독들과 집사들"을 문안의 대상으로 다룬다. 여기서 말하는 '감독'이 후대의 교회 직제에서 나타나는 '감독bishop'이나, 특히 오늘날 개신교 중 감리교단에서 고위직 교권 담당자의 직분명으로 사용하는 감독과 그 성격이 다른 것임이 분명하다. '집사diakonos' 직분은 사도행전에 나오므로 '감독'보다는 좀 더 수월하게 그 직책의 배경을 이해할 수 있다. 하지만 이 역시 구체적으로 제도화한 직책명이라기보다 교회의 여러 섬김 사역을 담당한 '사역자' 내지 '종'의 의미로 새기는 것이 합당하다는 주장도 만만치 않다.

그렇다면 '집사들'과 마찬가지로 복수로 표기된 '감독들'이란 당시 빌립보 교회의 전반적인 삶을 관장하고 그 치리 및 살림을 책임진 장로급의 지도자를 가리키는 것이 아닐까 싶다. 여하튼 이러한 지도층의 사람들을 특수하게 언급하기에 앞서 바울은 '모든 성도'라는 교회 구성원 전체를 먼저 언급함으로써 그의 관심 폭이 보편적 대상에서 특수한 대상으로 옮겨가는 것을 보여준다. 바울은 이 편지를 특수한 개인에게 쓴 것이 아니라 보편적인 대상 전체, 곧 교회공동체 전체의 구성원들인 "모든 성도"를 대상으로 삼고 있음을 분명히 전제했다. 그러나 그 전체 성도의 대표를 그렇다고 바울이 무시한 것도 아니다. 그는 교회의 대표 지도자들로 교회의 제반 사역을 기획하고 주도하는 "감독들과 집사들"의 존재를 적시해줌으로써 그들의 수고를 인정한다. 아울러 그들은 이 편지를 받아 교회의 "모든 성도"에게 그 메시지를 들려주어야 할 중간의 매개자 위치에 있었을 것이다.

이처럼 바울이 발신자를 언급하는 순서를 통해 그의 섬세한 포용성과 보편성을 엿볼 수 있듯이, 연이어지는 인사말의 핵심 어휘인 '은혜와 평강'에서도 마찬가지의 민감한 포용성의 흔적이 꽤 명확하게 드러나 있다. 주지하듯, '은혜*charis*'는 헬라적 인사말을 대표한다. 아울러, 희랍어를 편만하게 사용하던 당대의 이방세계가 이 인사말에 익숙했을 터이다. 빌립보도 이방 도시였고 거기에는 희랍적 전통에 익숙한 이방인들이 교회의 성원으로 들어와 있었을 개연성이 크다. 반면 '평강*eirēnē*'은 히브리적 인사말로 상용되는 '샬롬'의 희랍어 버전이다. 바울이 개척한 여느 다른 교회들과 마찬가지로 빌립보 교회에 디아스포라 유대인들이 또 다른 범주의 구성원들로 들어와 있었음을 감안한다면 이 두 번째 인사말 '평강'은 다분히 그들의 존재를 의식하여 포괄적인 어휘를 사용한 증거로 이해된다. 바울은 인사말의 어휘 선택에도 이렇게 유대인과 이방인의 막힌 담을 넘어 하나의 몸 된 공동체로 구축하려는 의지를 피력했다.

종족적·언어적·문화적 차이가 그들 공동체 안에 배타적 경계로 작용하여 사소한 일로 분열을 일삼던 당대나 지금의 상황이 별반 다를 바 없다. 그렇다면 그러한 사소한 일이 중대한 갈등으로 불거지기 전에 말 한마디라도 조심하여 최대한 포용적인 언어를 사용하며 모든 공동체 구성원을 배려하는 지혜가 참으로 요긴했을 것이다. 바울은 이러한 당대의 공동체적 정황과 현실적 필요에 부응하여 인사말의 가장 모범적 패턴을 직조했으리라 짐작된다. 이는 단순히 현실추수적인 기능 이외에도 그리스도 예수 안에 있는 모든 성도의 구원공동체에서 사소한 부주의와 실수로 어린양과 같은 연약한 한 사람이라도 배제되거나 무시당하는 일이 없어야 한다는 바울의 보편주의적 구원관과 개방적인 신학적 인간학의 통찰과도 무관하지 않은 듯 보인다.

문안인사의 신학적 의미

신학은 때로 변두리에서 그 중앙의 결핍과 오류를 교정한다. 본론 위주로 주석하고 메시지를 추출하여 설교하는 시대적 조류 가운데 서언과 결미의 사소한 듯 보이는 변두리의 언사를 통해 신학적 성찰을 하는 것도 때로 미덕이 된다. 무엇보다 편지 앞머리의 인사말에 저자의 진심이 담겨 있고, 그가 지향하는 신학적 입장이 우회적으로 투영되어 있다. 앞서 지적한 대로 인사말을 통해 바울은 자신의 동역자들을 세워주는 세심한 배려를 통해 교회가 공동체로서 연대하고 결속할 것을 은근히 기대한 심증이 간다. 뿐만 아니라 그는 '은혜'와 '평강'을 병기함으로써 공동체를 구성하는 인원들의 출신 배경이 상이한 점을 외면하지 않았다. 이러한 세심한 배려는 바울이 지향한 신학의 포용적인 성격과 보편주의적인 지평을 암시한다.

또 한 가지, 바울은 그 은혜와 평강이 "하나님 우리 아버지와 주 예수 그리스도로부터" 발원한 것임을 명토박아두었다. 이는 공동체의 포용적 지향과 보편주의의 지평이 인간 사이의 타협과 조정 작업에 따른 결과가 아니라 신적인 명령임을 시위한 격이다. 은혜와 평강 자체가 성령의 감화로 인한 선물의 효과임이 분명하지만 이를 수락하기 위한 성도의 책임은 모든 공동체 성원들이 서로를 용납하고 단 한 사람도 배제되지 않도록 극도의 세심한 정성과 예의를 갖추는 데 있다. 요컨대, 바울의 편지마다 빠지지 않는 서언과 말미의 인사말에는 극진함 가운데 모두를 품어 안고 하나님의 우주적 충만에 다다르려는 '예의의 신학'이 깃들어 있다는 것이다.

이러한 논평에 일리가 있다면 예의를 그저 형식의 방편으로 보는 데 익숙한 우리의 편견은 교정되어야 한다. 아울러, 우리의 거시적인 신학 담론의 틈새로, 사람들이 사소한 말 한마디로 쉽게 관계가 틀어지는 역동적 심리의 곡절을 면밀히 살필 줄 알아야 한다. 그것은 자신의 이름이 자신의 존재감과 함께 유통되는 맥락과 위치를 배제하지 않는다. 나아가 이러한 극진함을 추구하는 예의의 신학은 "모든 성도"를 아우르며 그 성도 중의 특수한 대상을 적시함으로써 전체와 부분의 균형을 중시하는 목회적 예술 감각과도 무관치 않다. 문안인사는 이렇듯 중앙의 허방으로 변두리의 진실을 부르는 복선을 깔아두고 있다. 뭇 사람을 어떻게 대하고 그들에게 어떻게 인사하는가를 잘 살피면 그 인격의 심도와 사상의 풍경이 대강 투사된다. 그런데도 사람들은 여전히 서

　　　　　　　　　　　거꾸로 읽는 신약성서

론을 급히 읽고 본론의 살점만을 탐하는 경향이 여전하다. 결론
은 대강 훑어보며 지나간다. 고쳐야 할 독서의 습성이고 뒤집어
야 할 성경읽기의 편벽된 버릇이다.

무엇이 덕스러운 것인가

빌 4:8; 벧전 2:9; 벧후 1:3, 5; 고전 8:1, 10:23 외

그의 신기한 능력으로 생명과 경건에 속한 모든 것을 우리에게 주셨으니 이는 자기의 영광과 덕으로써 우리를 부르신 이를 앎으로 말미암음이라. ⋯ 그러므로 너희가 더욱 힘써 너희 믿음에 덕을, 덕에 지식을 [더하라](벧후 1:3, 5).

우상의 제물에 대하여는 우리가 다 지식이 있는 줄을 아나 지식은 교만하게 하며 사랑은 덕을 세우나니(고전 8:1)

모든 것이 가하나 모든 것이 유익한 것은 아니요 모든 것이 가하나 모든 것이 덕을 세우는 것은 아니니(고전 10:23)

'얼렁뚱땅' 모드에 익숙한 한국 교회

언제부터인지 한국 교회에 '은혜'라는 말과 함께 '덕'이라는 어휘가 기묘한 의미의 자장을 형성하면서 유통되고 있다. 여기서 파생된 '은혜스럽다'라는 형용사는 '덕스럽다'라는 또 다른 형용사와 짝을 이루면서 교회 안팎의 모든 세상사를 주물러대고 모든 문제를 치유하는 만병통치약처럼 그 언어의 권위적 후광을 발하는 느낌이다. 그런데 그 내막을 살펴보면 이 언어의 이면에 스민 무의식적 기계장치가 짐짓 수상하다. 어떤 사안에 대한 세

밀한 논의와 검증, 비판과 성찰이라는, 피곤하지만 절박한 과정을 생략한 채, 얼렁뚱땅 구렁이 담 넘어가듯이 그 이해 당사자들이 제 편한 대로 대강 눙치며 무마하고 봉합하며 흐지부지하는 걸 '은혜'와 '덕'이란 말을 앞세워 정당화하는 현상이 너무도 역력하기 때문이다. 이것은 한마디로 심각한 기만이고 우민화의 덫이다. 이것은 또한 한국 교회를 전근대적 인습의 도가니에 저당 잡아두려는 자폐적 기득권 세력의 봉건적인 구태이고, 개혁의 근본부터 싹을 없애고자 암묵적인 담합의 카르텔을 조장하는 체제의 교활한 음모이다. 별 문제의식 없이 사용하는 언어에 이런 무시무시한 자가당착의 폐습과 불온한 구조가 스며 있다는 사실에 눈뜨지 못하면, 마치 종이에 손가락 베는 줄 모르고 있다가 흘리는 피에 당황하듯이, 우리는 좋은 말의 오염으로 인한 개념의 오해가 어떻게 우리의 두뇌와 생활을 왜곡하고 부당하게 지배하는지 모른 채 기만적인 술수에 맞장구치며 희희낙락하는 어리석은 영혼으로 전락하게 될 것이다.

'덕' 개념의 고고학적 지형

여기서 나는 '덕'이라는 말의 그런 수상한 구석을 좀 세밀하게 다루어볼 요량이다. '덕이 있다', '덕이 없다', '덕스럽다', '덕을 세운다' 등속의 표현으로 유통되는 이 '덕'이라는 개념은 그 의미의 반경이 워낙 넓고 깊어 성서적 맥락에 새겨진 뜻의 본질에 이르기까지 약간의 전천후 통찰이 필요하다. 우리말로 표기된 '덕'은 한자 '德'에 뿌리를 둔 말인데 그 개념의 연원이 유교사상의 기초를 놓은 공자와 맹자의 사상으로 소급된다. 공자의 제자 자공은 공자가 온·량·공·검·양溫·良·恭·儉·讓의 5덕을 갖춘 것으로 평했는데, 공자는 실제로 이러한 5덕을 바탕으로 군주들을 감화시키려 했다. 이것들을 이해하기 쉽게 풀어쓰면 온화, 선량, 공손, 검약, 겸양 등의 덕목을 일컫는다. 그런가 하면 맹자는 인간의 선한 본성에서 우러나는 네 가지 마음씨四端를 네 가지 덕四德과 연계시켜 설명했다. 간단히 요약하면 군자가 닦아야 하는 기본 품성이 있는데 그것이 바로 인의예지仁義禮智라는 네 가지 덕으로 압축되고, 이로부터 각기 측은히 여기는 마음惻隱之心, 부끄러워하는 마음羞惡之心, 남을 공경하고 사양하는 마음辭讓之心, 옳고 그름을 따지려는 마음是非之心이 생겨난다는 것이다. 그 밖에도 유교 전통에서는 천지자연의 4덕으로 원元(으뜸), 형亨(형통), 이利(이로움), 정貞(곧음)을 꼽았고, 인륜의 4덕으로 효孝(효도), 제悌(공경), 충忠(충성), 신信(신의)을 꼽기도 했다. 이처럼 인간의 기본 도리를 압축한 덕의 전통은 불교에서도 찾아볼 수 있는데, 열반의 4덕으로 설정된 상常(항상), 낙樂(기쁨), 아我(나), 정淨(깨끗함)이 그것이다.

성서, 특히 신약성서에 크게 영향을 끼친 '덕'의 개념은 희랍어 '아레테arete'이다. 일찍이 플라톤은 인간이 최상의 윤리적 가치로 추구해야 할 4가지 덕을 중시하였는데 정의, 예지, 용기, 절제가 그것이다. 이에 비해 아리스토텔레스는 딱히 4가지로 그 덕을 압축하지 않았다. 그는 인간이 도달할 수 있는 선의 가치를 중시하여 그 지고지선의 목표를 행복에 두었다. 참다운 행복이 진정한 선이 될 수 있다고 본 것이다. 아리스토텔레스는 그 진정한 선으로 가는 과정에 요청되는 실천적 항목이 바로 덕이라고 보았다. 그는 어떤 추상적이고 관념적인 덕이 시대를 초월하여 항존하는 것으로 못 박기보다 오히려 시대와 사회의 요청에 따라 필요한 덕이 달라질 수 있다고 보았다. 가령, 대인관계에서 우정이 소망스러운 덕이라면 사회질서를 위해서는 정의가 중요한 덕이 된다는 식이다. 이에 따라 그는 여러 항목의 덕을 조율하는 원리로서 '중용'을 최대의 원리로 설정하였다. 시대와 상황을 초월하여 인간에게 가장 보편타당한 덕목으로 그가 중시한 덕목은 '정의'와 '사랑'이었다. 이 주요 덕목이 국가공동체에 중용에 맞게 구현될 때 전체의 행복을 최대한 고양시킬 수 있다고 본 때문이었다. 물론 여기서 '사랑'은 자기애나 공동체의 배타적인 의리, 또는 팔이 안으로 굽는 식의 자비나 긍휼이 아니라 국가공동체의 모든 성원들과 그 이웃들이 피차 소외됨 없이 상호 간의 공존과 협력을 증진시키기 위한 범인류애적 '박애'의 개념에 가까웠다.

신약성서의 약소한 '덕' 개념

플라톤과 아리스토텔레스 등에 의해 조탁된 '덕*aretē*' 개념이 문자 그대로 신약성서에 사용된 예는 다음의 네 군데가 전부이다. 비교적 약소한 편이다.

끝으로 형제들아 무엇에든지 참되며 무엇에든지 경건하며 무엇에든지 옳으며 무엇에든지 정결하며 무엇에든지 사랑받을 만하며 무엇에든지 칭찬받을 만하며 무슨 덕이 있든지 무슨 기림이 있든지 이것들을 생각하라(빌 4:8).

그러나 너희는 택하신 족속이요 왕 같은 제사장들이요 거룩한 나라요 그의 소유가 된 백성이니 이는 너희를 어두운 데서 불러내어 그의 기이한 빛에 들어가게 하신 이의 아름다운 덕을 선포하게 하려 하심이라(벧전 2:9).

그의 신기한 능력으로 생명과 경건에 속한 모든 것을 우리에게 주셨으니 이는 자기의 영광과 덕으로써 우리를 부르신 이를 앎으로 말미암음이라(벧후 1:3).

그러므로 너희가 더욱 힘써 너희 믿음에 덕을, 덕에 지식을… [더하라](벧후 1:5).

여기에 '덕'으로 표기된 모든 어휘들은 한 가지로 희랍어 '아레 테(aretē)'이다. 이 예문들에 비추어보면 '덕'은 하나님의 속성이면 서 그리스도인의 품성에 해당된다. 먼저 '덕'이란 하나님이 그 백 성들을 구원하여 그들에게 영광스러운 직분을 부여하신 하나님 의 아름다운 성품이며 영광스러운 신적인 자질이기도 하다. 동시 에 그것은 참됨과 경건, 옳음과 정결함, 사랑받을 만하고 칭찬받 을 만한 것과 나란히 사용되는 신앙과 삶의 미덕을 가리킨다. 베 드로후서는 이를 신앙의 진보 단계에서 믿음과 지식 사이에 배 치함으로써 믿음의 성장 과정에 삶의 실천을 통해 맺어나가야 할 덕행의 열매가 요구됨을 암시하였다

이와 같이 '덕'의 핵심 개념에 관한 한, 동서양의 고전적 전통 이나 신약성서의 개념에 비추어 누추한 행실을 쉬쉬하거나 덮어 버리는 행태, 특히 공조직의 지도자가 범한 중대한 죄악상을 호 도하면서 면피하거나 정당화하는 뻔뻔스러운 물 타기의 수법과 는 전혀 무관한 것임을 확인할 수 있다. 오히려, 그것이 수오지심 의 발로이든, 시비지심의 발현이든, 그 오류와 문제의 실상을 면 밀하게 파악하여 그것을 냉엄하게 성찰하고 바로잡으려는 의욕 이 공맹의 도리에 비추어 봐도 덕스럽고, 플라톤과 아리스토텔레 스의 덕목을 참조해도 정당한 처사이다. 하물며 하나님의 영광스 럽고 아름다운 품성으로서 그 초월적 구원의 덕을 내세워 자신 의 치부를 덮으려 한다면 그것은 다시금 하나님의 존엄한 위상 을 하수구로 팽개쳐버리는 불경이고 모독이다. 신약성서의 맥락

에서 '덕'은 신앙의 진보를 통해 웅변해야 할 삶의 열매이고 칭송받고 기념될 만한 공적인 사표요 귀감이다.

왜곡된 공동체 세우기의 어록들

그럼에도 불구하고 오늘날 한국 교회의 안팎에서 '덕' 담론이 한심하고 태만한 '타령조'로 늘어지게 번지는 사유는 무엇일까. '덕'의 개념적 아우라를 가볍게 즐기는 부류의 크리스천들은 예의 본문에 기대어 그 말을 사용하는 것 같지 않다. 그들의 인습화된 '덕' 사랑의 뿌리는 전혀 엉뚱한 데로 소급된다고 나는 확신한다. 그 어휘는 명사 '오이코도메*oikodomē*'와 동사 '오이코도메오*oikodomeō*'이다.

신약성서에서 이 단어는 명사로 18회, 동사로 38회나 사용된다. 복음서를 비롯하여 이 단어가 사용되는 맥락은 대체로 건축과 관련해서다. 그도 그럴 것이 이 단어는 '집'을 뜻하는 '오이코스*oikos*'를 어근으로 삼아 '집을 짓다', '건물을 세우다'란 의미를 담고 있기 때문이다. 명사로 쓰일 경우 그렇게 건축공정을 통해 완성된 건축물을 나타낸다. 따라서 동사로 이 단어가 사용될 때는 '(집 따위를) 짓다, (건물을) 세우다'라는 뜻으로 새기면 되는데 자동사처럼 목적어 없이 사용될 때는 그 대상을 특정하기가 어렵다. 특히 공동체의 내분과 갈등으로 어지러웠던 고린도 교회의 문제를 분석하고 조언하기 위해 이 단어가 자주 사용되었는데, 이 경우 한글개역성서에서 이 어휘는 그 세움의 대상을 두루뭉술하게 설정하여 '덕을' '세운다'라고 풀이하였다. 물론 그 세움의 대상이 '덕'이라는 뜻은 아니었을 테다. 또 이 단어에 앞서 예시한 '덕'의 개념이 존재하는 것도 아닌 게 분명하다. 그래서 이 어휘를 에둘러 의역해보면 '그렇게 분열되고 상처받은 공동체를 온전히 그리스도의 몸으로 하나 되도록 덕스럽게 회복시킨다' 정도로 그 함의를 새길 수 있을 것이다. 혼란에 빠진 공동체의 질서를 그리스도의 몸답게 하나로 회복시키는 것이 덕스러운 것이지 문제를 대강 봉합하는 것이 덕스럽거나 덕을 세우는 것이 전혀 아니라는 말이다. 실제로 그러한지 바울이 사용하고 한글개역이 굳이 '덕'이라는 말을 집어넣어 의역한 문장의 사례들을 분석해보자.

> 우상의 제물에 대하여는 우리가 다 지식이 있는 줄을 아나 지식은 교만하게 하며 사랑은 **덕을 세우나니**(고전 8:1)

> 모든 것이 가하나 모든 것이 유익한 것이 아니요 모든 것이 가하나 모든 것이 **덕을 세우는 것은** 아니니(고전 10:23)

> 방언을 말하는 자는 자기의 덕을 세우고 예언하는 자는 **교회의 덕을 세우나니**(고전 14:4)

[네가 영으로 축복할 때] 너는 감사를 잘하였으나 그러나 다른 사람은 **덕 세움을 받지 못하리라**(고전 14:17).

너희가 모일 때에 각각 찬송시도 있으며 가르치는 말씀도 있으며 방언도 있으며 통역함도 있나니 모든 것을 **덕을 세우기 위하여** 하라 (고전 14:26).

그러므로 피차 권면하고 서로 **덕을 세우기를** 너희가 하는 것같이 하라(살전 5:11).

여기서 '덕을 세운다'라고 번역된 이 모든 어휘에는 한결같이 희랍어 '아레테'에 해당되는 '덕'의 개념이 없다. 그것은 공동체의 모든 지체가 자신들의 은사를 배타적으로 자랑삼아 주장하기보다 서로 존중하여, 그리스도의 몸 된 교회가 흔들리지 않고 굳건히 세워져나가야 한다는 뜻을 담고 있다. 가령, 우상제물과 관련하여 자신의 고유한 지식과 자유의 권리를 내세워 약한 자의 양심을 다치게 하는 선택은 개인적 자유의 배타적 행사는 될망정 약한 형제까지 포용하는 공동체 전반의 유익은 안중에 두지 않는 일이다. 마찬가지로 자신의 방언 은사를 중시하여 공중예배의 자리에서 소란스럽게 혼자 그 은사를 과시하듯 드러내 보이는 행태는 초신자나 방문자들, 또는 바깥 사람들에게 쓸데없는 오해와 불리한 편견을 조장하여, 교회공동체를 세우기보다 그 내적인 단결과 외적인 신뢰를 허물어뜨리는 파괴적인 결과를 초래할 수 있다. 반면 교회의 나아갈 방향을 예언하는 일은 공중의 각성을 유도하고 태만한 신앙을 일깨워 공동체를 건실하게 세워나가는 덕스러운 결과를 가져온다.

이제부터라도 시작하자

이러한 맥락에서 데살로니가전서의 예문이 시사하듯 모두가 피차 권면하고 순수한 동기로 충고함으로써 서로 건실한 공동체의 구성원으로 세워져나가는 일에 열심을 내야 할 필요가 인정된다. 그것은 곧 보편타당한 상식에 비추어 어긋난 잘못된 일, 신앙의 순수한 동기에 위반되는 명백한 죄악상들, 공동체의 특정 구성원을 배제시키는 이기적이고 배타적인 언행, 대사회적으로 지탄의 소지가 있는 내부의 태만한 기강 따위에 대하여 치열한 내부 비판과 겸손한 자기 성찰, 나아가 무지와 맹목적 아집이나 관행화된 편리한 인습에 대한 꾸준한 계몽과 각성, 결단의 요청이라 할 만하다. 그런 것들이 없이는 교회공동체가 한시도 건실하게 세워져나갈 수 없기 때문이고, 그렇게 건실하게 세움을 받지 못하는 공동체가 이 세상을 향하여 빛과 소금의 선교적 사명을 충실히 이행할 수 없기 때문이다.

요컨대, 무엇이 '덕'스러운 것인가. 또 무엇이 덕을 세우는 공동체적 삶의 행태인가. 그 지름길은 이기적인 야망을 버리고 공동체의 초심을 회복하는 것이다. 덕의 구현은 따라서 명약관화한 사회적 범죄와 조직의 이면에 복류하는 온갖 문제를 덮으면서 대증요법으로 연명하려는 얄팍한 술수를 버리고 그 구조에 대한 발본적인 성찰과 개혁의 실천을 통해 스스로 새로워지는 데서 가능해진다. 동시에 이런 방향으로 그 공동체를 구성하는 모든 지체들의 의식이 몽매한 미신에서 깨어나는 것이 바로 덕스러운 삶의 출발점이다. 또한 공동체를 덕스럽게 세우는 길의 요체는 그 구성원들이 제가 받은 개별적 '은사'의 배타성을 넘어 모든 다양한 은사들이 골고루 존중받고 다양한 성원들이 오로지 한 가지 목표의 궁극을 향해 그리스도의 몸 된 공동체를 건실하게 섬기며 세워나가는 데 있다. 그래야 공동체가 결과적으로 덕스러워질 수 있다. '덕'이라는 만병통치약으로 모든 사안을 끼리끼리 작당하고 쉬쉬하며 넘어가는 것으로 공동체의 덕이 저절로 보장되는 게 아니라는 말이다. 따라서 오해를 피하기 위해서 앞으로 앞의 예문에서 '덕을 세운다'라고 번역된 뜻은 그 파생적인 2차적 함의를 살리더라도 그 본뜻에 가깝게 '훈화, 계몽, 각성, 의식의 함양'을 통한 공동체의 건실한 구축이란 맥락에서 다시 새겨야 하리라 본다. 우리 사회의 민주화 열기와 의식화 운동이 이미 수십 년 전에 정점을 찍고 지나갔건만 우리 교회는 이제야 시작이다. 늦었지만, 더디 가더라도 반드시 통과해야 할 우리 교회의 근대화 과제이다.

상처는 어떻게 권위로 승화되는가

갈 6:17

이후로는 누구든지 나를 괴롭게 하지 말라. 내가 내 몸에 예수의 흔적을
지니고 있노라(갈 6:17).

흉터의 이면

　몇 년 전 세상을 떠난 작가 이청준은 그의 짧은 산문 "아름다
운 흉터"에서 자신의 몸에 난 이런저런 흉터를 두고 그간 살아온
지난 세월을 회고한 적이 있다. 그의 몸에는 초등학교 1학년 때
누렁이에게 장난을 치다가 물린 왼손의 흉터가 있었고, 초등학교
5학년 때 나무를 하다가 가지에 손등이 찍혀 생긴 상처의 흔적도
남아 있었다. 또 그는 고등학교 때 풀을 베다가 낫에 베인 손가락
의 상처를 더듬어가며 가난하던 청소년기의 삶에 스며든 자취를

더듬어간다. 이 산문은 유사한 제목의 작품으로 형상화되어 월간지 〈현대문학〉에 단편소설로 발표된 것으로 기억한다.

　나는 그의 글을 읽으면서 자연스럽게 내 몸의 흉터로 시선이 갔다. 나 역시 개구쟁이로 보낸 소년기로부터 거칠게 헤쳐온 세월 가운데 흉터 없이 온전히 내 몸을 보존하고 가꾸지 못했다. 오른쪽 눈썹 위에 약간 찢긴 흉터가 제일 먼저 보였다. 그것은 중학교 때 언젠가 옆집에 전세 사시던 아저씨와 동네 개울에 물고기 잡으러 갔다가 갈증을 달래려 성급하게 사이다 병을 바위에 부대껴 따던 중 튄 유리파편에 맞아 생긴 상처였다. 이 상흔을 쳐다보자니 지금도 별반 향상되지 못한 내 성급한 기질을 반성하게 된다. 또 초등학교 시절 우리 집에서 키우던 황구 등허리에 타고 말을 몰듯 괴롭히다가 물린 왼편 종아리께의 상처도 갖고 있다. 개 꼬리털을 잘라 기름과 섞어 환부에 바르던 기억이 아련하다. 역시 초등학교 시절 면도칼로 연필을 깎다가 솜씨가 서툴러 벤 왼쪽 손가락의 상처도 여전히 선명하다. 나이 들면서 다양한 인간관계에 치이고 눌리고 휘둘리면서 육체보다 정신의 상처가 컸던 것 같다. 더러 아픈 만큼 성숙해진 면도 있지만 동시에 아픈 만큼 망가진 측면도 없지 않았다. 그렇게 보는 게 정직한 진단 같다.

'스티그마'의 정체

갈라디아서를 마무리하면서 사도 바울은 뜬금없이 "내 몸에 예수의 흔적을 지니고 있노라"(갈 6:17)고 고백했다. "이후로는 누구든지 나를 괴롭게 하지 말라"는 단호한 명령도 덧붙였다. 여기서 바울은 '흔적'에 해당되는 희랍어로 '*stigma*'라는 어휘를 사용했다. 이 단어는 오늘날도 영어로 음역되어 통용되는데 희랍어 '스티그마'는 대강 다음 몇 가지 의미를 담고 있다.

첫째는 '문신'이다. 예나 지금이나 몸에 문신을 새기는 사연은 다양한데 거기에는 상징적 이미지가 주종을 이룬다. 자신의 몸에 아름다운 문양을 새겨 그 몸의 아름다움을 돋보이게 하기 위해 문신을 새기는 사람들이 있다. 그런가 하면 특정한 상대와의 언약적 교감을 표상하는 기호로 문신을 새겨 서로 간의 각별함을 기리고자 하는 사례도 있다. 마찬가지 맥락에서 특정한 정체성을 공유하는 그룹에 속한 구성원들이 자신들의 은밀한 연대와 인연을 완곡하게 드러내는 방식으로서 문신의 또 다른 효용성이 있다.

둘째로 이 단어에는 '낙인'이란 뜻이 있다. 소나 말의 엉덩이에 불로 달군 인두를 찍어 자신의 소유권을 표시하고자 하는 그런 낙인 말이다. 요새도 이런 방식으로 가축의 소유권을 표시하는 관행이 유지되긴 한다. 그러나 사람을 상대로 '낙인찍는다'고 할 때 그 함의는 단순히 소유권 차원을 넘어 어떤 부정적인 편견을 고착화한다는 뜻으로 전이된다. 우리가 누군가를 특정한 틀로 낙인찍을 때 그 낙인찍는 사람과 낙인찍히는 사람은 새로운 지평에서 새롭게 발견될 여지를 사전에 봉쇄해버리는 관계가 된다. 그것은 서로를 향해 소통하는 관계가 아니라 서로를 자신의 감옥 속에 가둬버리는 관계의 단절에 가깝다. 이런 맥락에서 '낙인'은 상대방을 밀어냄으로써 내 속에 가둬버리는 자폐주의의 함의가 짙다.

이런 어휘 분석에 근거하여 일각에서는 바울이 당시 그리스도인들과 신앙적 정체성을 공유하는 방식으로 무슨 암호 같은 표식을 몸에 문신처럼 새기지 않았을까 (막연히) 추론한다. 실제 로마의 카타콤 등에 남아 있는 물고기 문양은 그 희랍어 *ichthus*의 알파벳 암호로 '예수 그리스도 하나님의 아들'을 표상했다. 이런 종류의 암호가 당시 신자들 몸의 은밀한 부위에 새겨져 있지 않았을까 보는 것이다. 그런가 하면 '예수의 흔적'을 '낙인'의 관점에서 보면, 바울이 예수의 노예로서 자신의 정체성이 그에게 온전히 속한 사실에 두고 이를 에둘러 표현한 것이라고 해석할 수 있다. 이런 해석의 근거는 바울이 자신을 소개하면서 '예수 그리스도의 종'이라고 종종 표현한 데서 찾아볼 수 있다. 그런데 바울은 그 '흔적'이 그러한 타이틀이 아니라 자신의 '몸'에 있다고 말한다. 이 점에 착안하여 혹자는 중세기 성 프란체스코의 전설을 근거로 바울에게도 예수의 십자가 못 자국 혈흔이 그의 해당 신체 부위에 신비로운 방식으로 나타났을지 모른다고 즐겨 상상

거꾸로 읽는 신약성서

한다.

그러나 이런 상상과 전설과 막연한 추정을 넘어 좀 더 개연성 있는 '예수의 흔적'의 내포적 함의는 예수의 복음을 전하는 선교활동 가운데 바울의 몸이 겪어낸 일종의 상처로, 그 상처가 아물어 생긴 상흔 곧 흉터였다는 것이다. 그도 그럴 것이 그의 또 다른 편지 고린도후서는 자신을 괴롭히는 '육체의 가시'를 언급하고 다른 관련 자료들은 그의 몸이 가혹한 매질과 돌팔매질 등의 신체 폭력을 견뎌냈음을 증언하기 때문이다. 물론 그 육체의 자국들이 내포하는 내용은 단일하지 않을 수 있다. 고린도후서 12장 7절에서 바울은 자신이 받은 계시가 지극히 커서 교만에 빠지지 않도록 그의 육체에 '가시'가 주어졌다고 진술하면서 그것을 '사탄의 사자'와 동일시한다. 이 육체의 가시에 대하여 그동안 학자들이 내놓은 추론은 참 다양한데 그중에서 많이 거론되는 것 몇 가지만 예시하면, 안질, 간질, 드러내놓기 민망한 흉터, 말더듬는 증상, 제어하기 힘든 성욕 등이 있다. 이 가시가 떠나가도록 바울이 주께 간구한 결과 그가 받은 응답인즉 '내 은혜가 네게 족하다'는 것이었다.

상처와 권위

이처럼 자신을 겸손하게 돕는 '사탄의 사자'로서 '육체의 가시'

를 언급한 바울은 갈라디아서 6장 17절에서 '예수의 흔적'을 말한다. 그 두 가지 육체의 증상이 동일한 것이었는지 상이한 것이었는지는 쉽사리 단정하기 어렵다. 전자는 질병과 관련된 비가시적인 육체의 통증이라는 심증이 강한 데 비해 후자는 일단 아물어 흔적으로 남은 가시적인 흉터라는 데 생각이 미친다. 여기서 그 상징적 표현의 실체 못지않게 중요한 것 한 가지는 바울이 왜 이런 육체의 증상을 표 나게 내세웠는가 하는 점이고, 또 다른 하나는 바울이 그 고통을 어떻게 다스렸는가 하는 점이다. 전자의 맥락에서 바울은 자신이 개척한 교회가 이신칭의의 교리신학적인 반동에서(갈라디아서), 또 자신의 사도직에 대한 불신의 상황에서(고린도후서) 불거진 심각한 위기에 적극 대응하고자 했음을 확인할 수 있다. 후자의 맥락에서 도드라지는 공통점은 바울이 그와 같은 자신의 약점을 강한 자를 부끄럽게 하고 상황을 반전시키는 권위의 기반으로 활용하고 있다는 것이다. 여기서 우리는 상처가 신앙적인 동력으로 승화되는 지점에서 권위가 발원하는 이치를 찾아볼 수 있다.

그것이 육체적인 것이든, 정신적인 것이든(대개 그 둘은 병존하지만), 사람이 상처를 다스리거나 견뎌내는 방식으로 몇 가지 패턴이 있다. 삶의 동물성에 의존할 때 많은 이들은 자신이 받은 상처를 그 가해자 또는 제3의 피해자에게 고스란히 돌려주는 보복적인 방식으로 그 후유증을 해소하고자 한다. 이 본능이 파괴적인 것이라면 제 상처의 경험을 과장하여 반복적으로 떠벌이는 소극적인 방식도 있다. 타인의 동정에 호소하는 자기 연민의 해법인 셈이다. 이런 것들보다 한수 위의 상책으로는 상처의 아픔을 승화하여 제 존재 기반을 튼실하게 다지고 그 폭발적 에너지를 예술적 또는 신앙적 창조의 동력으로 변환시키는 선택이 가능하다. 이 셋째의 경로를 개척하여 상흔이 제 삶의 진정성과 충실성을 시위하는 지표가 될 때 특정한 상처자국은 권위의 표상으로 빛을 발할 수 있다.

그것은 일테면 '할례'라는 거의 생래적인 신체조건과 달리 자신이 살아온 만큼의 진정성을 담보로 후천적으로 생성된다는 점에서 공짜 은혜, 싸구려 은혜를 견제하는 특이한 믿음의 발화지점이다. 특히 갈라디아서에서 바울이 일관되게 '할례의 복음'에 미혹된 교인들을 공박하면서 그것이 그리스도 예수를 통한 칭의의 은혜를 무력화시키고 '성령의 복음'에 배치되는 반동임을 역설한 것은 주지의 사실이다. 기실 바울에게 중요한 것은 할례로써 구원의 언약을 배타적으로 전유하는 표피적 의미가 아니라 그 이면에 잠재된 신앙적 의미였다.

할례가 유대인으로 태어남과 동시에 표시되는 육체의 흔적이라면 '예수의 흔적'은 예수와의 만남을 충실성의 기초로 삼아 그의 복음을 전파해나간 선교 여정의 이력에 비례하여 자연스레 새겨지는 삶과 사상의 무늬 같은 것이다. 전자와 후자 모두 '정체성'의 보루로 간주된다는 공통점이 있다. 그러나 전자의 정체성은 율법의 유무에 따라 배제하는 정체성이고 후자의 정체성은

'사랑으로 역사하는 믿음'에 의거하여 최대한 포용하는 정체성이다. 바울이 '예수의 흔적'을 상처의 흔적으로 내세운 배경에는 이와 같이 할례의 흔적을 끝끝내 구원의 표상으로 인정할 수 없었던 그의 신학적 의도가 깔려 있었다.

사도 바울이 다른 곳에서 감히 "나를 본받는 자가 되라"고 명령한 것이 허세가 아니었다면, 또 "이후로는 나를 괴롭게 하지 말라"고 간곡한 당부조로 명령한 것이 맹랑한 결기나 자기 연민의 발로가 아니었다면, 그것은 '예수의 흔적'이라는 상처의 권위에 근거한 필연적인 귀결 아니었을까.

예수의 흔적을 가졌는가

오늘날 우리 사회는 흉터를 감추고 상처를 피하는 세태가 강하다. 제 상처가 영광의 흔적이기는커녕 반대로 수치의 증표일 뿐이다. 그래서 자꾸 쉬쉬하며 숨기고 타인의 흉터에서 삶의 올곧은 자취를 살펴주는 일에도 둔감하거나 인색하다. 이런 세태 속에서 사람들은 상처의 방어벽이 검증된 소수자나 취향과 생각의 코드가 통하는 제한된 부류와 배타적으로 어울릴 뿐 다양한 사람들을 허심탄회하게 만나지 못한다. 예수를 믿는다는 신자들조차 그러다 보니 이 시대의 만남들은 좀처럼 선교로 심화되지 못한다.

거꾸로 읽는 신약성서

얼굴에 난 한두 개의 뾰루지 없애러 피부과에 간다고 아직 미성년의 딸내미가 백만 원의 용돈을 요구하더라며 한 친구가 탄식했다. 인생을 절반 넘게 살고도 아직 제 삶의 이런저런 깊은 상처를 적절히 다스릴 줄 몰라 전전긍긍하는 유치한 어른들이 많다. 믿음 충만한 신자들 중에는 의외로 상처의 경험을 복의 결핍이자 화의 기승으로 치부하는 경향이 강하다. 신학은 물론 이 시대의 인문학은 아직 '상처'의 문제를 진중한 연구과제로 간주하지 않는다. 상처라는 주제가 인문학의 담론 속에 본격적으로 심화될 때 그것이 자기 연민의 기제나 파괴적 에너지를 흩뿌리는 중뿔난 훈장이나 완장 권력의 끄나풀이 아니라 아픈 만큼 성숙해가는 삶의 자연스런 권위로 존중받게 될 것이다.

앞서 인용한 이청준의 산문은 젊었을 때 제 흉터를 부끄러워하다가 나중에 어른이 되어 제 흉터에서 어려운 삶을 참고 이겨낸 떳떳하고 자랑스러운 삶의 흔적을 발견하여 그 의미를 수긍하게 되었다고 고백하며 다음과 같은 결론을 내린다. "요즘 사람들 가운데엔 작은 상처나 흉터 하나 지니지 않으려 함은 물론, 남의 아픈 상처 또한 거기 숨은 뜻이나 값을 한 대목도 읽어주지 못하는 이들이 흔해빠진 현상이다. 아무쪼록 자기 흉터엔 겸손한 긍지를, 남의 흉터엔 위로와 경의를, 그리고 흉터 많은 우리 삶엔 사랑의 찬가를 함께할 수 있기를….."

그렇게 우리는 상처와 함께, 상처를 넘어서면서 사랑의 찬가를 부를 수 있을까. 그렇게 상처의 밑자리에서 승화된 치열한 삶의 진정성이 권위의 증거로 당당히 결실될 수 있을까. 상처와 권위의 상호 관계 속에 당신은 과연 상처를 무릅쓴 자리에서 피어오르는 '예수의 흔적'을 가졌는가.

거꾸로 읽는 신약성서

해산함으로 얻는 구원?

딤전 2:15

> 그러나 여자들이 만일 정숙함으로써 믿음과 사랑과 거룩함에 거하면 그의
> 해산함으로 구원을 얻으리라(딤전 2:15).

어떤 종류의 '구원'인가?

구원파의 구원론이 가소로운 것은 성서의 구원에 대해 너무 심한 몰이해를 담고 있기 때문이다. 생각나는 대로 몇 가지 적어보면, 굶주린 자가 양식을 얻어도 구원이고, 병든 자가 고침을 받아도 구원이다. 개인적으로뿐 아니라 거시적으로 한 민족이나 국가가 멸망의 상황에서 회복되는 것도 구원이고 한 공동체가 핍박을 이기고 순교의 영광에 다다르는 것도 구원이다. 성서는 현세의 다양한 곤경에서 구조되는 경험을 분명히 구원론적 맥락에서

이야기한다. 시편의 그 수많은 탄식시편은 개인이나 민족공동체의 현실적 고난 가운데 생성된 것들이다. 그들이 그토록 갈망한 구원은 단순히 힘겨운 현실을 초월하는 데서 그치지 않고 그 현실을 벗어나 '샬롬'의 대안적 현실을 경험하는 것이었다. 마찬가지로 예수가 가르친 하나님나라(또는 천국)도 하늘의 막연한 공간에서 사후에 누릴 내세 지향적 영생의 전당이라기보다 이 땅의 구체적 삶의 자리에서 하나님의 뜻이 이루어지는 사건을 총칭하는 상징적 은유였음이 밝혀졌다. 바울은 그 하나님의 나라를 교회화하였지만, 예수의 십자가 죽음과 부활의 소망 가운데 나타난 하나님의 의가 그를 믿는 성도에게 전가된 것으로 보고 '이신칭의'의 개념으로 구원을 설명하였다. 그런가 하면 요한복음은 한 세대의 물리적 시간이 종료되는 한계를 넘어 이어지는 무궁한 생명, 곧 영생의 차원에서 구원을 설파하였다.

이 모든 종류의 구원은 결국 삶의 경험과 어떤 식으로든 연계되어 있다. 그런데 때로 희한한 종류의 구원이 성서에 나온다. 그 대표적인 예가 바로 디모데전서 2장 15절의 '구원'이다. 거기에 분명히 구원의 대표적인 용어인 '소제인*sōzein*' 동사가 미래시제 수동태로 사용되고 있다. 그 말씀의 외면적 표현인즉 이렇다. "그러나 여자들이 만일 정숙함으로써 믿음과 사랑과 거룩함에 거하면 그의 해산함으로 구원을 얻으리라." '그러나'라는 역접의 접속사는 뭔가 불길한 기대를 품게 한다. '많이 봐준다'는 어투를 함축하고 있기 때문이다. 그래서 직전 구절을 봤더니 창세기의 인간 창조 이야기와 타락 이야기를 특수한 관점에서 부각시킨 내용이다. 다시 그 요점을 뽑아 정리하면 창세 시에 아담이 여자 하와보다 먼저 지음을 받았고 타락 시에 아담이 속은 것이 아니라 여자가 먼저 속아 죄에 빠졌다는 것이다. 이 진술을 액면 그대로 새기면 인간 창조의 순서에 비추어 아담이 여자보다 우월하고 이 땅의 원죄는 아담이 아닌 여자 하와에게서 비롯되었다는 뜻이 된다. 이 본문에서는 이름 '하와'를 아예 언급조차 하지 않는다. 그냥 보통 명사로 여자 전체를 그 집합적 범주로 거론한다. 창세기의 그 이야기는 하나님이 보시기에 심히 좋은 인간을 당신의 형상대로 특별히 기획하여 지으시고 다른 피조물과 달리 하나님의 생령을 불어넣어주셨다는 은총의 이야기다. 타락 이야기는 누가 먼저랄 것도 없이 하나님께 인간이 불순종하여 결국 이 땅에 죄악이 들어오고 실낙원의 비극을 초래하여 고난 어린 인생길이 시작되었다는 게 핵심 요지이다.

이상한 구원과 '과부성직단'의 정체

그런데 갈라디아서 3장 27-28절에서 "누구든지 그리스도와 합하기 위하여 세례를 받은 자는 그리스도로 옷 입었느니라. 너희는 유대인이나 헬라인이나 종이나 자유인이나 남자나 여자나 다 그리스도 예수 안에서 하나이니라"라고 말한 바울을 안다면 저 이야기를 저런 관점에서 별나게 읽으리라고 누가 쉽게 예상할 수 있겠는가. 여자 조상의 열등한 출생 기원과 타락의 빌미를 제공한 그 실수의 원죄가 두고두고 인간에게 대물림되어 인간의 비극적 삶에 숙명적 족쇄가 되었다는 말인데, 그것도 남녀 인간 공히 공평하게 부담하기 억울하다는 듯이 여자에게 가혹한 추궁을 하고 있는 셈이다. 그래도 가망이 있단다. 현재의 여자들이 혼인을 하여 남편의 씨를 받아 임신하고 해산을 하면 그 억겁의 죄짐을 벗고 구원받을 수 있단다. 물론 그것으로 족하지 않다. 여성들이 제 육체를 아름답게 치장하기 위해 화려한 옷과 보석 장신구에 쏠리는 관심을 끊고 의복은 그저 단정히 하면 된다. 나아가 내면의 수양에 힘써 '소박함과 정절'로 자신을 갈무리하고 "정숙함으로써 믿음과 사랑과 거룩함에 거하면" 해산의 임무를 다하는 여자 노릇과 함께 구원이 허락되리라는 것이다.

그런데 이건 과장도 아니고 좀 우스꽝스럽지 않은가. 저 말을 뒤집으면 아무리 정숙함으로써 믿음과 사랑과 거룩함에 거하더라도 해산하지 못하면, 또 해산하기 위해 혼인하여 성관계를 갖지 않으면 구원을 받지 못한다는 뜻도 되기 때문이다. 그게 저자의 본심이 아니었다면 이 희한한 '해산 구원론'에는 어떤 내력이 담겨 있단 말인가. 저자와 일차 독자들은 다 아는 내부의 사정이 있었을 텐데 현재의 독자들은 감감할 뿐이다. 이렇게 우스꽝스러운 억지의 뉘앙스를 무릅쓰고 이런 말을 하게 된 뭔가 절박한 저자의 입장이란 게 있지 않았을까. 또 그러한 이야기를 들어야 할

거꾸로 읽는 신약성서

만큼 심각한 공동체 내부의 사정도 있지 않았을까. 일단 그렇게 생각하기로 한다. 그리고 나는 디모데전서의 앞뒤 맥락과 당시 주변의 참고자료를 모아 해석의 불을 지펴본다. 거기에 피어나는 의미의 연기 속에 뭔가 숨겨진 말 못할 사연도 대강 잡힐 듯하다.

교리적 독단의 심급으로 단정할 사안은 아니지만 비평적 성서학자들 사이에 디모데전서의 원저자는 바울이 아니다. 바울의 사후, 한 세대 지난 뒤 아마도 바울계의 신앙공동체에 속한 제자뻘 되는 사람이 당시의 문화적 관행에 준하여 자연스럽게, 존경하는 바울의 이름을 가탁하여 이 서신을 썼으리라는 것이다. 물론 거기에는 학자들이 제출하는 꽤 신빙성 있는 증거들이 있다. 문제는 그리스도 안에서 세례 받으면 남자와 여자가 하나라는 확신에 찬물을 끼얹듯 이 저자가 왜 이런 심한 말을 했느냐는 것이다. 이와 관련해서는 당시의 가부장체제에 순응하여 교회공동체가 교회 내에 이러한 가부장주의적 질서를 확립하고자 했기 때문일 것이라고 추론할 수 있다. 더 심각한 질문은 그 뒤에 나온다. 단지 시세에 편승하려는 수동적인 입장을 넘어서는 공동체 내부의 특수한 사정이 있었다면 그것이 무엇일까 하는 질문이다.

우리는 여기서 예수의 하나님나라 운동에 동참하여 따라나선 사람들의 면면을 잠깐 짚어볼 필요가 있다. 거기에는 이미 형성된 가정을 떠나 부모를 버리듯 출가한 사람들, 그러니까 하나님의 뜻대로 행하는 자들이 혈통의 인연을 훌쩍 넘어 서로 형제와 자매로 엮어 '하나님의 가족'을 구성한 사람들이 있었다. 그들은 한 군데 정착하여 교회를 조직하고 거기에 안착한 사람들이 아니었다. 갈릴리 일대와 그 주변을 유랑하면서 예수의 무소유 스타일을 모방하여 가난한 자들로서 하나님나라의 복음을 선포하던 예언자들이었다. 이러한 유랑의 스타일은 사도 바울에게 이어졌거니와, 예수와 마찬가지로 바울도 독신의 몸으로 혈통가족의 울타리 안에 안주하지 않았다. 특히 바울은 고린도전서 7장에서 독신의 삶을 선호하여 영과 육 모두 순결하게 보존하여 분열되지 않은 한마음으로 주를 섬기는, 다소 금욕적인 삶의 스타일을 종말신앙의 맥락에서 옹호한 바 있다.

가부장체제하의 구조조정

그런데 이러한 금욕주의 신앙과 예수 재림의 종말신앙은 후대에 적잖은 부담으로 작용했다. 남자들보다 여성들의 경우가 심각했다. 〈바울과 테클라 행전〉이라는 외경행전이 잘 보여주듯이 이러한 풍조 가운데 처녀로서 과부를 자처하면서 예수를 신랑 삼아 사도의 독신적 섬김의 발자취를 따르고자 하는 이른바 '처녀-과부'들이 적잖이 양산되었기 때문이다. 여성으로 그들이 군이 단발을 하고 남장을 하면서 자연인으로서 과부가 아니면서도 신앙적으로 과부를 자처한 것은 남성 주도의 가부장체제에서 여성으로서 유혹의 빌미를 제공하여 뱀의 꼬드김에 말려든 하와의

거꾸로 읽는 신약성서

전철을 되풀이하지 않기 위함이었던 것 같다. 디벨리우스라는 성서학자는 이들 범주를 일종의 '과부성직단'으로 해석했다. 그 과부들이 교회의 안팎에 포진하여 도고와 중보기도 등으로 소극적인 성무의 일부를 떠맡음으로써 교회에서 생계를 어느 정도 보전해주던 저간의 상황을 미루어 짐작할 수 있다. 또 그 그룹에 참여하기 위해 일종의 서원 절차를 밟았을 가능성도 추론해볼 수 있다. 그러나 그들은 그렇게 공동체 내부에 더부살이하는 마냥 소극적이고 수동적인 존재만은 아니었던 것 같다. 〈바울과 테클라 행전〉을 비롯한 외경행전 자료를 분석해보면 상대적으로 몸사리고 소심한 남성 사도들과의 관계에서 이들 과부들은 매우 도전적인 자세로, 주어진 억압적 현실과 부대껴 용감하게 싸우면서 선교의 외연을 확장해나간 믿음의 전사들로 묘사된다.

여기까지는 좋았다. 그다음이 문제였다. 역사상 아이러니는 항상 '이후'의 문제와 결부된다. 구원의 확신을 품게 된 이후, 성령으로 충만하게 된 이후, 성령의 인도를 받아 선교지에서 죽도록 충성하고 풍성한 열매를 맺게 된 이후의 미묘한 행보와 과부하 걸린 공동체의 우여곡절 내막, 또는 이로 인한 심리적 후유증 같은 것 말이다. 너무 많은 처녀들이 과부로 나서면서 대략 두 종류의 문제가 생긴 것 같다. 그들의 공백은 상대적으로 혈통가족의 활성화를 통한 교인의 자연 증가가 어려워진 상황을 암시한다. 물론 그 와중에도 저 하늘로 올라가신 예수는 재림하지 않은 채 세월을 보내고 있었다. 일각에서는 예수가 보혜사 성령을 통해, 또는 교회의 성립과 선교적 팽창 과정에서 이미 영적으로 재림해 계시다고 믿는 사람도 없지 않았던 것 같다. 이런 상황에서 계속하여 '처녀-과부들'이 양산되다 보면 후대에 교회의 존립마저 보장받기 어려우리라는 현실 인식을 공유하는 민첩한 공동체 관리자들이 생겨나지 않았을까. 더구나 일부 처녀가 과부로 서원하고 교회의 녹을 먹으면서 성무에 힘쓰다가 나중에 남자와 사랑에 빠져 그 서원을 깨고 혼인해야 하는 불가피한 상황도 발생했을 법하다. 이는 과부성직단의 질서에 심각한 균열을 가하면서 전체 교회의 생존과 발전에 불리한 변수로 작용할 수 있었다.

이러한 제반 속사정에서 과부성직단을 구조조정하면서 그 몸집을 줄이고 내부규율을 엄격하게 정립해나간 흔적, 이를테면 성령 충만을 빙자하여 교회 안팎에서 너무 나대거나 드센 여성들을 통제하고자 하는 움직임이 디모데전서 5장에 반영되어 있는 듯하다. 거기에는 '과부의 명부'에 올려 교회의 구제 대상에 포함시킬 만한 자격 요건을 "나이가 육십이 덜 되지 아니하고 한 남편의 아내였던 자"(딤전 5:9), 곧 연세가 지긋한 자연 과부로 한정한다. 물론 거기에 자녀 양육, 나그네 대접, 성도들의 발을 씻는 섬김, 환난 당한 자들의 구제 등을 아우르는 "선한 행실의 증거"도 포함된다(딤전 5:10). 이러한 기준에 맞지 않는 젊은 과부는 더 이상 '처녀-과부'를 자처하지 말고, 나중에 서원을 깨고 정욕을 쫓아 시집가기보다 순리에 따라 그냥 혼인하여 아이를 낳고 집을 다스리는 부녀자의 일에 힘쓰라는 것이다. 그것이 교회가 마

거꾸로 읽는 신약성서

치 반사회적인 집단인 양 오해받아 "대적에게 비방할 기회를 조금도 주지" 않는 가장 요긴한 처사라고 여긴 셈이다(딤전 5:14). 나아가 '참 과부'나 거기에 끼지 못한 자들을 교회가 다 부양하는 것은 재정적인 부담이 너무 컸던 모양이다. 그리하여 그들을 부양하는 일을 그들 가족 내지 친족들에게 전부 또는 일부를 위임하여 교회가 떠맡아야 할 부담을 최소화하려는 전략도 엿보인다(딤전 5:8-16).

'해산 구원론'의 공정한 자리매김

이러한 복잡한 사연이 화자의 강력한 어조 속에 응축되어 나온 한마디가 바로 이러저러한 미덕에 덧붙여 여성이 해산함으로써 구원을 받으리라는 앞의 메시지다. 나는 이 말을 바울 또는 그 필명의 저자가 마냥 과장해서 했다고 생각하지 않는다. 물론 재미있게 말하려고 의도한 썰렁한 농담은 더더욱 아니었을 것이다. 진담은 진담이로되 공동체 안팎의 사정이 워낙 다급하다 보니 화끈하게 명령함으로써, 인간의 결혼까지 교리적으로 억압하려는 꽉 막힌 금욕주의 풍조를 견제하고자 했을 것이다. 그리하여 내일 종말이 오더라도 오늘 한 그루의 사과나무를 심는 심정으로 공동체의 미래지향적 생존과 조직 운영상의 합리적 효율성을 살려보려는 심각한 의도가 이런 방식으로 분출되었으리라 본다.

요컨대 여성들이 해산함으로써 구원을 받으리라는 말씀의 진의는 예의 맥락적 진정성을 살려 해석되고 적용되어야 한다. 구약성서 창세기에는 롯의 두 딸이 자신의 아비를 술 취하게 하여 힘들게 자손을 보는 이야기가 나온다. 참 해산 한번 하기 힘들다. 이렇게 힘들게 어미가 되고 자식을 낳아야 했던 동굴 속의 사정을 오늘날의 근친상간 논리로 몰아붙이면 그 맥락적 진정성은 반감된다. 과부가 된 다말이 시아비 유다를 속여 매춘부로 위장한 몸으로 그를 받아들여 자식을 봐야 했던 눈물겨운 사연도 마찬가지다. 젊은 여성들이 종말신앙의 열풍에 휩쓸려 다수가 '처녀-과부'로 자처하는 게 영광스러운 것처럼 상찬되고 창조질서의 일부인 혼인의 값어치가 부인되는 극단적 상황에서라면, 그 현실에 개입하여 과부성직단을 구조조정하는 부득이한 처결에 이해할 만한 구석이 없지 않다. 아울러 이로 인해 교회의 생존이 궁색해지고 그 미래를 담보할 수 없는 형편이라면 교회의 관리와 운영 일선에 선 가부장 지도자들의 심산이 한층 더 복잡해질 수밖에 없었으리라.

　따라서 본문에서 단호하게 펼쳐진 '해산 구원론'(나의 작명!)의 구원은 공동체를 그 반사회적 집단의 오명과 생물학적 생존의 위기 상황에서 구제하는 의미에서의 구원이었다고 봐야 한다. 이는 또한 욕망의 절제와 생존의 도모 사이에 요청된 신학적 균형감각이 절박한 현실 가운데 표출된 '신학적' 구원의 일환이었다고 봐도 좋을 것이다. 애꿎은 면이 있다면, 당시의 시대적 제약으로 인하여, 여성들이 그 구원의 주역으로 일차적 호출 대상이 되었다는 점이다.

오늘날 출산율이 급격하게 저하되어 우리나라가 일본의 전철을 따라 초고령화 사회로 진입 중이라는 뉴스가 자꾸 불길하게 들린다. 정부의 각종 대책이 미봉책으로 겉도는 틈새로 젊은이들은 연애도 결혼도 출산도 포기하려는 듯 3포 세대를 자처하는 추세가 강화되고 있다. 오죽하면 그럴까 싶으면서도 너무 재고 따지고 계산하느라 저지르지도 않아보고 몸 사리는 건 아닌가 하는 기성세대의 노파심이 가끔 작동하기도 한다. 나는 특별한 소명이나 신념에 따라 선택한 삶의 양식을 쫓아 자발적으로 독신자가 된 이들을 존중한다. 자신의 소중한 '성性'을 포기하거나 그 의미를 초월적인 지경으로 승화시킴으로써 더 성스러운 가치를 추구하는 이들에 대한 외경심도 여전하다. 마찬가지로 이 땅에 적지 않은 비자발적인 미혼자나 비혼자도 역시 딱히 묻기가 면구스러워지는 말 못할 수많은 속사정이 있음을 알고 예의상 그 앞에서 침묵한다. 물론 가끔 도와줄 길이 없는지 궁리하다가 몇 차례 접속의 도우미로 나선 적도 있다. 이와 동시에 나는 혼인한 젊은 부부나 혼인을 앞두고 연애의 단꿈에 젖은 많은 청춘남녀들이 해산함으로써 받는 구원의 경험이 어떤 것인지 감격적으로 맛보았으면 하는 기대도 없지 않다.

나는 내 몸으로 직접 해산한 적은 없지만 세 아들의 탯줄을 내 손가락으로 잘라주면서 그 가윗날에 번지는 생명의 살 떨리는 긴장감을 체험한 적이 있다. 엄마가 되기 위해 고된 모험을 감행한 아내에게는 늘 빚진 마음의 여백을 간직하고 산다. (오호통재라! 그 빚을 내 나름의 방식으로 갚기 위한 모략으로 지금까지 수많은 책을 해산하는 수고를 지속해오고 있으니!) 그 구원은 두 인간이 만나 한 어린 생명을 만들어 전혀 새로운 세상의 태반을 조성해가면서 경험하는 인간화에 필요한 구원이고, 하나님이 이 세상을 향한 희망을 포기하지 않았음을 내 몸으로 증명하고자 새로운 구원의 대상을 제출하려는 예비적 구원의 행위이기도 하다. 그렇지 않은가. 새 생명이 태어난다는 것은 이 세상이 인류의 멸종이라는 파국으로 치닫지 않고 그것보다는 좀 더 낫게 지속된다는 희망의 연장 아닌가 말이다. 말이 되든 말든, 나는 이렇게 이 해산 구원론의 새로운 자리매김을 시도해본다.

거꾸로 읽는 신약성서

털외투와 가죽책의 사연

딤후 4:13

—

네가 올 때에 내가 드로아 가보의 집에 둔 겉옷을 가지고 오고 또 책은 특별히 가죽 종이에 쓴 것을 가져오라(딤후 4:13).

사적인 부탁인가, 문학적 연출인가

신약성서의 디모데전후서, 디도서를 통칭하여 '목회서신'이라고 한다. 이 일련의 서신들이 교회의 실천적 사역과 관련된 목회적 관심사를 풍성하게 담고 있기에 그렇게 부른다. 이 서신들은 전통적으로 사도 바울이 쓴 것으로 수용되어왔지만 전문 학계에서는 그렇게 보기 어렵다고 판단하며 여러 학문적 근거를 제시해왔다. 예를 들어 이 서신들에서 이름 외에 사용된 848개의 어휘들 중 306개가 나머지 바울 서신에 나오지 않는다. 그 가운데

175개 단어가 신약성서의 다른 곳에 등장하지 않는다. 나아가 이런 낯선 어휘들의 의미가 이전의 바울 서신들에서 직조된 개념과 잘 어울리지 않고 헬레니즘 철학의 개념에 가깝게 다가온다는 점도 지적된다. 그게 전부가 아니다. 이 서신들의 문체를 보면 이전 바울 서신에 나타난 논쟁적인 열정이 느껴지지 않고 대신 조용하고 명상적인 문체가 주조를 이룬다. 또 이 서신들에 암시된 바울의 상황이 그의 생애 연대기 중 어느 부분과도 맞아떨어지기 어려운 점이 거론되기도 한다. 바울이 혹시 로마의 감옥에서 풀려났었는가 하는 의혹이 생기는 것도 바로 이 대목에서다. 뿐 아니라 서신 내부에 암시된 교회의 제반 정황이 제도화가 많이 진전된 후대의 기독교적 특징을 반영하고 있다는 점도 걸린다. 이렇게 존경하는 인물의 이름을 가탁하여 편지를 쓰거나 문서를 작성하는 것은 표절에 대한 이즈음의 근대적 의식과 전혀 동떨어진 당대의 문화적 관행 속에 지극히 당연시되었다는 논점도 이러한 판단에 적잖이 영향을 끼친다.

물론 여기에 대한 반론도 가능하다. 바울이 늙어 이런저런 부분에서 많이 달라졌다고 해명할 수 있기 때문이다. 사람의 마음이 자주 변하고 가치관과 인생관도 변하는데 그깟 어휘와 문체, 사상의 변화가 무슨 대수랴 여기면 그만이다. 교회 내부의 사정도 당시 모든 교회 경우를 일반화할 수 없고 우리가 추정하는 것보다 집사, 장로, 감독 등의 제도가 훨씬 더 일찍 확립되었다고 밀어붙일 수도 있는 노릇이다. 그러나 이러한 논리가 힘을 받지 못하는 상황에서 학자들은 이 서신들을 후기 바울 서신이나 제2 바울 서신의 범주에 묶어 별도로 분류해왔다. 그런데 여기서 디모데후서는 그런 분류에 저항하는 특이점을 가지고 있다. 왜냐하면 바울이 옥중에 갇혀 자신의 생애 마지막을 예감하면서 이런저런 사적인 관심사를 토로하는 대목이 몇 군데 눈에 띄기 때문이다. 이 글에서 예시하는 4장 13절이 특히 그런 증거로 거론된다. 여기서 바울은 가보의 집에 두고 온 털외투와 양피지로 만든 두루마리 책 한 권을 가져다달라고 제자 디모데에게 부탁하고 있다. 이런 세밀한 사적인 관심사가 피력되어 있는데 어떻게 이를 위서로 볼 수 있겠냐는 항변이 응당 튀어나올 만한 상황이다. 그러나 이와 관련해서는 역발상의 접근도 가능하다. 일각의 비평적 학자들은 이렇게 세밀한 사적인 관심사를 여기에 집어넣어 기록함으로써 이 서신이 바울의 친작서신으로 돋보이게끔 문학적 연출을 시도한 것이라는 반론을 제기하였다.

상정된 음지의 상황

여하간 디모데후서 전체를 살펴보면 이 서신의 저자(일단 바울이란 이름으로 상정해두자)가 처한 상황이 만만치 않았던 것 같다. 그는 이 편지에서 자신의 생애 마지막을 직감하면서 이렇게 고백한다. "전제와 같이 내가 벌써 부어지고 나의 떠날 시각이 가까웠도다"

(딤후 4:6). 그처럼 절박하게 자신의 최후 운명을 느낀 것은 그가 "사슬에 매인"(딤후 1:16) 상황과 무관치 않았던 것으로 보인다. 저자는 자신의 이런 수감 현실을 부끄럽게 여기지 않고 로마에 있을 때 부지런히 찾아와준 오네시보로의 집에 긍휼을 기원하면서 그가 에베소 교회에서 행한 봉사를 상기시켜준다(딤후 1:16-18). 이와 같이 '로마에 있을 때'를 과거지사로 간주하고 있다면 지금은 그 감옥(또는 연금 상태)에서 풀려나와 다른 곳에서 활동하고 있다는 것일까. 참 수상한 대목이 아닐 수 없다. 그렇지만 분명한 사실은 여기서 주인공이 처한 인간관계의 현실이 오네시보로 같은 우호적인 아군보다 적대자 또는 배신자들로 둘러싸여 매우 곤혹스럽고 쓸쓸한 상황으로 비친다는 점이다.

예컨대, 고린도전후서, 갈라디아서 등의 경우에서 보듯이 그가 자신의 신학적·정치적 대적들을 격렬하게 공박하는 순간에서조차 전혀 그 이름을 실명으로 거론하지 않는 신중함을 견지하던 바울이 이곳에서는 과도할 정도로 낱낱이 그들의 이름을 까발리면서 그들의 저열한 행각을 고발하고 있다. 가령 부겔로와 허모게네는 아시아(에베소?)에서 바울을 버린 일로 지적당하고 (딤후 1:15), 후메내오와 빌레도는 부활 신앙을 부인하는 말을 일삼아 '악성 종양'으로 지탄받고 있다(딤후 2:16-18). 나아가 한때는 바울과 동역하다가 그를 떠나가버렸거나 그에게 등을 돌려 해코지를 한 원망스런 이들의 명단에 그는 데마와 그레스게, 디도, 그리고 구리세공업자 알렉산더 등을 거론한다. '사랑받는 신실한 일

거꾸로 읽는 신약성서

꾼'(골 4:7)으로 거명되는 두기고는 에베소로 파송된 상태이고 일찍이 바나바와의 동역 기간에 대열을 이탈한 마가는 다시 관계를 회복했는지 그 유익함을 긍정하여 디모데가 올 때 데려오라고 부탁을 한다. 바울이 옥에 갇힌 상태에서 이러한 파손된 대인관계로 적잖은 상처의 기억에 시달리면서, 또 늘그막에 이로 인해 은근히 억하심정이 생겼으리라는 것은 충분히 이해할 만한 상황이다. 그러나 원망과 탄식이 전부였을까. 아니다. 그는 더 많은 지면을 할애하여 사랑하는 제자 디모데에게 험악한 세상 현실을 직시하고 그리스도의 군사로 '선한 싸움'의 사명을 잘 수행해나가라고 권면한다. 그것은 사도로 기억되는 바울이 마땅히 끝까지 견지해야 할 그의 공적인 책무였다. 그러나 그게 전부가 아니었다. 그는 인생의 겨울을 맞이하여 자신에 대한 매우 세심한 배려를 하고 있기 때문이다.

자기에 대한 배려

바울 당시 유대인들이 입었던 의복으로 몇 가지 종류가 있었다. 먼저 '신돈sindōn'이라 칭하는 아랫도리 속내의가 있었는데 아마천으로 만들었다. 이는 경우에 따라 시신을 감싸는 수의로도 활용되었다. 예수가 제자들의 발을 씻어줄 때 허리춤에 찼던 바로 그 옷이다. 또 겟세마네에서 예수를 몰래 뒤따르던 익명의 청년이 도망치다가 벗어던진 옷도 바로 이런 종류다. 윗도리로 입었던 속옷은 '키톤chitōn'이라 했는데 길이가 길어 그 끝이 무릎 아래까지 내려왔다. 노아가 포도주에 취했을 때 두 아들이 뒷걸음질 쳐서 덮어주었다는 옷이 바로 이런 종류였을 것으로 짐작한다. 이 두 옷 위에 걸쳐 입는 대표적인 겉옷을 신약성서에서는 '히마티온himation'으로 표기한다. 예수가 예루살렘에 입성할 때 군중이 땅바닥에 깔아주었다는 옷, 맹인 바디매오가 예수를 부르며 벗었다는 옷, 그리고 혈루병 앓던 여인이 병 낫기를 소원하며 만진 예수의 겉옷이 바로 이 옷이었다. 그 밖에도 특별한 경우 꺼내 입는 잔치예복이 있었고, 로마풍의 셔츠가 부유층에 의해 유행을 타기도 했지만, 일반 서민들이 방한용으로 거칠게 엮어 만들어 입던 망토 같은 털옷이 활동하기 편리하여 장사꾼이나 목자, 여행객들이 상용하였다. 세례 요한이 입었다는 낙타털옷이 이런 종류가 아니었을까 추측된다. 좀 세련된 재질로는 양털가죽이 선호되었지만 염소가죽으로 두툼한 가죽털옷을 만들어 입는 것이 보통이었다.

옥중에서 한기를 느꼈는지, 아니면 겨울이 다가와 감기 든 늙은 몸에 오한이 왔는지 바울은 디모데에게 사적인 부탁을 하면서 가보의 집에 두고 온 이 털외투를 언급한다. 드로아에 사는 가보가 어떤 사람이었는지는 전혀 알 길이 없다. 그러나 드로아는 바울의 선교여행 코스에 나오는 소아시아 서안의 도시이고 거기에 사는 가보라는 사람의 집에 그가 잠깐 들렀던 정황이 포착된다. 저자는 몸이 추위에 시달리던 중 이 외투 한 벌의 행방을 곰곰이 추적하다가 퍼뜩 두고 온 곳이 생각나서 이런 부탁을 하고 있다는 직감이 든다.

이 당시 옷 한 벌은 재산의 일부였다. 특히 겉옷은 은행에 담보로 잡힐 만큼 값어치가 있었고 여행 시 담요 역할도 하는 등 다목적 용도가 있었다. 바울은 자신의 몸이 매인 상태에서 이 털외투 한 벌을 떠올리며 가져와달라고 간절히 부탁을 하고 있는 것이다. 나아가 그는 추가로 양피지로 만든 가죽책을 부탁한다. 감옥같이 밀폐된 공간은 인간의 삶을 한없이 단순하게 만든다. 일단 몸이 견뎌야 하니까 그 썰렁한 공간의 한기 속에 몸을 보호하기 위해 뜨듯한 가죽털옷을 생각해낸 것이고, 또 가만히 있자니 한없이 심심하여 읽을거리로 두툼한 양가죽 두루마리 책을 부탁했음 직하다. 내일 당장 희생 제물로 자신의 생명이 제단에 바쳐진다 할지라도 오늘 하루 동안 제 생명의 숙주인 몸과 정신을 견디기 위해 그가 최선의 배려를 하고 있단 생각이 든다.

종말 인생의 월동준비

바울이 자신의 최후를 예감하며 자신에 대한 배려의 물건으로 부탁한 이 털외투 한 벌과 양피지 두루마리 책은, 그 가죽이라는 재질의 연상기법상, 아담과 하와가 에덴에서 쫓겨날 때 하나님이 불쌍히 여겨 손수 지어 입히셨다는 가죽옷을 떠올리게 한다. 또 그 가죽 재질의 상징적 암시기법상 이 두 소품은 아무리 시원찮은 인간, 아무리 늙어 부실해진 몸이라 할지라도 피할 수 없는 하나님의 불가항력적 은혜, 즉 내구성 있고 지속성 있는 견고한 그 은혜를 생각나게 한다. 무엇보다 이 두 물품은 평생 남을 가르치고 훈계하며 살아온 사람이 막판에 자신의 헐벗은 모습을 발견하고 자신을 신중하게 배려하는 성찰의 표상처럼 보인다. 평생 헌신적인 삶을 통해 남을 권고하면서 구원의 길로 인도하는 사명을 수행해오다가 정작 자기 자신의 형편이 황폐한 상태로 썰렁해진다면 그런 몰골이 결코 은혜스러운 게 아닐 것이다.

  기독교인이 되면 사람이 수동적이 되고 심지어 노예근성이 늘어난다는 지적이 있다. 툭하면 하나님께 이거 해달라, 저거 해달라, 어린애 응석부리듯 칭얼댄다면 그건 좋은 게 아니다. 자기가 노력하여 쉽게 하거나 옆 사람에게 부탁하면 금세 이루어질 일도 하나님 타령하면서 하나님께 떠넘기는 습성이 생긴다면 그것은 타기해야 할 악덕이다. 그러다 보니 어떤 일의 결과도 그 책임을 하나님께 떠넘기면서 하나님의 뜻대로 이루어진 거라며 자신의 책임을 방기하는 습성까지 생겨나는데, 문제는 이러한 타성이 곧잘 정당화된다는 것이다. 예수의 한 비유(막 4:26-29)가 일러주듯, 땅에 뿌려진 씨가 어떻게 싹이 트고 자라는지 우리는 잘 모르지만 땅이 스스로 그 씨를 품어 싹을 틔워 자라게 하고 열매를 맺게 하는 그 내부의 여건을 하나님이 마련해두었다. 그 '스스로

automatē'의 원리는 우리가 하나님이 부여한 자유의 이름으로, 또 각자 생명에 내장된 만만찮은 역량으로 많은 일을 수행할 수 있음을 암시한다. 예수는 사마리아의 한 우물가에서 물 긷는 두레박을 기적으로 만들지 않았다. 이미 두레박을 지닌 한 여인에게 '물을 좀 달라'고 부탁했다. 제자 디모데가 장腸이 좋지 않았는지, 사도 바울은 그의 위장과 자주 나는 병을 위하여 물만 마시지 말고 포도주를 조금씩 마시라 권면했다(딤전 5:23). 바울은 여기서 디모데에게 그의 위장병 낫기를 간구하며 한 주간 금식기도를 하라고 명하지 않았다. 상식적인 자기 배려를 권한 그가 이제 자신을 위하여 가죽외투와 가죽책을 부탁하며 자기 인생의 월동준비를 하고 있는 것이다.

매년 우리는 겨울의 길목으로 진입한다. 대책 없이 썰렁해지지 않도록 우리의 몸도, 마음도 세심한 배려가 필요할 때다. 할 일은 많은데 감기몸살 등의 잔병치레로 우리 심령이 짓눌리지 말아야 하겠다. 규칙적인 운동과 성찰로 일상의 페이스를 조절하면서 우리 인생의 겨울을 미리, 천천히 준비하고 부지런히 몸을 놀려 주변을 정갈하게 관리하며 제 앞가림을 책임지는 자율적 습성을 키워나가면 어떻겠는가. 그렇게 자기 자신의 절박한 필요가 무엇인지 종말론적 긴박감 속에서도 늘 현명하게 분별하여 자기에의 배려에 힘쓰는 자들이라야 마지막 순간까지 무너지지 않고 견딜 수 있다. 그 반대의 길은 매사에 헌신과 희생, 순종의 명분을 내걸며 쉽사리 자기에의 배려를 포기하고 그 결과를 제 편리한 대

로 하나님의 뜻인 양 고백하는 것이다. 그 와중에 제 심신이 마비
되고 제 의식이 무너진 것도 모른 채 말이다.

그 '영'과 '옥'은 어떤 영과 옥인가

베드로전서 3:18-20

—

그리스도께서도 단번에 죄를 위하여 죽으사 의인으로서 불의한 자를 대신하셨으니 이는 우리를 하나님 앞으로 인도하려 하심이라. 육체로는 죽임을 당하시고 영으로는 살리심을 받으셨으니 그가 또한 영으로 가서 옥에 있는 영들에게 선포하시니라. 그들은 전에 노아의 날 방주를 준비할 동안 하나님이 오래 참고 기다리실 때에 복종하지 아니하던 자들이라. 방주에서 물로 말미암아 구원을 얻은 자가 몇 명뿐이니 겨우 여덟 명이라(벧전 3:18-20).

성서의 아킬레스건

성서학자가 아무리 주석의 위용을 발휘하며 성서 텍스트를 종횡으로 담대하게 누비는 전문가라고 할지라도 건드리지 않는 게 더 좋을 듯싶은 구절이 있다. 일종의 터부 같은 구절이다. 이유는 충분하다. 그 구절이 기독교 교리에 매우 민감하게 관여하여 결정적인 증거로 작용함에도 불구하고 그 해석상의 의미는 매우 모호하거나 복잡하기 때문이다. 아무리 열심히 찧고 까부르며 해석의 난장을 펼쳐놓아도 그럴수록 저자의 속셈과 의도는 미궁으로 빠져드는 게 문제다. 또 교리적으로 민감한 부분을 건드림으로써 교권의 집중 포격을 맞아 난데없이 마녀사냥의 올무에 걸려들 수도 있으니 이런 해석의 아골 골짝을 누가 흔쾌히 들어서고자 할 것인가. 그래서 아킬레스건처럼 느껴지는 것이리라. 그 대표적인 사례로 이번에 도전하고자 하는 철옹성 같은 구절이 바로 베드로전서의 상기 본문이다. 언젠가 한국 교계의 존경받던 한 목사가 이 구절과 연계된 사도신경의 옛날 버전, 즉 예수가 죽으시고 부활하시기 전 옥에 있는 영들에게 말씀을 전하셨다는 내용을 다시 재생시켜 쟁론거리로 삼은 까닭에(그것이 전부는 아니었고 오히려 지엽적 빌미이긴 했지만) 집중 난타를 당하면서 교단에서 목사직을 박탈당하는 수모를 겪기도 했다. 이 한 가지 엉뚱한 스캔들만 봐도 우리의 신학계와 교계가 성서 해석에 얼마나 여유가 없고 자신이 없는지 여실히 확인된다.

'하나님 사랑'과 '이웃 사랑'의 계명처럼 그리 복잡한 해석의 과정을 거치지 않아도 최종 결론을 내릴 수 있는 성서의 교훈도 많이 있다. 하지만 세밀하게 파고 들어가면 해석의 미로가 촘촘하여 좀처럼 그 최종적인 의미를 드러내기 어려운 구절도 많다. 그것이 교리적인 성감대에 어떤 영향관계가 있든, 그 해석의 물꼬를 트고 방향을 잡는 것을 교권의 힘으로 밀어붙이거나 겁박하는 것이 얼마나 무모하고 해로운지는 지난 역사를 통해 충분히 반증된 바다. 따라서 이런 구절은 꾸준히 논의하고 해석의 지경을 넓혀가면서 다양한 가능성의 활로를 열어두고 그중에서 무

거꾸로 읽는 신약성서

엇이 더 개연성이 높은지 차근차근 잠재적 논의의 열매를 수렴해가는 수밖에 없다. 성서에서 난해하거나 불가해한 구절이 존재하여 전문 학자들을 수렁에 빠트리고 일반 신앙인들을 헷갈리게 만드는 것은 어느 정도 불가피한 현실이다. 성서란 책이 2천 년 넘게 오래 묵은 고대의 책인 이유도 있거니와, 동시에 문자로써 명료하다 해서 그 심층의 의미마저 투명할 수는 없는 해석학의 묘연한 세계 자체가 그런 현실을 강요한다. 그러나 이것이 역설적으로 은총일 수도 있다. 성서가 하나님의 말씀이라는 고백 앞에 우리의 지성이 허락하는 해석의 역량과 추론의 반경이 한정되어 있다는 겸손한 깨달음이 거기서 비롯된다. 또 그로 인해, 억지로 풀어 우리 욕망을 채우려는 탐심을 성찰할 기회를 얻기도 한다.

지옥이라도 문제, 연옥이라도 문제

상기 본문이 자리한 맥락은 명료하다. 이 본문은 16절의 "선한 양심을 가지라"는 일반론적 교훈과 17절의 "선을 행함으로 고난받는 것이 하나님의 뜻"이라는 보다 세부적인 설명에 대한 논증의 예로 주어진 구절이다. 선을 행함으로 고난을 받는 것이 악을 행함으로 고난을 받는 것보다 당연히 더 나은 것이고 그것이 하나님의 뜻 가운데 있다면, 그 사례로 들 만한 모범 인물이 누굴까. 여기서 예비된 답은 바로 예수 그리스도! 그런데 그분이 무엇을 어떻게 하였기에 그것이 선한 양심의 표상일 수 있단 말인가. 이와 관련하여 저자는 "그리스도께서도 단번에 죄를 위하여 죽으사 의인으로서 불의한 자를 대신하셨"고, 그 대속적 죽음의 목적인즉 "우리를 하나님 앞으로 인도하려 하심"(3:18)이라고 해명한다. 여기까지만 말하고 끝냈으면 좋았을 텐데, 저자는 내친김에 한마디 더 보탠다. "육체로는 죽임을 당하시고 영으로는 살리심을 받으셨으니 그가 또 영으로 가서 옥에 있는 영들에게 선포하시니라"(3:18b-19). 그리스도가 우리를 하나님께로 인도하는 방식 또는 원만한 포용의 지혜가 이렇다는 것이다. 십자가에서 육체의 죽음을 겪으셨지만, 부활하기 전까지 사흘간 그는 잠시도 쉬지 않으시고 그 영으로는 옥에 있는 영들에게 말씀을 전하셨다는 것이다.

그런데 그 전파의 메시지가 구원의 복음이라면, 그래서 그 전파의 대상이 그때 죽은 사람들만 해당되는 게 아니라 이후에 죽은 자들, 독자의 현재 시점에서 죽어가는 자들 모두를 포괄한다면, 여기 쓰인 동사의 시제가 과거시제라 할지라도, 그때 사흘간만 그렇게 하셨다는 게 아니라 지금도 여전히 옥에 갇힌 영들에게 복음을 전한다는 뉘앙스를 풍긴다. 여기에 사용되는 단어 '육체'/'영'의 명쾌한 이분법적 개념에는 다분히 플라톤 사상의 냄새가 풍겨난다. 육체로는 죽었어도 영으로는 그 육체의 감옥에 갇히지 않고 자유롭게 활동했다는 것이다. 그런데 그 육체만이 감옥이 아니라 또 다른 감옥이 나오는데 바로 죽은 영들이 갇힌 옥이란다. 사람이 죽으면 의롭게 살지 못한 사람은 땅속의 지옥에 갇혀 불구덩이의 징벌을 받으며 고초를 당하고 의로운 삶을 살다 죽은 이들은 그 영혼이 천상의 신국에 도달하여 복락을 누린다는 발상은 기독교에 정착하기 이전에 유대교에도 알려져 퍼져 있었는데 그 원조는 플라톤주의 사상의 영혼관/내세관이었다. 물론 그 영향과 접속 채널은 심판사상과 어우러져 상당한 변용을 거치는 방향으로 나타났다.

그 원조의 형이상학적 체계에 의하면 인간이 죽으면 영혼은 삶의 외형적 질료였던 육체의 감옥에서 분리되어, 육체는 흙으로 돌아가 썩고 영혼은 천상의 여로에 들어선다. 먼저 '레테'(망각의 강)를 건너게 되는데 그 과정에서 이 땅에서 새겨진 삶의 모든 기억이 망각 속에 지워져 새로운 영혼으로 거듭난다. 그러나 천상에 올라 신의 성소에 들 만큼 충분히 정결하지 못한 영혼은 그 상처투성이의 일그러진 영혼을 수선하는 정화소purgatory에 들어가 새롭게 갱신되는 절차를 밟는데, 이것이 바로 연옥이다. 정화의 절차를 통해 연단받는 감옥이란 뜻이다. 마치 디스크의 저장 내용이 다 사라지고 새롭게 포맷되는reformatting 과정과 비슷한 것이다. 그런 다음 갱생된 그 영혼은 다시 대기하고 있다가 이 땅에 새롭게 태어나는 어린 육체 속으로 들어가 환생의 사이클을 밟아간다고 알려져 있었다.

플라톤의 이 환생사상은 이후 가톨릭 교리의 연옥 신앙에 영향을 끼쳐, 이 세상에서 흠 많은 삶을 살다 죽은 이들을 단번에 지옥의 불구덩이에 처박지 않고 또 한 번의 '패자부활전'을 허락한 셈이다. 이것을 허락하지 않고 죽자마자 천당/지옥의 택일을 받아야 하는 개신교적 내세신앙의 전통과 비교할 때 다소 탄력적으로 교리를 조율한 결과로 보인다. 이를 위해 그 성서적 근거로 활용된 매우 희소한 본문이 바로 본문의 18-19절이다. 여기서 '옥'은 지옥이 아니라 연옥이 되고, 거기에 갇혀 갱생의 절차를 밟으며 참회하던 영들에게 그리스도가 한 일은 죽어 옥에 있는 영들에게 말씀을 선포함으로써 그 갱생 과정을 촉진한 선교 사역이 되는 셈이다.

그러나 전통 개신교 교리의 관점에서 볼 때 여기서 옥이 지옥이어도 문제고 연옥이어도 문제다. 연옥은 패자부활전을 허락해서 좋겠지만 그러면 하나님의 일회적인 종말심판이란 엄정한 잣대가 물러진다. 만일 지옥이라면, 이미 최종적인 심판의 결과 지옥에 떨어진 그 회개치 않은 죄인들을 위해 예수가 별도의 사명을 띠고 활약하셨다는 여타의 증거를 찾기 어렵고 어쩐지 그러한 별도의 선택이 궁색해 보이기까지 한다.

다양한 추론과 학설의 각축장

이러기도 저러기도 쉽지 않은 선택 가운데 학자들은 궁여지책으로, 그 옥에 갇힌 영들의 정체와 그 옥의 성격과 위치에 대하여 다양한 설을 만들고 복잡한 해석의 묘법을 찾아왔다. 옥에 갇힌 영들을 죽은 인간들의 영혼이라고 보는 입장이 큰 틀에서 수긍되긴 하지만, 그 죽은 자들이 누구를 가리키는지에 대해서는 여러 제안들이 있었다. 그들이 죽은 모든 자들의 영혼을 가리킨다는 주장도 있지만, 더 세부적으로 그리스도의 성육화 이전 단계에 죽은 자들의 영혼이라는 추론이 제기되기도 하였다. 또 다른 이들은 그 범주를 모든 종족을 아우르는 의로운 자들로 보거나 또는 구약성서의 의로운 자들로 좁혀 보기도 하였다. 그런가 하면 20절의 증거에 착안하여, 아우구스티누스의 제안 이후, 그들을 노아의 세대에 속한 사람들로 보고 회개하지 않고 홍수 때 죽은 자들로 간주하거나, 성육화 이전 노아 시대에 선재한 그리스도의 영이 회개를 선포한 홍수 이전의 사람들로 특정하여 해석하는 관점도 있다. 추론이 더 깊어져 그 영들은 노아를 통해 말씀하신 그리스도를 거부한 자들이거나 홍수로 죽기 전에 그 말씀을 새겨듣고 회개한 자들이라는 답안까지 나왔다.

  반면, 여기에 쓰인 '영*pneuma*'이라는 희랍어 단어가 사람에게 적용되어 쓰인 사례가 극히 드물다는 점에 근거하여, 그 실체가 사람의 영들이 아니라 초자연적인 천사적 존재로서, 타락한 사악한 영들이 아닐까 하는 대안적 추론이 제출되기도 하였다. 구약성서 창세기 6장 1-6절에 인간이 아닌 하나님의 아들들, 곧 천사적 존재들이 인간의 딸을 아내로 취하는 천기문란의 죄로 홍수가 발생했다는 서사적 흐름이 포착된다. 연이어 그들이 옥에 갇혔으며, 그들은 인간과 구별되어 '영들pneumata'로 불렸다는 증거가 에녹서 등의 중간기 문헌에 나온다. 그러나 신약성서 내에 타락한 사탄의 영들이 옥에 갇혀 있다는 증거가 없어, 이 관점을 강하게 밀어붙이기가 난감한 형편이다.

이러한 다양한 추론적 배경지식을 덧대어 본문을 읽으면 그 '옥'의 정체가 단순하지 않다는 걸 알게 된다. 아울러, 그리스도의 이 예외적 선포의 활동 배후에 어떤 메시지가 의도되어 있었는지 더욱더 궁금해진다. '옥phylakē'이라는 말은 신약성서에서 대개 죄인을 가두는 감옥이거나 사탄이나 마귀를 투옥하는 장소를 지칭할 뿐, 죽은 자들이 머무는 거처를 뜻하는 말로 쓰인 여타의 예가 탐지되지 않는다. 물론 앞서 언급한 대로 에녹서에 등장하는, 사악한 영이 머무는 이런 종류의 옥에 대한 인식은 유대교와 초기 기독교 전통 가운데 두루 퍼져 있었던 것으로 확인된다. 비록 그 옥의 공간이 땅속인지 천상의 초월적 공간인지 분간할 만한 명확한 증거는 보이지 않지만 에녹서의 적용 여부가 이 구절의 비밀을 푸는 데 중요한 관건이 됨 직하다.

구원의 최종적 완성–은혜의 합집합

어떻게 해석의 출구를 열어야 할까. '옥'과 거기 갇힌 '영들'의 정체를 일단 괄호에 넣어두더라도 그리스도가 자발적으로 그들에게 움직여 '갔다poreutheis'는 사실과, 그들에게 모종의 의도를 가지고 말씀을 '선포하셨다ekēruksen'는 사실을 주목할 필요가 있다. 앞서 그리스도가 육체로 죽으시고 영으로 살리심을 받았다(3:18)는 진술은 예수의 이 두 행위와 관련하여 두 가지 해석을 가능케 한다. 첫째, 에녹서의 타락한 천사적 존재를 배제할 경우, 예수는 십자가 죽음과 함께 마치 오르페우스가 음부에 갇힌 아내 에우리디케를 구해내기 위해 하강한 것처럼, 죽은 자들의 세계, 곧 음부를 향해서도 신적인 주권을 가지고 그 사자의 영들을 향해 패자부활전의 복음을 선포한 것으로 읽을 수 있다. 이를 뒷받침해주는 것은 그리스도가 죽은 자들이 머무는 지하의 음부세계로 내려가셨다는 신약성서의 공인된 전통이다(마 12:40; 행 2:27; 롬 10:7; 엡 4:8-10; 계 1:18; 5:13). 그러나 앞서 사용된 베드로전서의 본문에 사용된 동사가 '내려갔다'가 아니라 그냥 '갔다'라고 표현된 점이 이 모든 구절들의 의미를 그리스도가 지하의 음부세계로 하강한 맥락에서 동일시하는 것을 주저하게 만든다. 이 그리스도의 동선은 물론 내려감과 함께 올라감의 행위 모두에 열려 있다. 따라서 그의 동선은 지하세계로의 하강 여행뿐 아니라 천상세계로의 상승 여행의 가능성을 두루 포괄한다.

반대로 에녹서의 정황을 이곳에 개입시킨다면 옥에 갇힌 타락한 영들, 곧 사탄적 존재를 향해 그리스도가 가서 최종적인 정죄와 승리의 메시지를 전파했다는 뜻으로 해석하는 것이 온당해

보인다. 에녹이 하나님과 동행하다가 죽음을 보지 않고 하늘로 올라가서 타락한 천사들에게 파멸의 메시지를 선포하였듯이, 그리스도는 몸소 죽음을 겪으셨지만 이 땅에 죽음을 가져온 그 타락과 죄악의 맹주들에게 저주를 선포함으로써 죽음 자체를 이기고 나아가 부활로써 승리하여 에녹의 그 사명을 대체함으로 구원을 최종적으로 완성했다는 것이다. 그 옥에 갇힌 영들이 노아의 세대에 회개의 경고에도 복종하지 않던 자들로 20절에 명시되는 것이 그 일단의 증거이다. 나아가 창세기의 기록 역시 노아의 홍수가 타락한 하나님의 아들들, 곧 네피림의 천상적 선조가 저지른 천기문란의 사태에서 그 배경을 찾고 있다는 점이 또 다른 연결고리로 주목된다(창 6:4-7). 그리스도의 구원이 이와 같이 이미 최종적인 승리를 선언하였으니 이 땅에 남은 성도는 악의 유혹에 굴하지 말고 그리스도처럼 분투하여 죽기까지 신실한 믿음의 도리를 다하라는 메시지가 이러한 맥락에서 가능해진다. 아울러, 신자로서 받은 세례의 의미가 복종치 않는 자들에 대한 심판의 홍수를 가로질러 구원의 방주 속에 구원론적으로 예시되는 만큼, "하나님을 향한 선한 양심의 간구"(벧전 3:21)로서 그리스도와 함께 죽고 다시 사는 세례의 의미를 굳게 견지하라는 권고도 정당한 근거를 얻는다.

첫째 해석에 기대면 하나님의 구원을 온전히 이루는 선교적 사명이 죽은 자들에게로까지 향한 그리스도의 극진한 포용 반경을 되새기는 데 유리하다. 패자부활전의 연옥 교리도 어느 정도

설 자리를 얻게 된다. 아울러, 우리로 하여금 아골 골짝과 소돔같이 지옥을 방불케 하는 곳으로도 목숨 걸고 뛰어들게 할 용맹스러운 선교의 열정을 북돋아주는 근거로서도 이 구절의 쓰임새는 요긴하다. 반면, 둘째 해석에 기대면 우리 인생을 타락과 죄악으로 이끌어 들인 사악한 영들의 공중 권세를 박살내고 그들에게 최종적으로 파멸을 선고한 십자가와 부활의 구원 사건이 에누리 없는 권위로 우리 앞에 확증된다. 어느 해석이 더 매력적일까. 아니, 어느 해석의 관점이 더 합리적인 설득력을 지닐까.

나는 신약성서 저자들에게 당시 에녹서가 차지한 비중과 끼친 영향을 감안할 때 후자에 한 표를 던지고 싶은 마음이 동한다. 본문을 비롯한 신약성서의 생산 과정에 묵시주의적 종말신앙과 그 유대교적 배경이 이면에 작용한 점도 이런 선택을 지지해준다. 그렇다고 신플라톤주의와 헬레니즘의 세계관이 동 과정에 끼친 영향을 부인할 수도 없으니 전자의 관점을 버리기가 아깝다. 차라리 애매모호한 상태를 감내하더라도 최종 판단을 유보하고픈 유혹이 생길 정도다. 사랑에 의거한 소망을 옥의 지지리 못난 인간 영들에게 선포하든, 정의에 근거한 최후 정죄와 심판을 또 다른 옥의 타락한 천사적 영들 곧 사탄과 그 졸개들에게 공지하든, 구원의 은혜는 무한과 영원을 지렛대로 삼아 포괄적이며 보편적인 선물로 베풀어지는 선물이다.

이제 마지막으로 해석의 뒷간에 여담을 풀어보자. 아무리 냉정하게 생각해봐도 우리가 이해하고 소화하는 하나님의 은혜란 범주에는 신자와 불신자, 살아 있는 자와 죽은 자를 막론하고 실존적 비상사태에 처한 인간의 한없는 비루함과 끊임없는 어리석음을 향한 무궁무진의 포용력이 들어 있는 것 같다. 그래야 한 주에 한 번 잠깐 묵상하며 길 위에서 예배하는 나그네와, 매일 새벽부터 밤중까지 실내 공간에 회집하여 '주여!' 삼창하며 요란한 몸부림과 열성으로 예배하는 독실한 제도권 '범생이들'을 두루 용납하시는 하나님의 사랑이 부끄럽지 않게 설 자리를 얻게 된다. 천상이든 지상이든, 또는 지하의 음부세계든, 옥에 갇혀 혼자 머무는 벌거벗은 존재의 여백에서는 하나님도 예전적 상징의 옷을 벗고 알몸이 된다. 그렇게 모든 예배와 경건은 그것에 대한 내밀한 전복적 성찰과 함께 어우러져서야 비로소 소박한 일리로 거듭난다. 그 대상이 아무리 성서라 할지라도, 이른바 '해석'이란 것도 마찬가지 아닐까. 그 해석의 윤리적 성찰의 자리에 '은혜의 합집합'이란 이름을 부여해본다.

상상하며
바로
읽기

좁은 문으로 들어가라

마 7:13-14

—

좁은 문으로 들어가라. 멸망으로 인도하는 문은 크고 그 길이 넓어 그리
로 들어가는 자가 많고(마 7:13)

문과 길의 생활사

《신약의 뒷골목 풍경》이란 제목의 책을 집필하면서 나도 모르
던 것들을 많이 배우게 되었다. 이 책에서 나는 정치제도사와 종
교사상사 중심으로 기술되는 신약성서의 배경사를 뛰어넘어 1세
기 팔레스타인과 디아스포라 유대인의 생활사를 자잘한 소제목
으로 엮어 다루었다. 그 '뒷골목'에서 당시 갈릴리를 비롯한 팔레
스타인의 집과 그 문, 또 집과 집 사이로 이어지는 길에 대한 자
료를 접할 기회가 있었다. 그 가운데 얼핏 당연한 듯했지만 꽤 새

삼스레 확인한 사실 하나는, 당시 대다수의 서민들이 살던 집이 매우 작았다는 것이다. 지붕도 낮았고 직육면체의 작은 공간 안에 들어선 한두 개의 방도 매우 비좁았다. 언젠가 서귀포에서 화가 이중섭이 6·25 전쟁 때 피난 와서 세 들어 살던 방을 봤을 때의 느낌이 예수 당시의 집과 방에 대한 상상과 겹쳐졌다. 1.5평 정도나 될까 싶은 그 작은 방에 화가 이중섭과 그의 아내, 두 자녀가 함께 몸을 눕혀 잠을 잤다고 믿기 어려웠지만 그것이 사실이었다. 그래도 그 방엔 구들장이 깔려 있고 벽지도 발라져 있었지만, 1세기 팔레스타인의 민가 방바닥은 판판하게 흙을 다져놓은 수준에 불과했다. 타일이나 나무를 깐 실내 공간은 왕족이나 귀족, 소수 부유층의 대저택에나 해당되는 경우였다.

여하튼, 당시 집이 그렇게 작고 지붕도 낮았기에 당연히 실내로 들어가는 문도 좁았다. 겨우 성인 몸뚱이 하나 통과할 정도로 좁은 그 문의 규모를 곰곰이 생각해보면 '좁은 문으로 들어가라'는 예수의 어록이 특수한 예외적 사례를 거론한 것이 아니라 서민들의 일상적 경험을 반영한 것이라는 판단이 섰다. 집과 집 사이로 이어진 길, 그리고 동네와 동네 사이를 연결해주는 들판과 언덕의 길 역시 사람 한두 명 지나다니고 작은 수레 하나 통과할 정도의 좁은 길이 대부분이었다. 좁은 문에 다다르는 길이 협착하다는 것은 오늘날 오솔길 수준의 빼곡한 규모를 염두에 둔 것으로, 이 역시 일상 경험이 투사된 표현처럼 들린다.

그렇다고 넓은 길, 넓은 문이 없는 게 아니었다. 팔레스타인의 해변 길과 요단 동편 남북으로 뻗은 '왕의 대로'가 일찍이 조성되어 군사적·국제정치적 목적에 부응하였다. 로마 시대에 마찬가지의 목적으로 동방의 주요 도시를 통과하면서 제국의 중심지에 이르는 대로 역시 '왕의 길*via regina*'을 위시하여 자그마치 5만 마일의 포장도로를 가지고 있었다. 로마 시대 세 가지 유형의 도로 중에서 마차가 다닐 수 있도록 포장한 첫 번째 대로에 해당되는 길로 공공 도로, 집정관 도로, 근위대 도로, 군용 도로가 있었다. 나머지는 사설 도로거나 시골 도로, 자갈 도로, 농업 도로, 지역 도로 등으로 비교적 작은 규모의 비포장 도로였다. 당시 도로 포장은 주로 널찍한 돌을 연이어 까는 방식으로 이루어졌다.

마차나 수레를 타고 이런 튼튼하고 넓은 길을 따라가다 만나는 대표적인 집이 왕궁, 관공서, 부유층의 대저택들이었다. 그리로 들어가는 대문은 당연히 크고 웅장했다. 각종 실내의 문들도 고급 재료로 근사한 디자인을 살려 든든하게 만들어졌다. 예수가 이런 큰 문과 넓은 길을 경험했다면, 아마도 나사렛에서 멀지 않은 갈릴리의 첫 번째 도읍지 세포리스나 두 번째 도읍지 티베리아스(디베랴) 등의 헬레니즘 양식으로 지어진 주택이나, 예루살렘의 왕궁과 여리고의 별장 및 저택을 통해서였을 것이다.

어떤 좁은 문인가

　예수는 '좁은 문으로 들어가라'고 제자들에게 권고했다. 그리로 들어가야 생명으로 인도된다는 것이다. 또 그 문에 다다르는 길 역시 협착하다고 했다. 나아가 예수는 그 길이 불편하고 그 좁은 문이 갑갑해서인지 이를 찾는 자가 적은 현실을 지적한다. 이에 비해 멸망으로 인도하는 문은 크고 길이 넓어 많은 사람들이 그쪽으로 간다고 했다. 우리가 동양의 전통에서 길과 관련하여 익숙한 말은 '군자대로행君子大路行'이다. 큰길로 가는 것이 사람들 앞에 당당하고 군자답게 여겨진 것이다. 이에 비해 좁은 길로 다니고 좁은 문으로 출입하는 것은 뭔가 숨기는 게 많고 그래서 사람들 눈에 안 띄려는 옹졸하고 비굴한 처신 같아 보인다. 이러한 행태는 흡사 이단종파에서 내세우는 협량한 사고와 폐쇄적인 성서해석을 연상시켜주기도 한다. 666이라는 수비학적 상징 하나에 경기 들린 반응을 보이고 14만 4천이라는 요한계시록의 숫자 하나에 집착하여 '구원'의 종말론적 비전을 설파할 정도니 그들이 생각하는 성서의 진리는 얼마나 좁고 협착해져 있는가. 그래서 좁은 문도 이런 식의 좁은 문이 되어서는 안 되겠다. 그 좁은 문으로 인도하는 협착하다는 길이 이런 식의 자폐적인 해석의 길이어서도 곤란하다.

　예수가 제자들에게 강조한 좁은 문의 진리는 '고아와 과부의 보호자'를 자처하신 하나님의 급진적 겸손을 닮는 길이다. 그것은 낮은 데 몸을 두고 지극히 작은 자의 형편을 챙기면서 가난한 생명을 회복시키는 소명자의 길이다. 아울러 토라의 문자적 진리에 집착하기보다 새 시대에 걸맞게 그 핵심과 본령을 재해석하여 그 반어적 역설을 뒤집어 보여주는 틈새의 길이기도 하다. 아울러 그 길은 그렇게 배우고 익힌 천국의 복음, 하나님의 나라와 뜻을 제 몸의 삶으로써 녹여내어 구체적인 열매로 드러내는 행함의 길이다. 한마디로 십자가의 길인 셈이다. 이런 길로 가다가 통과해야 하는 문은 서민들의 비좁은 문을 연상시켜주는 팍팍한 노동의 길이다. 왕의 번듯한 길이 아닌 일상노동자의 길이기에 하루하루 베풀어지는 하나님의 은총 아니고서는 감당할 도리가 없다. 절대 의존과 무궁한 신뢰만이 그들을 이 광야 같은 삶의 현실 속에서 버티게 하는 비결이다. 길 없는 곳에서 길을 만드는 하나님의 인도하심만이 유일한 희망이고 위안이 되는 세계가 바로 그 길의 끝에서 열린다. 그 세계에 예수는 '생명'이란 선물을 약속하고 있다.

멸망으로 인도하는 문

그 생명의 길 반대편에 멸망으로 인도하는 큰 문과 그리로 안내하는 넓은 길이 자리한다. 예수 당대에 헤롯당과 로마 권력자들, 성전의 종교귀족들, 그들과 결탁하여 부유해진 자들에게 익숙했던 바로 그 길이고 그 문이었다. 겉으로 화려한 위엄과 웅장한 규모가 돋보였지만 예수의 초점은 그 길의 끝, 그 문을 통과한 연후에 나타날 그 세계의 본질에 있었다. 그는 여기에 단호하게 '멸망'이란 꼬리표를 붙여주었다. 그 길과 문은 영광의 휘장으로 사람들을 들뜨게 했다가 쇠락하는 권력과 함께 시들고 부패하는 자본과 함께 소멸해버리는 세계, 곧 거대하게 보이는 것에 집착하는 삶의 유형을 가리킨다.

제자들에게 예수가 가르친 이 오래된 길은 이후 영광의 신학에 도취된 채 매우 심하게 오염되었다. 오늘날 그 길은 많이 혼미하여 한참을 더듬고 나서야 간신히 그 문의 입구를 발견할 수 있을 정도다. 십자가 역시 장식적인 가치로 표방할 뿐, 제자들의 일상적 실존과 무관하게 변질되었다. 우리가 꿈꾸는 교회의 건축 구도는 더 이상 팔레스타인의 서민들이 경험한 그 좁은 문이나 좁은 길과 무관해 보인다. 거대한 성전이길 꿈꿀수록 그 문과 거기에 잇닿은 길 역시 많은 이들에게 선망의 대상일 테니 말이다. 예수가 하나님나라에 초청한 불구의 생명들이 그 널따란 문으로 기쁘게 들어갈 수 있을까. 문지방이 너무 높아, 귀족의 신분증이 없어 오히려 퇴짜 맞을 공산이 크다. 차라리 잘되었는지 모른다. 그 문턱을 넘으면 컴컴한 멸망의 낭떠러지가 나온다는 걸 이제 깨달았기 때문이다.

거꾸로 읽는 신약성서

하나님의 깊은 속내와 인간의 얕은 심산

마 13:14-15; 막 4:11-12

이르시되 하나님나라의 비밀을 너희에게는 주었으나 외인에게는 모든 것을 비유로 하나니 이는 그들로 보기는 보아도 알지 못하며 듣기는 들어도 깨닫지 못하게 하여 돌이켜 죄 사함을 얻지 못하게 하려 함이라 하시고(막 4:11-12)

자가당착의 신학 논리

모든 일이 그렇지만 신학이나 교리에서도 자기에게 유리하게 하나님의 뜻을 적용하려는 본능이 인간에게 깊이 뿌리 박혀 있는 듯하다. 제 논에 물대기 식으로, 자기에게 유리하게 드러난 결과를 두고 우리는 하나님의 축복이니 은혜니 하는 말을 자주 한다. 반대로 우리가 꼴 보기 싫어하는 상대가 행여 무슨 재난을 만나 고통을 겪는 걸 보면 하나님의 징벌을 받은 당연한 결과로 치부한다. 문제는 이를 정당화하는 쪽으로 안성맞춤인 듯 보이는 성경 본문이 꼭 튀어나와 그럴듯하게 견강부회하는 경향이 강하다는 것이다. 그러다 보니 어디까지가 인간의 뜻이고 어디서부터 하나님의 섭리 가운데 있는 것인지 자주 헷갈리게 된다. 특히 이단 사이비에서는 이러한 모호한 인간의 실존을 이용하여 단순 무식하게 문자화한 성경의 메시지를 이런저런 상황에 때려 맞춰 우매한 영혼들을 엉뚱한 길로 들어서게 하는 일이 자주 생긴다. 성경에 작용하는 문학적 역설과 아이러니의 기법에 철저히 무감각하다 보니 그저 제 순간적 충동이 굽이치는 대로 복음을 이기적인 욕망의 미끼로 전락시키는 것이다. 이런 게 더더욱 심각해지는 까닭은 꼭 이단 사이비뿐 아니라 일반 교회의 강단에서도 이런 식의 얕은 심산이 심심찮게 불거지기 때문이다. 아차 하다가 빠지는 말씀의 함정 중에 다음의 말씀이 압권이다.

이르시되 하나님나라의 비밀을 너희에게는 주었으나 외인에게는 모든 것을 비유로 하나니 이는 그들로 보기는 보아도 알지 못하며 듣기는 들어도 깨닫지 못하게 하여 돌이켜 죄 사함을 얻지 못하게 하려 함이라 하시고(막 4:11-12)

마태복음에는 이 말씀의 뜻을 보다 자세하게 증빙하기 위해 연이어 이사야 6장 9-10절의 본문을 다음과 같이 인용한다.

이사야의 예언이 그들에게 이루어졌으니 일렀으되 너희가 듣기는 들어도 깨닫지 못할 것이요 보기는 보아도 알지 못하리라. 이 백성들의 마음이 완악하여져서 그 귀는 듣기에 둔하고 눈은 감았으니 이는 눈으로 보고 귀로 듣고 마음으로 깨달아 돌이켜 내게 고침을 받을까 두려워함이라 하였느니라(마 13:14-15).

도대체 이 말씀으로 우리는 무슨 교훈을 받을 수 있단 말인가. 아니, 교훈에 앞서 이 구절의 문맥에 맞춰 어떤 의미를 우려낼 수 있을까.

신적인 방기인가? 예언자적 비관주의인가?

마가복음의 해당 맥락에서 본문을 살펴보면 "보기는 보아도 알지 못하며 듣기는 들어도 깨닫지 못하게" 하는 것은 하나님 또는 예수의 의도인 듯하다. 왜 그렇게 하느냐 하면 제자들 이외에 외인들이 예수의 하나님나라 비유를 깨닫는 걸 심히 꺼려하기 때문이다. 그 비유의 속뜻풀이는 오로지 제자들에게만 허락되는 특권이란 말처럼 들린다. 그런데 "돌이켜 죄 사함을 받지 못하게 하려 함이라"는 말씀은 무슨 뜻일까. "회개하라. 하나님의 나라가 가까이 왔느니라"고 외친 입술에 침도 마르기 전에 회개하여 죄 사함 받는 것조차 싫어질 만큼 변덕이 생겼다는 걸까. 그러면 그 회개와 죄 사함의 복음은 오로지 측근 제자들만을 위한 특헤였단 말인가. 예수를 그런 올가미에 가두는 것은 그를 지극히 편협하고 옹졸한 분으로 만드는 피상적인 독법이다. 여기서 사회학적 방법을 동원하면 '하나님나라의 비밀'이란 문구에 착안하여 이 구절의 배후에 마가의 신앙공동체가 처한 삶의 자리를 연역하고 싶어진다. 이를테면 이 공동체가 배타적인 소종파 집단으로 외부와의 경계를 설정하여 자신의 내부적 결속과 안녕을 도모하기 위해 예수의 입술을 빌려 이러한 '비밀'을 설파하게 했다는 것이다. 마가공동체가 '비의적 공동체esoteric community'였다는 가설이 거기서 생겨난다.

이 어록의 내막을 좀 더 깊이 파헤치기 위해 마태복음의 추가 인용문을 살펴보고, 그것의 본래 출전인 이사야 본문으로 들어가면, 이 말씀이 유다왕국을 향한 하나님의 심판 예고란 맥락에서 나왔음을 확인할 수 있다. 그 심판이 취소할 수 없는 하나님의 확고한 선언으로 예언되는 와중에 그 필연성을 강조하기 위해 이사야에게 이런 지시를 한 것이다. 여기서 하나님은 한술 더 떠 "이 백성의 마음을 둔하게 하며 그들의 귀가 막히고 그들의 눈이 감기게 하라"(사 6:10)고까지 모질게 나오신다. 그 백성들이 어쩌다 상황 파악을 하고 깨달아 회개하여 고침을 받으면 큰일이라도 날 것 같은 태세다. 이에 이사야는 "주여 어느 때까지니이까"라고 묻고, 야훼 하나님은 모든 성읍과 주민들이 깡그리 멸절하여 오로지 나무의 그루터기만 남을 때까지라고 야멸차게 대꾸하신다. 그나마 '그루터기'의 희망을 남겨두긴 했지만 현존하는 모든 생명과 그 터전이 황폐화될 것을 예언한 것이다.

하나님의 이러한 처사를 정당화할 만한 교리적 근거가 바로 '신적인 방기'의 교리다. 사도 바울도 이방인들의 죄악상을 고발하면서 하나님이 그들을 "마음의 정욕대로 더러움에 내버려두"고 "그들을 부끄러운 욕심에 내버려두"었다고 말한 바 있다(롬 1:24, 26). 그러나 이러한 교리적 얼개가 과연 그의 백성들이 깨달아 회개하는 걸 방해하는 논리로 타당한 걸까. 그리하여 자기가 경고한 심판의 최후통첩 이후 스케줄을 헝클어트리는 꼴을 못 봐주겠노라고 하나님의 속내를 단순무식하게 재단하는 것이 얼마나 정당화될 수 있을까. 이런 시각은 아무리 궁리해도 인간이 저지른 죄악상을 하나님의 뜻이나 섭리를 내세워 그 필연성을 덧칠하여 궁극적 원인과 책임소재를 전가하려는 얄팍한 속셈을 드러내는 것 같다.

여기서 조금 더 합리적인 해석의 잣대를 들이밀면 이러한 깨달음과 회개의 최후 가능성을 봉쇄하는 극단적 몰아붙이기가 기실 '예언자적 비관주의prophetic pessimism'의 심사를 에둘러 표현한 것이라는 추론을 가능케 한다. 워낙 목이 뻣뻣하고 가슴이 굳은 백성이라 아무리 외치고 발버둥 쳐도 회개하지 않는 그 백성들의 완악한 심령 앞에서 이렇게 비관적인 결론을 내려두고, 행여 회개할 일말의 가능성을 보이지는 않을까 하는 억하심정에서 지극한 안타까움을 그렇게 역설적으로 표현했으리라는 것이다.

자포자기 이후

우리는 어떤 일을 철저하게 포기할 때 새로운 관심을 키울 수 있다. 깡그리 썩어버리지 않고서는 그 위에 움트는 새 생명의 미래는 늘 석연찮고 불안하다. 이러한 우리 생의 이치는 하나님의 웅숭깊은 속내로 투사되어 '한번 깨달아봐. 회개해보라고. 아마 전혀 그렇게 할 수 없을걸?' 이렇게 마치 약 올리듯이 우리를 유도하고 있는 게 아닐까 싶다. 인간이 영악하여 단순한 논리로 우리를 깨닫게 하기 만만치 않은지 하나님도 모략을 써서 우리가 전혀 예상치 못하는 히든카드로 우릴 헷갈리게 하면서 모든 걸 다 포기한 듯한 절망의 수사법을 구사하시는 듯하다. 그러나 인간의 포기가 우리에게 새로운 출발의 희망을 지시한다면, 하나님의 포기(라는 엄포 어린 제스처)에는 얼마나 깊은 속내가 담겨 있을 것인가. 그의 경륜이 그저 한시적인 소모품으로 인간을 다루고 갈구어대기 위한 것이 아니라 무한과 영원의 지평으로 뻗어 있는 것일진대, 우리는 아무리 끔찍한 비극 앞에서도 하나님 들먹이며 성급하게 아전인수하지 말 일이다. 차라리 침묵하며 아무 일도 하지 않는 듯 은밀한 중에 모든 일을 이루시는 그분의 노련한 모략을 묵상해보는 게 어떻겠는가.

거꾸로 읽는 신약성서

천진한 어린이와 몽매한 우민의 역설

막 10:13-16; 고전 13:11

사람들이 예수께서 만져주심을 바라고 어린아이들을 데리고 오매 제자들이 꾸짖거늘 예수께서 보시고 노하시어 이르시되 어린아이들이 내게 오는 것을 용납하고 금하지 말라. 하나님의 나라가 이런 자의 것이니라. 내가 진실로 너희에게 이르노니 누구든지 하나님의 나라를 어린아이와 같이 받들지 않는 자는 결단코 그곳에 들어가지 못하리라 하시고 그 어린아이들을 안고 그들 위에 안수하시고 축복하시니라(막 10:13-16).

내가 어렸을 때에는 말하는 것이 어린아이와 같고 깨닫는 것이 어린아이와 같고 생각하는 것이 어린아이와 같다가 장성한 사람이 되어서는 어린아이의 일을 버렸노라(고전 13:11).

어린이다움의 이중성

어린이날에 한 번쯤 음미해보는 말은 '아이들은 어른의 스승'이라는 영국의 시인 워즈워스의 낭만적인 시구이다. 일 년 내내 어른 중심으로 어린아이들에게 지시하고 명령하며 살아가는 것이 내심 미안한지 5월의 하루쯤은 흔쾌히 자신의 권위를 양보하면서 겸양의 제스처를 보인다. 물론 그보다 훨씬 더 열정적인 부모들도 많을 것이다. 유치원 시절부터 어린 자녀들에게 최고의 교육을 시켜주기 위해, 좋다는 사설 교육기관을 찾아다니며 수준

맞는 사람들과 끼리끼리 어우러져 정보도 나누고 인맥 쌓기에 바쁘다는 얘기도 들린다. 그래서 우리가 대하는 어린이들 중에는 '애늙은이'에서 말과 눈치만 웃자란 '영악한' 아이들에 이르기까지 그 분포의 외연이 꽤 넓다. 그럼에도 우리는 어른들의 때 묻은 마음을 성찰할 때마다 어린이의 천진함과 순수함에 한 가닥 기대를 걸쳐둔다. 그래서 어린이다움은 여전히 천국으로 직통하는 지름길이자 가장 기본이 되는 자질처럼 수용된다.

그러나 어린이다움이란 게 생래적인 천성일까. 〈아동의 발견〉이란 제목의 논문을 쓴 일본의 석학 가라타니 고진에 의하면 아이를 최초로 아이로서 발견하고 어른과 구별하여 취급하기 시작한 사람은 루소였다고 한다. 그 이전에는 오늘날과 같이 특수한 범주로 구별하는 '아동'의 범주가 존재하지 않았다는 것이다. 따라서 아동을 위해 특수하게 만들어진 놀이나 문학도 존재하지 않았고, 아동 '코너'란 것은 고작 최근의 발명품에 불과하다. 그러니 '어린이다움'이란 개념을 어른과 구별되는 그 신체적 연령대의 특수한 자질이나 기질로 묶어두려는 것은 역사적 개념으로서의 '아동'이란 배경에 무지한 소치이다. 이러한 역사비평적 관점을 갖지 못하고 성경을 읽은 나머지 오늘날 부분적으로 신화화되고 부분적으로 이념화한 예수의 어록 한마디에서 우리는 너무 많은 것을 엉뚱한 방향으로 몰아쳐온 감이 짙다. "하나님의 나라를 어린아이와 같이 받들지 않는 자는 결단코 그곳에 들어가지 못하리라"(막 10:15)는 말씀이 그것이다. 이 말씀에 찬물을 끼

없듯, 사도 바울은 예수와 전혀 다른 맥락에서, 자신이 어렸을 때는 말하는 것과 깨닫는 것, 생각하는 것이 어린아이와 같았는데 장성한 사람이 되어서는 어린아이의 일을 버렸노라고 고백한 바 있다(고전 13:11). 이 두 어록의 틈새로 우리는 무엇을 볼 수 있을까. 한없이 이기적이고 막무가내 고집불통인 어린아이의 유치함과 마냥 천진하고 순수한 어린이다움의 그 이상적 가치 사이에는 무슨 신학적 곡절이 숨어 있는 것일까.

어린아이와 하나님의 나라

예수가 복음서에서 어린아이에 대하여 언급한 것은 그로써 어린아이들을 가르치려는 의도에서 비롯된 것이 아니다. 그렇다고 어린아이다움의 가치를 그 어린 자녀들의 부모에게 깨우쳐주기 위한 자리에서 이런 주제로 작심하고 설교를 한 것도 아니다. 마가복음을 예로 들어보면 두 군데서 모두 예수는 제자들을 훈계하기 위한 목적에서 어린아이 모티프를 시청각 자료로 활용했을 뿐이다. 먼저 제자들이 '누가 크냐'는 쟁론으로 서로 다투는 자리에서 예수는 어린아이 하나를 데려와 그들 가운데 세우시고 안으시며 "누구든지 내 이름으로 이런 어린아이 하나를 영접하면 곧 나를 영접함"(막 9:37)이라고 가르쳤다. 여기서 어린아이는 지극히 작은 자, 곧 사회적 약자와 빈자의 전형적 표상이다. 어린아이처럼 하나님나라를 받지 않는 자를 겨냥하여, 그가 결코 그곳에 들어가지 못하리라(막 10:15)고 한 어록 역시 어린아이들을 데려오는 부모들을 제자들이 꾸짖고 밀어내는 특정한 상황에서 예수가 하신 말씀이다. 사회적 약자, 작은 자를 하나님나라에 포용하기보다 밀어내는 제자들의 동작에 담긴 배타적 경계심을 풀어, 하나님나라의 자격 요건 가운데 어린이가 지닌 순전한 신뢰와 절대적 의탁의 자세를 하나의 비유적 차원에서 언급한 것이다. 앞서 언급한 맥락과 유사하게 그는 지극히 작은 자들을 향해 조건 없이 영접하고 환대해야 할 제자공동체의 지향점을 거듭 역설한 셈이다. 그가 이로써 어린아이들이 지닌 수많은 인간적 약점과 결함, 무지와 무감각, 고집스런 이기심 등의 부정적 요소들을 외면한 것이 아님은 물론이다.

우리가 흔히 영어단어를 통해 어린아이 특유의 부정적 성향childishness과 긍정적 미덕childlikeness을 구별하지만, 사도 바울의 경우에 전자의 현실이 목회 및 선교 현장의 장애물이었다. 저만의 편협한 울타리 안에 갇혀 남을 충분히 포용하지 못하는 유치한 어른들의 못마땅한 언행심사야말로 하나님의 사랑을 이루기 위해 반드시 극복해야 할 난관이었다. 그래서 그는 자신의 경험을 보편적 차원으로 확장시켜, 자신의 어린 시절 보였던 유치한 말과 생각과 깨달음을 장성한 사람이 되어서 버렸다는 고백 가운데 신자로서 성숙한 어른의 길을 제시한다. 예수의 경우든, 바울의 경우든, 문제는 어린이 자체에 있었던 것이 아니었다. 그것

거꾸로 읽는 신약성서

은 그 연약한 공동체의 지체들을 어떻게 보호하고 그 연약함을 통해 역설적으로 무엇을 배울 수 있을까 하는 데 있었고, 또 핵심은 어른의 사고능력에 미치지 못한 채 여전히 유치증infantilism의 상태에서 제 앎과 경험에 고착된 근시안적인 공동체 성원들의 행태에 대한 근본적 성찰에 있었다.

유치한 어린이와 몽매한 어른을 넘어서

그런데도 오늘날 우리는 어린아이다움의 자기도취적 신화에 함몰하여 종종 유치하고 몽매한 어른들을 양산하는 데 예수의 저 어록을 활용하고, 제 삶의 모든 것을 부모의 품에 맡기던 유년기의 천진한 추억 한 조각 품지 못한 채 딱딱하고 뻣뻣한 어른의 화상을 정당화하기 위해 바울의 저 '장성한 사람' 상에 기대곤 한다. 당연히 그 부작용은 교회에 매우 해롭게 작동한다. 세속의 기준으로 명민하게 활약하고 제 전문분야에 꽤 똘똘한 사람인데도 교회 내의 군중 가운데 하나의 부속품으로 섞여 그 체계 속에 순치되다 보면 이상스레 멍청해져서 공동체 내의 이런저런 사업에 대한 정의로운 감각을 활성화하는 데 별 기여를 하지 못한다. 참 납득하기 어려운 고질병이다. 아무래도 천국을 유업으로 받기 위한 어린이다운 품성을 그런 식으로 닦을 수 있다고 생각하는 모양이다.

반면 별 대수롭지 않은 사안마다 희한한 잣대를 들이대어 최소치의 선한 일을 하는 데도 절차를 복잡하게 만들고 그조차 툭하면 훼방질하여 주변을 한없이 피곤하게 만드는 거북한 장년의 군상들도 적지 않다. 그렇게 어색한 권위로 목에 힘주고 근엄하게 주변을 호령해야 아가페의 그 사랑이 공동체 내에 꽉 찬다고 생각하는 것일까. 이 또한 모를 일이다. 결론은 두루 어리석다는 것이다. 특히 이단종파에 만연한 이러한 어린이와 어른 이미지의 신화적 포장과 그로 말미암은 도착적 증세는 이즈음에는 기성교단도 들락거릴 정도로 심각하다. 이런저런 갈등과 분규가 있다는 교회치고 이와 같이 유치하여 몽매한 어른들과 근엄하여 차라리 코믹한 어른들의 장막이 갑갑하게 드리워져 있지 않은 곳이 없을 정도다. 넘어서야 할 교회공동체의 장벽이다. 성경의 문맥을 잘 살펴 하나님의 나라를 빌미로 애꿎은 어린아이들 두 번 잡지 말아야 하겠다.

어린이와 어른을 별종의 범주인 양 나누지 말자. 둘 다 인간의 미완성 형태로 살고 있다. 어른이라는 신체적 외양 속 깊이 유년기의 못다 핀 꿈에 대한 향수가 도사리고 있다. 천진한 어린이의 그 작은 몸, 그 천진한 미소 속에는 장차 큰 기둥이 되어 역사와 공동체를 받치고 나아가리라는 포부와 비전이 숨 쉬고 있다. 그 꿈과 비전을 매개로 천천히 대화해보자.

거꾸로 읽는 신약성서

그 간청함으로 인하여

눅 11:5-13

—

또 이르시되 너희 중에 누가 벗이 있는데 밤중에 그에게 가서 말하기를 벗
이여 떡 세 덩이를 내게 꾸어달라. 내 벗이 여행 중에 내게 왔으나 내가 먹
일 것이 없노라 하면 그가 안에서 대답하여 이르되 나를 괴롭게 하지 말
라. 문이 이미 닫혔고 아이들이 나와 함께 침실에 누웠으니 일어나 네게 줄
수가 없노라 하겠느냐. 내가 너희에게 말하노니 비록 벗 됨으로 인하여서
는 일어나서 주지 아니할지라도 그 간청함을 인하여 일어나 그 요구대로
주리라. 내가 또 너희에게 이르노니 구하라 그러면 너희에게 주실 것이요
찾으라 그러면 찾아낼 것이요 문을 두드리라 그러면 너희에게 열릴 것이니
구하는 이마다 받을 것이요 찾는 이는 찾아낼 것이요 두드리는 이에게는
열릴 것이니라. 너희 중에 아버지 된 자로서 누가 아들이 생선을 달라 하
는데 생선 대신에 뱀을 주며 알을 달라 하는데 전갈을 주겠느냐. 너희가
악할지라도 좋은 것을 자식에게 줄 줄 알거든 하물며 너희 하늘 아버지께
서 구하는 자에게 성령을 주시지 않겠느냐 하시니라(눅 11:5-13).

'구하라, 주실 것이요'의 간편한 공식

우리 민족은 화끈한 걸 좋아한다. 불갈비, 불닭 등 '불' 자 들어
가는 음식을 즐기며 땀으로 목욕을 하더라도 화끈하게 매운 걸
신나게도 잘 먹는다. 신앙생활에도 이런 기질이 발휘되어 성령세
례는 '불 받아라'의 호령과 통하며, '주여 삼창'으로 뜨겁게 부르

짖으며 구하는 걸 무슨 '전통'이라도 되는 것처럼 애호한다. 그러다 보니 예수의 어록에 담긴 가르침도 이런 방식으로 유통되는 예를 자주 보는데, 그중 한 가지가 '구하라, 찾으라, 문을 두드리라'는 어록의 이해와 실천이다. 이 말씀의 실천적 교훈을 가장 간단하게 쥐어짜서 새기면 '기도하는 대로 다 응답받고 소원 성취한다'는 식일 것이다. 그래서 '기도'가 무슨 도깨비방망이라도 되는 것처럼 만사형통의 주된 방편처럼 인식되는 경향도 있다. 우리는 이런 열심의 소중한 유산을 잘 갈무리하면서도, 지나치게 간편한 성서 이해가 자의적인 욕망의 배설로 전락되기 쉽고 결국 이단적인 몽매한 신앙의 미끼가 됨을 깨달아야 한다.

조금만 진지하게 본문을 살펴도 예수의 '구하라' 가르침에는 깊은 의미가 담겨 있음을 알게 된다. '구하라'에 해당되는 원어 *aiteō*는 '물어라', '질문하라'와 통한다. '찾으라'라는 말 *zēteō*은 '탐구하라'는 의미의 매우 학구적인 개념이다. '주실 것이요'라는 말씀도 미래수동태의 기본 문법만 헤아리면 '주어질 것이요'를 뜻한다는 걸 확인할 수 있다. '찾아낼 것이요'도 '발견될 것이요'라는 함의로 구체화될 수 있다. 우리가 구하고 찾는 대상은 하나님이 '옜다, 받아라' 식으로 개평 던져주듯이 주신다는 게 아니라, 우리의 삶을 통한 혼신의 노력과 간절한 구도적인 열정 가운데 당연한 은총의 결과로 '주어지리라'는 것이다. '찾아낼 것이요'도 그저 우리 각자의 개별적인 힘으로 찾는 모든 것이 우리 눈앞에 딱 나타난다는 것이 아니고, 하나님의 강복하심 가운데 어느 예

거꾸로 읽는 신약성서

기치 않은 미래의 순간, 또는 종말론적인 그 순간, 그간 찾아온 수고의 결실이 확연히 드러난다는 뜻에 가깝다. 그래서 여기 사용된 미래수동태를 '신적인 수동태divine passive'라고 일컫는 것이다.

물론 그렇다고 해서 우리가 구하고 찾는 방식에 '기도와 간구'의 방법이 무관하다는 주장은 아니다. 기도와 간구도 우리가 구하고 찾고 우리 삶의 저편에 놓인 문을 두드리는 매우 긴요한 방식임에 틀림없다. 그러나 실질적 참여와 행동이 배제된 채 눈 감고 가만히 기도하는 식의 수동적인 방식에 국한하여 예의 말씀을 적용하긴 어렵다는 것이다. 누가복음의 해당 어록(11:9-13)은 그리하여 이 말씀의 이해를 돕기 위해 밤에 찾아온 친구의 비유(눅 11:5-8)를 그 배경으로 깔아두었다.

밤늦게 찾아온 친구를 위하여

비유의 얼개는 간단하다. 세 친구가 등장한다. 설명의 편의를 위해 친구 A, 친구 B, 친구 C로 등장인물을 기호화해보자. 친구 A가 어느 날 늦은 밤중에 친구 B를 찾아왔다. 그렇게 밤늦게 친구를 찾아와야 할 무슨 피치 못할 사정이 있었는지 알 길이 없다. 한 가지 힌트는 친구 B의 반응에서 발견된다. 친구 B는 그 밤중에 실례를 무릅쓰고 이웃에 사는 친구 C를 찾아갔다. 떡을 세 덩이 달라는 부탁과 함께 그 집의 문을 노크한 것이다. 여기서 친구

A의 딱한 사정이 대강 짐작이 된다. 그는 밤늦도록 그날의 끼니를 제대로 챙기지 못한 채 매우 굶주려 있었던 모양이다. 그 사정이 그 늦은 밤에 '떡 세 덩이'를 구하러 옆집의 친구에게 찾아간 또 다른 피치 못할 사정을 해명해준다. 그러고 보면 친구 B와 친구 A의 우정이 참 돈독한 듯하다. 친구 B는 착한 사람으로 연상된다. 그런데 이 이야기의 핵심 포인트는 친구 B의 그런 간청에 담긴 의미와 이에 대한 친구 C의 반응이 전하는 교훈에 있다. 밤늦게 가족들과 함께 친구 C가 잠자고 있었을 가능성이 점쳐진다. 그러니 친구 B의 방문은 매우 께름칙한 방문이 아닐 수 없다. 사전 예고도 없이 한밤중에 들이닥치니 이런 결례가 없다. 게다가 떡 세 덩이를 달라는 부탁을 들이댄다.

친구 사이의 우정도 서로 존중하고 예의를 지켜 극진하게 오고가는 정이 있어야 존속되고 심화된다. 우정이 산통 깨지며 신의를 상실하는 가장 대표적인 사유는 평상시 아무런 인사와 소통도 없다가, 자기가 필요한 일이 생길 때 급작스레 연락하거나 찾아오는 경우다. 인격적인 신뢰와 교제의 충실성이 배제된 채 상대방을 그저 필요조건의 충족 수단으로 이용한다는 인상이 빤하지 않은가. 그 와중에 우정이라니 가당키나 한가. 그래서 이런 경우 우정의 이름으로 떡을 세 덩이 주기란 참 곤혹스럽다. 욕을 바가지로 쏟아부어도 정상참작이 될 상황이다. 그럼에도 불구하고 예수가 통찰한 이 친구 C의 속내는 "비록 벗됨으로 인하여서는 일어나서 주지 아니할지라도 그 간청함을 인하여 일어나 그

거꾸로 읽는 신약성서

요구대로 주리라"(11:8)는 것이었다. '그 간청함을 인하여'라는 문구 속에 바로 예수가 가르치신 '구하라, 찾으라, 문을 두드리라'는 교훈의 핵심이 있다. 가장 필요한 것을 위하여, 가장 궁극적인 가치를 향하여, 치열하게 전력투구하듯 찾는 그 진지한 구도자적 삶의 자세야말로 하나님의 나라와 의를 이루는 도상에 자신이 동참하여 열매 맺는 지름길이라는 것이다. '궁즉통'이라고, 절박함이 하늘의 길을 낸다.

제대로 구하는 두 가지 방식

이런 방향으로 말씀의 뜻을 풀어갈 때 이 지점에서 우리의 궁금증이 한 가지 목에 가시처럼 걸린다. 하나님은 전능하시고 우리가 무엇이 필요한지 죄다 아시면서 왜 이렇게 번거롭게 구하고 찾으라고, 문을 두드리라고 명령조로 말씀하셨는가 하는 점이다. 성경을 통틀어 살펴보니 여기에는 두 가지 정도의 해법이 포착된다. 첫째는 하나님이 우리 믿음을 시험, 검증하길 원하신다는 것이다. 하나님과 우리의 관계가 인격적인 신뢰의 토대 위에 견고하게 맺어져 있는지 우리의 자유의지를 확인해보고자 하는 것이다. 그래서 하나님의 신뢰를 얻은 종들은 예외 없이 사전에 그 시험과 검증의 관문을 통과해갔다. 둘째는 우리에게 무엇이 절박한지 스스로 살피고 궁리하여 발견하게 하기 위한 것이 아닐까 싶다. 자신이 무엇을 원하는지 자기 스스로 가장 잘 알 것 같지만 의외로 애매모호할 때가 많다. 그 관심사가 상황과 처지에 따라 달라지고 궁극적인 가치보다 지엽적인 것들에 휘둘려 사는 인생의 주인공들이 바로 우리다. 그래서 우리 생의 궁극적인 것을 향해 우리 믿음이, 소망이, 비전이 진보해나가도록 스스로 중요하고 절박한 것을 찾아 발견하도록 도전하시려는 뜻이 여기 담겨 있다는 것이다. 아무리 하나님이라도 우리 삶을 대신해서 살아주실 수 없기 때문이다.

　우리 삶은 죽기 직전까지 미완성의 여정이다. 우리 앞에 놓인 미래의 전부가 온갖 도전과 모험의 세계이다. 그것을 개척하기 위해 전심전력을 다할 때 삶은 웅숭깊고 풍성한 열매로 우리에게 보답할 것이다. 그 목표를 향해 나가면서 우리는 하나님 앞에 겸손하게 간청하는 마음의 자세가 일단 필요하다. 우리의 자격과 자질이 부족해도 그 '간청함으로 인하여' 하나님은 당신의 자비와 은혜를 거두지 않으신다. 우리 삶의 가장 절박한 것을 향해 집중하면서 기도하는 것과 함께 우리에게 필요한 것은 삶의 모든 에너지를 동원하여 전력투구하는 도전적 행동이다. 좌고우면하지 말고, 담백한 낙관주의의 자세로, 내가 문을 두드릴 때 열리리라는 희망과 기대로 도전해야 하는 것이 우리 삶의 과제다. 그리스도인이라면 이런 과제를 즐겁게 받아들여 정공법으로 부대껴야 한다. 삶 자체가 도전의 대상이자 목표이며 에너지다. 예수가 걸어가신 길이 그와 같았다.

죄 없는 자가 먼저 돌로 치라

요 8:1-11

예수는 감람 산으로 가시니라. 아침에 다시 성전으로 들어오시니 백성이
다 나아오는지라. 앉으사 그들을 가르치시더니 서기관들과 바리새인들
이 음행 중에 잡힌 여자를 끌고 와서 가운데 세우고 예수께 말하되 선생이
여 이 여자가 간음하다가 현장에서 잡혔나이다. 모세는 율법에 이러한 여
자를 돌로 치라 명하였거니와 선생은 어떻게 말하겠나이까. 그들이 이렇
게 말함은 고발할 조건을 얻고자 하여 예수를 시험함이러라. 예수께서 몸
을 굽히사 손가락으로 땅에 쓰시니 그들이 묻기를 마지아니하는지라. 이
에 일어나 이르시되 너희 중에 죄 없는 자가 먼저 돌로 치라 하시고 다시
몸을 굽혀 손가락으로 땅에 쓰시니 그들이 이 말씀을 듣고 양심에 가책을
느껴 어른으로 시작하여 젊은이까지 하나씩 하나씩 나가고 오직 예수와
그 가운데 섰는 여자만 남았더라. 예수께서 일어나사 여자 외에 아무도 없
는 것을 보시고 이르시되 여자여 너를 고발하던 그들이 어디 있느냐 너를
정죄한 자가 없느냐. 대답하되 주여 없나이다. 예수께서 이르시되 나도 너
를 정죄하지 아니하노니 가서 다시는 죄를 범하지 말라 하시니라(요 8:1-
11).

은혜와 용서의 과소비 현상

인정할 것은 인정하기로 하자. 우리 인간들은 신자든 비신자든
허물과 결함이 많은 존재다. 실정법에 위반되는 범죄로 처벌받을
수 있고, 도덕적인 규범을 위반하는 잘못으로 지탄의 대상이 될
수 있다. 인간은 실수하는 존재이고, 의도적으로 사악한 마음을

품고 못된 짓을 자행하기도 한다. 사람에 따라 편차가 크겠지만 하나님의 온전하신 기준에 비추어볼 때 완벽한 인간이란 이 땅에 존재하지 않는다. 사도 바울이 로마서에서 의인이 하나도 없다는 시편 14편 1절의 말씀을 인용하면서 모두가 '다 죄 아래 있다'고 인간 세상의 실존을 진단한 것은 이런 견지에서 참 탁월한 통찰임에 틀림없다.

이런 죄의 엄연한 사실성을 인정하기에 기독교 신앙은 은혜와 용서를 강조한다. 은혜는 하나님이 베푸시는 용서의 전제조건으로, 그 은혜를 맛본 자들은 이 땅의 다른 사람들에게도 그 과실과 오류, 허물을 너그럽게 용서하는 또 다른 은혜의 자세가 요청된다. 특히 우리 한국 교회는 은혜가 늘 풍년이어서 은혜를 앞세울 때 통하지 않는 것이 없을 정도로 관대하다. 그러다 보니 같은 잘못이 때로 사악하게 되풀이될지라도 은혜는 마치 기계장치처럼 작동하면서 용서를 과소비하는 세태까지 보인다. '과소비'라니? 그것이 어디 소비되는 물건이라도 된단 말인가. 당연히 은혜와 용서는 소비물품이 아니다. 그런데도 이즈음 은혜와 용서의 메시지가 유통되는 세태의 풍속도를 가만히 살피노라면 그처럼 싸구려로 남발되는 게 용서요 은혜가 아닌가 싶다. 일찍이 독일의 예언자적 신학자 본회퍼가 이런 세태를 경고하여 '값싼 은총cheap grace'에 물든 기독교 신앙의 자가당착을 비판했지만, 이런 추세는 우리 한국 교회에 점점 더 강화되어온 감이 짙다. 이즈음 성서학자들의 연구에 의하면, 구약성서의 관점에서도 그렇거니와, 예수와 바울이 살던 고대 1세기 지중해 연안의 문화인류학적 맥락에서 '은혜'라는 것은 공짜가 아니라 반드시 엄연한 반대급부가 요구되던 가치요 덕목이었음이 확인되었다.

용서의 완전성

베드로가 예수에게 용서의 최대 횟수를 물은 유명한 일화가 있다(마 18:21-22). 베드로는 용서가 가능한 최대의 횟수로 일곱 번을 꼽고 예수에게 여쭈었고, 예수는 일곱 번을 일흔 번까지라도 용서해야 한다고 답했다. 이는 단순히 7과 490의 기계적 수치에 집착하여 언급한 것이 물론 아닐 게다. 용서의 완전성을 그렇게 표현한 것이리라. 그런데 용서는 상대가 있는 관계의 개념이다. 용서하는 자가 있고, 그와의 불가피한 관계에서 용서받아야 하는 자가 있다. 또 무엇을 어떻게 용서해야 하는지, 왜 용서해야 하는지 각각의 사안마다 그 자세한 곡절이란 게 존재한다.

베드로와 예수의 이 대화에 이어지는 마태복음의 비유는 이른바 '용서할 줄 모르는 종의 비유'(마 18:23-35)이다. 여기에 등장하는 인물은 '어떤 임금'과 '종들'인데 그 가운데 만 달란트 빚진 종과 백 데나리온 빚진 종이 등장한다. 주인은 만 달란트 빚진 종을 불쌍히 여겨 놓아주고 그 빚을 탕감해주었는데, 이 용서받은 종은 백 데나리온 빚진 다른 종을 붙들어 목을 조이며 빚 독촉을

했다는 것이다. 이 사실을 안 주인은 주변 동료들의 고변을 듣고 다시 그 만 달란트 빚진 종을 잡아들여 감옥에 가두어버렸다. 이 비유를 통해 예수가 던진 메시지는 서로를 불쌍히 여기는 은총 어린 마음이고, 그 마음에 기초한 용서이다. 그 신학적 근거는 하늘 아버지께서 우리를 먼저 후하게 용서하셨다는 사실이다.

그런데 여기서 한 가지 더 자세히 살펴봐야 할 게 있다. 용서의 기대 수순과 실천 방향이다. 하늘 아버지에서 인간으로 용서의 은총이 파급된다. 그다음에는 인간들 사이에 더 여유 있고 유력한 자가 연약한 자를 향해 용서해줄 것이 기대된다. 만 달란트 빚을 지고 그 모든 것을 탕감 받은 자, 곧 엄청나게 큰 죄를 진 자가 용서받았으니, 그것에 비해 사소한 빚을 진 자, 즉 소소하게 잘못을 범한 이웃이나 형제를 향해 관대하게 용서해주는 것이 마땅하다는 교훈이다. 그런데 그 수순을 뒤집어 이렇게 생각해보자. 겨우 목구멍에 풀칠하면서 살아가는 연약한 노동자 하나가 몇 개월간의 임금을 받지 못해 그 공장 사장에게 임금지불을 간청했더니, 수백억의 개인 재산을 가지고 있는 사장은 현재 공장의 자금 사정이 좋지 않다고 못 받은 임금일랑 공장에 헌금했다고 생각하고 희생적인 몸부림으로 다시 시작하자고 대꾸하는 경우가 있다. 노회한 사장은 자신이 공장 운영에 실수한 점도 있어 깊이 뉘우치며 회개한다는 말도 빠트리지 않는다. 그러니까 현재의 어려운 형편과 사정을 총체적으로 헤아려 '용서'를 해달라는 요청일 텐데, 그것도 일곱 번씩, 일곱 번에 일흔 번을 곱하여 용서해주는 것이 하나님의 은혜란 범주에서 통하는 것일까.

은혜의 보편성과 차별성

흔히 교회의 지도자가 실수하거나 심각한 죄악을 저질러 물의를 빚을 때 용서의 논리가 동원된다. 이런 상황에서 단골처럼 줄곧 인용되는 성경구절은 "너희 중에 죄 없는 자가 먼저 돌로 치라"는 예수의 말씀이다. 요한복음 8장 1-11절에 나오는 이 이야기는 워낙 유명해서 길게 소개하지 않아도 잘 안다. 바리새인들과 서기관들이 간음하다 붙잡힌 여자를 두고 모세의 율법을 들이대며 돌로 쳐야 되는 것 아니냐고 고발했다. 예수는 그들의 율법적 분노와 예수를 시험하려는 사특한 음모를 시선의 착란 속에 흩어버리기 위해 몸을 굽혀 땅바닥에 손가락으로 뭔가를 쓰셨다. 그 쓴 글자가 무엇인지를 두고 사람들은 많이 궁금해 하지만, 여기서 예수는 그 폭력의 소용돌이를 이완시키려는 '착란의 전략'을 구사하고자 엉뚱한 제스처를 취한 감이 짙다. 이 제스처와 함께 하신 말씀이 바로 저 인용구의 말씀이다. 율법대로 돌로 쳐서 간음한 여자를 죽이는 것은 사회의 기강을 세우는 징벌로, 극단의 선택이다. 그런데 그 잔인하고 고통스러운 처형은 한 생명을 빼앗아 다시 개과천선할 기회를 박탈한다.

더더욱 이 주문의 수상한 구석은 함께 간음한 남자는 어디로 새버렸는지 이 이야기의 전면에 등장하지 않는다는 사실이다. 이 여인의 자세한 정체와 간음하게 된 사연은 불투명하지만 분명히 약자이다. 도망친 남자는 이 여인보다 상대적으로 강자일 것이고, 이들에게 사형선고를 주문하는 바리새인들과 서기관들은 더 막강한 심판관의 위치에 서 있다. 은혜가 하나님으로부터 발현되어 아래로 흐르는 수순에 비추어 예수는 그 은혜를 살려 용서를 선포했다. 선동된 군중이 돌을 내려놓고 슬금슬금 자리를 피하자 이 음모를 꾸민 바리새인들과 서기관들도 어쩔 수 없었을 게다. 그들은 자신들이 더 큰 죄를 용서받은 자로서 연약한 생명들의 구차한 사연을 세밀하게 살펴 불쌍하게 여기는 근본적인 심성은 결여한 채, 위로부터 용서받을 줄만 알고 아래를 향해 용서를 베풀 줄 모르는 영적 색맹이었다.

하나님이 과부와 고아의 보호자라는 은혜의 차별성은 모든 생명을 공평하게 사랑하시는 은혜의 보편성과 늘 함께 가야 하는 신학적 논리였다. 사소한 개별적 인간관계의 허물을 덮어주거나 모른 척하고 넘어가는 것이 은혜이고 용서일 테다. 그러나 공적인 자리에 있는 지도자가 아차 하는 실수도 아니고 악한 의도로 범한 잘못은 하나님과 그 공동체의 성원들에게 용서받기까지 철저한 회개가 동반되어야 할 것이다. 그 회개는 눈 가리고 아웅 하는 수준을 넘어 자신이 걸친 공직을 내려놓고 그 회개의 진정성을 보이는 철저함이 뒤따라야 한다.

아울러, 은혜와 용서는 약하고 가난한 자들에게 더욱더 관대하

거꾸로 읽는 신약성서

고 그들을 품어야 할 여유 있고 강한 자들에게 상대적으로 엄격하게 적용되는 것이 마땅하다. 성서를 섬세하게 읽으면 은혜와 용서의 수순과 방향, 그 강도와 밀도에서 이런 중요한 차이가 발견된다. 빈궁한 서민의 생계형 범죄와 수백억 재산을 가진 기업가의 횡령이나 사기범죄가 상이한 법적 기준으로 처벌받아야 함이 당연한 것과 마찬가지 이치이다.

더디오 생각

롬 16:22

—

이 편지를 기록하는 나 더디오도 주 안에서 너희에게 문안하노라(롬
16:22).

말해지지 못한 것들의 진정성

성서는 기록된 말씀으로 존재한다. 그 말씀은 인간의 언어로
처음 쓰인 이래 문서화된 텍스트로 전승되어왔다. 거기에는 자
주 등장하는 주요 인물들이 있다. 성서 이야기의 주인공이라 할
만한 이 부류의 사람들 꼭대기에 예수 그리스도가 위치한다. 물
론 그가 성서의 핵심적 인물이라고 다른 인물들이 소홀히 여겨
져서는 안 된다. 그의 복음을 전하기 위해 목숨 걸고 예언하고 목
숨 바쳐 증언한 사람들이 수두룩하기 때문이다. 그들의 그 순교

거꾸로 읽는 신약성서

적 헌신은 마치 기록된 텍스트의 분량에 비례하여 그 가치의 고저와 공헌도의 강약이 결정되는 것 같다. 요즘도 정치인으로 데뷔한다거나 공적인 임무를 맡아 이러저러한 자리에 등단하기 위해서 실력과 더불어 '인지도'라는 것이 중시된다. 대중사회에 그 인물이 얼마나 널리 알려져 이름값을 얻고 있는지에 따라 당락이 결정되니 평판과 신인도에 앞서 인지도를 따지는 것도 무리가 아니리라. 역사의 기록도 마찬가지다. 거기서 다양한 지면에 폭넓게 거론되는 사람은 유명세를 타고 상찬의 대상이 된다. 물론 악역을 맡은 사람은 아무리 자주 언급되어도 비난의 대상일 뿐이다. 그저 반면교사로서의 위상만이 인정될 것이다. 그러나 적게 언급되고 텍스트의 폭넓은 조명을 받지 못한다고 해서 그가 작은 인물이고 상대적으로 덜 가치 있는 존재냐 하는 건 신중하게 생각해야 할 문제다. 그럴 수도 있고 그렇지 않을 수도 있기 때문이다.

사도 바울은 교회를 우리의 인체에 비유하면서 하찮게 여겨지는 지체의 요긴한 쓰임새를 언급한 바 있다. 감추어져 있는 인체 기관, 가령 우리 속의 장기라든가, 생식기 같은 기관은 눈에 띄지 않지만 매우 중요한 기능을 담당하고 있음을 우리는 잘 안다. 이러한 이치를 역사 속에, 성서 속에 적용해보면 독자로서 우리가 매우 편향된 사시의 관점에서 텍스트의 말씀을 해석하는 오류를 범하기 쉽다는 점을 인정해야 한다. 성서 속에 기록된 말씀의 소중함은 두말할 나위 없겠지만 행여 그 가운데 기록되지 않은 더 많은 사실과 관련해서는 마냥 까막눈으로 머물 수도 있겠기 때문이다. 인물의 경우도 마찬가지다. 어떤 인물에 대한 언급의 비교 우위가 그 인물의 역사적 위상에 대한 평가의 비교 우위와 직결되지 않는다. 이러한 가정은 이 세상에 기록된 것보다 기록되지 않은 것이 더 많고, 전자는 후자에 비해 빙산의 일각일 수 있다는 상식적 추정에 의거한 것이다.

이러한 입장이 성서를 읽는 우리에게 상상력의 개입을 불가피하게 만든다. 허무맹랑한 상상으로 흐르지 않도록 잘 제어만 한다면 상상력은 냉정한 객관적 사실보다 더 풍성하게 복음의 역사를 증언한다. 아무리 해가 밝고 달이 밤하늘에 훤하다고 해도 그 뒤에 명멸하는 수많은 별들의 존재를 무시할 수 없는 법 아닌가. 마찬가지로 성서와 기독교의 역사 속에서 보일 듯 말 듯하면서도 적잖은 의문과 함께 우리의 상상력을 증폭시키는 인물들이 많다. 그런 범주의 한 예로 더디오란 인물을 추적해보자.

더디오의 단출한 흔적

학창시절 한 세미나 수업에서 담당교수님이 서구학계에서 나온 더디오 연구서를 소개한 기억이 있다. 대강 잡아도 350페이지가 훌쩍 넘는 꽤 방대한 규모의 단행본 책이 온전히 더디오를 핵심 대상으로 다루어 연구한 것이었다. 이 책에 대한 교수님의 평가는 인색하고 부정적이었지만 나는 그 연구자의 의욕을 높이 사고 싶었다. 본인의 박사논문을 책으로 낸 것이 분명해 보이는 이 책의 틀은 그리스·로마 시대에 글을 대필하여 기록하는 비서의 직분이 어떤 상황이었는지 그 배경사에 대한 풍성한 분석과 함께 바울과 더디오의 관계를 그 틀에 비추어 자리매김하려는 시도로 대강 짜여 있었다.

그런데 막상 신약성서의 관련 본문을 살펴보니 로마서 부록의 이 한마디가 유일했다. "이 편지를 기록하는 나 더디오도 주 안에서 너희에게 문안하노라." 로마서의 긴 논의를 마무리하면서 바울은 마지막 장에서 긴 안부 인사를 전한다. 로마 교회의 성도에게 바울 자신이 먼저 안부를 전하고 로마서 집필 당시 자신과 함께하던 사람들이 바울을 통하여 간접적으로 안부를 전한다. 그런데 더디오만은 '나 더디오'라고 일인칭으로 자신의 이름을 내세워 직접 문안한 것이다.

여기서 우리의 추론은 다음의 몇 가지 방면에서 작동할 수 있다. 로마서를 쓸 때 바울이 직접 쓰지 않고 더디오라는 사람의 도움을 받아 대신 작성했다는 사실이 먼저 확인된다. 이어지는 질문은, 그렇다면 바울의 로마서만 대필했는지, 아니면 데살로니가 전서나 갈라디아서의 확연한 흔적이 암시하듯, 초기부터 다른 편지들도 역시 그가 죽 대필해왔는지, 아니면 그때는 다른 비서가 이 임무를 수행했는지에 관한 것이다. 일단 증거가 확실한 로마서의 경우로만 국한시켜볼 때도 질문은 간단치 않다. 당시 로마

사회의 관행에 비추어 대필의 유형도 여러 가지로 갈리기 때문이다. 첫째, 저자가 구술하는 것을 비서가 문자 그대로 받아 적는 경우가 있었다. 둘째는 저자가 대강의 틀과 관련 논제를 설정해주고 비서가 그 내용의 대부분을 채운 뒤 추후 저자의 검증과 승인을 받는 경우도 있었다. 셋째는 이 중간의 지대로, 저자가 구술한 내용을 요약하거나 보충하면서 비교적 자유스럽게 비서가 그 문서의 내용을 편집해나가는 형태를 떠올려볼 수 있다.

이 세 가지 유형 중에서 로마서를 기록하면서 더디오가 맡았던 역할이 어느 정도까지였는지 상상하는 것은 무척 흥미롭다. 구체적인 범위의 할당이 불분명할지라도 이 두 사람이 같은 공간에서 공동 작업을 통해 이 길고 중요한 편지를 생산한 것만은 틀림없기 때문이다. 갈라디아서의 예에서 보듯, 바울은 일부 편지를 자신의 친필로 서명함으로써 특정한 표기법이 자신이 저자임을 증명하는 수단임을 의도적으로 보여주기도 했다. 그런데 로마서에서는 오히려 이 서명을 통해 자기 흔적을 드러내는 방식이 바울이 아닌 더디오에 의해 활용되고 있다는 점이 특이하다.

틈새의 진실

더디오는 왜 마지막 문안인사에서 자신의 이름을 일인칭으로 내세우면서 문안을 전했을까. 로마서라는 방대한 문서의 작성에 자기가 기여한 공로가 적지 않음을 우회적으로 시위하려는 욕구가 이 순간 작용한 것은 아니었을까. 그래서 자신이 이 서신의 공동저자 내지 실질적인 저자임을 암시하려는 무의식적 시도는 아니었을까. 아니면 행여 로마에 있는 교우들 가운데 자기 이름을 기억해줄 만한 사람이 있었기에 재치 있는 제스처로 자신의 이름을 그 자리에 명기했을 가능성은 없을까. 아니면 비서의 흔적을 감추는 것이 관행이자 도리인 이 바닥의 직업윤리에도 불구하고 바울의 의중을 제대로 반영하면서 그의 말을 문자화하는 고단한 긴장의 노동이 끝나는 막바지에 그가 슬쩍 긴장이 풀려 이렇게 한마디 뇌까렸을 가능성은 없을까. 이 또한 얼마나 그럴듯한 상상인가.

무엇보다 궁금한 것은 그가 이 긴 노동의 대가로 바울에게 얼마만큼의 사례금을 받았는가 하는 점이다. 대필비서의 직업적 전문성을 생각할 때 바울이 아무에게나 이 일을 맡겼을 리 없다. 아울러, 기독교 신앙의 공감대가 없거나 바울과의 아무런 인격적 교분이 없는 사람이었다면 굳이 더디오가 이렇게 자신의 이름을 기록하면서 로마 교우들에게 문안인사를 할 필요도 없었을 것이다. 그렇다면 그가 처음부터 바울의 동역자로서 이 일에 기꺼이 자원하여 바울을 순전히 돕기 위해 무료로 봉사해주었다고 볼 수는 없을까. 상상의 추론이 긴 만큼 이 두 사람 사이에 가로놓인 틈새의 진실도 심오해지는 듯하다.

오로지 일회적으로 나타나는 그의 이름과 그 이름을 통해 현시

된 이 순간의 존재에서 우리가 얻을 수 있는 마지막 교훈은 이렇
다. 그가 바울과 교감하면서 로마서라는 긴 편지를 쓰는 그 긴 시
간 내내 자신의 속으로 들끓는 모든 말들(공감이든, 이견이든, 논평이든,
제안이든)을 삼킨 나머지 말하지 않은, 혹은 못한 것들이 단 한마디
말한 것보다 훨씬 더 많았으리라는 것이다. 그러므로 우리에게는
성서의 기록된 텍스트에 담기지 않은 하나님의 침묵, 나아가 저
자와 등장인물의 과묵함에 대한 묵상의 여백도 종종 살려내려는
상상력의 수련이 필요하다.

거꾸로 읽는 신약성서

'기록된 것'은 무엇인가

고전 4:6

—

형제들아 내가 너희를 위하여 이 일에 나와 아볼로를 들어서 본을 보였으
니 이는 너희로 하여금 기록된 말씀 밖으로 넘어가지 말라 한 것을 우리
에게서 배워 서로 대적하여 교만한 마음을 가지지 말게 하려 함이라(고전
4:6).

그들은 아는데 우리는 모르는 것

그렇다. 성경에는 분명 그런 것들이 있다. 말씀을 선포한 당사
자와 그것을 들은 청중은 무슨 말인지 잘 아는데 그것을 기록으
로 읽는 먼 후대의 우리는 그 공유된 상황을 직접 경험하지 않았
기에 그 말이 무슨 뜻인지 잘 알지 못한다. 바울이 쓴 서신도 마
찬가지다. 발신자인 바울 자신과 그 서신을 받는 수신자인 교회
공동체 성원들은 서로 만난 사이이고, 서로 듣고 말하고 배우고
소통하며 여러 공통 정보를 함께한 사이였기에 대강 말해도 알

아들었을 것이다. 그러나 그 시점에서 2천 년 가까이 멀리 떨어져서 그가 문자로 남긴 서신을 읽는 오늘날의 독자는 어느 특정 대목에서 그가 무슨 말을 한 건지, 왜 그렇게 표현했는지, 그 말의 이면에 담긴 은밀한 메시지는 무엇인지 일차 독자들에 비해 인식의 감도가 떨어지게 마련이다. 그 대표적인 예 가운데 하나가 바로 고린도전서 4장 6절의 '기록된 것'이다.

바울이 고린도전서를 집필하면서 직접 펜을 들지 않았을지 모른다. 로마서의 경우를 적용한다면 그는 그의 비서를 통해 이 편지도 구술하면서 받아쓰게 했을 가능성이 크다. 그렇더라도 그의 말이 기록된 것이라면 이 편지는 그가 기록한 것과 진배없다. 그런데 바울은 상기 본문에서 자신의 기록 속에 또 다른 '기록된 것'을 언급한다. 조금 더 인용하면 본문의 내용은 이렇다. "형제들아 내가 너희를 위하여 이 일에 나와 아볼로를 들어서 본을 보였으니 이는 너희로 하여금 기록된 말씀 밖으로 넘어가지 말라 한 것을 우리에게서 배워 서로 대적하여 교만한 마음을 가지지 말게 하려 함이라."

'기록된 것'의 정체

고린도전서 1–4장 전체의 맥락에서 볼 때 상기 본문은 고린도 교회를 어지럽힌 파당 분쟁에 대한 논의의 연장선상에서 제기된 교훈이다. 주지하듯, 고린도 교회는 자기가 추종하는 지도자에 따라 정치적인 파당으로 나뉘어 대립하면서 공동체의 단일성을 훼손하고 있었다. 어떤 사람들은 게바(베드로)를, 어떤 사람들은 바울의 후임으로 고린도 교회 사역을 맡은 아볼로를 추종했다. 물론 바울을 따르는 자들도 있었다. 흥미롭게도 '그리스도에게 속했다'라는 구호를 내걸고 자신의 파당적 정체성을 '그리스도'에게 둔 사람들도 일부 있었다. 이 중에서 '그리스도파'가 최고로 정통라인인 것처럼 보이지만, 학자들의 추론에 의하면, 이들은 방종적 영지주의 사상에 경도된 사람들이거나 체험 위주의 신앙생활을 한 이른바 '성령주의자'들이었을 가능성이 높다.

특정 교인들이 특정 지도자를 추종하여 정치적 파당을 형성하게 된 것은 아마 그들로부터 세례를 받았거나 그들의 카리스마에 이끌려 자신이 추종하는 특정 지도자의 권위만을 배타적으로 인정하고자 한 데 그 원인이 있지 않았을까 짐작된다. 이들 파당중에서 바울에게 특히 신경이 많이 쓰였던 그룹은 아볼로파였다. 그래서 1-4장 전체의 논의 내용을 보면 아볼로와 관련된 진술들이 압도적으로 많다. 아볼로가 알렉산드리아 출신의 지식인으로 성경에 박식하고 수사학적 재능이 특출하여 그의 지식이나 언변에 끌렸던 사람들이 그를 바울보다 더 추종하고 그의 권위를 더 인정함으로 인해 바울이 은근히 불편했을 가능성이 있다.

여하튼 이러한 긴장 국면에서 바울은 파당을 넘어 그리스도 안에서 한마음이 되어 뜻을 같이하라는 대전제 아래 고린도 교인들에게 권면하고 있는 것이다. 바울이 아볼로와 공유해온 고린도 교회 목회의 기준이 하나 있었는데, 그것이 '기록된 것을 넘지 말라'는 합의사항이었다. 이 본문은 정관사*to*가 이끄는 인용문으로 되어 있다. 마치 하나의 구호나 격언처럼 당시 항간에 두루 유통된 말이었던 것 같다. 그래서 원문의 뜻은 보다 짧게 '기록된 것 넘어서는 안 돼No beyond what is written'라고 나온다. 바울과 아볼로는 교인들이 서로 조심하여 이 규정을 지킬 것을 가르쳤고, 이 편지를 쓰는 현재 순간도 그것을 지키기를 원한다. 기록한 것을 넘지 않아야 그들이 서로를 향해 대적하며 교만해지지 않게 되리라는 것이다. 문제는, 여기서 '기록된 것'이 무엇을 지칭했는가 하는 점이다.

이 '기록된 것'의 정체는 바울과 아볼로, 고린도 교인들에게는 익숙한 그 무엇이었을 것이다. 그런데 오늘날 우리에게는 그 정체가 모호하여 많은 추측을 낳았다. 가장 평범한 추측은 구약성서라고 보는 것이다. 슐라터의 추론에 의하면 기록된 성경의 내용을 넘어서는 원리를 고린도 교회에 소개한 이들은 그리스도파 당에 속하는 사람들이었다. 그들은 성령의 자유 안에서 '모든 것이 가하다'라고 주장했다는 것이다. 스타우퍼 역시 '기록된 것=구약성서'라는 도식 아래 이 구호를 본래 게바 추종자들이 고린도 교회에 소개했었고, 이 기준에 반발한 헬라파 기독교인들과 달리 바울은 이 구호를 자기 나름의 맥락에서 활용한 것이라고 보았다. 그런데 고린도 교회의 이방인 신자들에게 구약성서라는 게 얼마나 폭넓게 전수되었고, 또 그들이 얼마나 많이 배워 그것을 숙지했는지 의문이다. 그래서 구약성서 전체보다는 그것의 일부, 특별히 바울이 고린도전서 1-3장에 인용한 내용을 가리킨다고 보기도 한다. 그러나 '기록된 것 넘어서는 안 돼'라는 구호가 이 서신을 쓰기 이전에 당시 목회상황에서 이미 알려진 과거였던 데 비해 이 서신의 선행하는 인용문은 현재진행 상태라는 게 걸린다.

'기록된 것'을 구약성서와 별 상관없는 것으로 보는 입장에서, 아예 이 인용문구가 원래 본문의 일부가 아니라 난외주처럼 부기된 논평구인데 나중에 본문의 일부로 편집된 것이라는 또 다른 관점이 있다. 막연한 추론이다. 가장 최근의 해석은 이 구호가 바울이 고린도 교회를 개척할 당시 그 교우들과 공동체를 세우기 위해 합의한 창립문서foundation document였다는 것이다. 오늘날 일종의 정관이나 내규에 해당되는 셈이다. 이는 오늘날 공동체 설립의 경우에도 많이 준용되지만 당시에도 특정 조직을 만들 때 사회적 규약의 차원에서 많이 따랐던 관행이었다고 한다. 이 경우가 만일 '기록된 것'의 정체에 해당된다면 거기에 구체적으로 무엇이 기록되었는지 궁금해지지 않을 수 없다. 그런데 그 내용을 우리는 잘 모르고 바울과 아볼로, 고린도 교인들만 안다. 적대적인 자기자랑이나 교만의 방지 효과에 대한 이어지는 언급으로 미루어 아마도 상호 간의 존중에 기반을 둔 정직한 소통과 겸손한 교제와 관련된 조항이 거기 있지 않았을까 추리해볼 수 있다. 아울러, 서로 공동체의 단결과 일치를 위해 노력해야 하는 의무를 담았을 가능성도 생각해볼 수 있다.

초심으로 지켜야 할 약속

어떤 조직에서든, 지키기로 약속한 규정은 나쁘게 진화하면 그 구성원을 옥죄는 억압적 기제로 이용된다. 그런가 하면 규정이 그저 장식적 구색 이외에 아무런 효력을 발휘하지 못한 채 망각되는 경우도 종종 있다. 그냥 요식행위로 문서로서만 무기력하게 존재하는 규약이다. 교회도 마찬가지다. 교회의 신앙생활에 필요한 판단의 기준으로 성서의 가르침이 하나의 규범이 될 수 있다. 그래서 성서의 본질을 찌르는 핵심 개념은 '언약', 곧 말씀을 매개로 한 약속이다. 그 밖에 교단마다, 교회마다 이 성서의 기준에 따라 조직의 운영을 위해 필요한 정치 행정상 규약을 법으로 만들고, 또 정관이나 시행세칙 등을 만들어 공동체 구성원들과 공유한다. 그것을 넘어서면 공동체의 정체성이 허물어진다. 일단 합의된 것은 초심으로 성실하게 지켜야 한다. 그것은 공동체 성원들을 정죄, 심판하는 식으로 그들 가운데 운행하는 성령의 자유를 억압하려는 목적과 무관하다. 오히려 이러한 규정들은 그들이 각자의 개인적 욕구에 따라 교회라는 공공의 장에서 자기자랑을 일삼고 교만에 빠져 남들을 업신여기지 않도록, 서로 공평하게 대접하고 존중받도록 적극적 역할을 수행해야 한다. 그러기 위해서라도 우리가 합의하여 '기록된 것'을 넘어서지 않으려는 겸손한 배려와 순종의 자세가 필요하다.

모든 사람을 위한 모든 것

고전 9:19-23

내가 모든 사람에게서 자유로우나 스스로 모든 사람에게 종이 된 것은 더 많은 사람을 얻고자 함이라. 유대인들에게 내가 유대인과 같이 된 것은 유대인들을 얻고자 함이요 율법 아래에 있는 자들에게는 내가 율법 아래에 있지 아니하나 율법 아래에 있는 자같이 된 것은 율법 아래에 있는 자들을 얻고자 함이요 율법 없는 자에게는 내가 하나님께는 율법 없는 자가 아니요 도리어 그리스도의 율법 아래에 있는 자이나 율법 없는 자와 같이 된 것은 율법 없는 자들을 얻고자 함이라. 약한 자들에게 내가 약한 자와 같이 된 것은 약한 자들을 얻고자 함이요 내가 여러 사람에게 여러 모습이 된 것은 아무쪼록 몇 사람이라도 구원하고자 함이니 내가 복음을 위하여 모든 것을 행함은 복음에 참여하고자 함이라(고전 9:19-23).

공동체의 중심에서

신앙공동체의 지도 책임을 맡아 그 선봉이나 중심에 서본 사람들이 정서적으로 공감하는 경험적 이치가 있다. 그것은 공동체 성원 한 사람 한 사람의 존재 자체가 모두 귀하고 소중하게 느껴진다는 것이다. 더구나 그 공동체가 개척교회와 같이 갓 태어나 공동체의 꼴을 갖추어나가기 위해 발버둥 쳐야 할 상황에서는 그 심정이 더더욱 간절해진다. 그중에 누가 더 신실하고 누가 좀 덜 신실한지, 누가 더 열심이고 누가 좀 덜 신실한지는 부차적인

거꾸로 읽는 신약성서

일이 된다. 마찬가지로 누가 더 충성되고 비중 있는지, 누가 상대적으로 덜 그런지도 가장 중요하지 않다. 가장 중요한 것은 따로 있다. 그것은 지체 하나의 존재 자체이다. 거기에는 우주의 무게가 실려 있다. 공동체의 한 지체들이 모여 함께하는 매 순간 하나님의 부름받은 백성이 되어 한 몸을 이룰 수 있다는 사실 자체가 가장 중요하다. 이런 기준으로 보면 심지어 누가 좀 더 옳고 누가 좀 덜 옳은지, 혹은 누가 틀린지조차 우선순위에서 밀린다. 그리스도 신앙으로 뭉치는 언약공동체 안에서 한 사람을 얻는 것이 그만큼 귀하고 또 그만큼 어렵다는 것이다.

그렇다면 다양한 사람들을 하나님나라의 예비적 공동체 안에 얻기 위해 어떻게 해야 하는가. 물론 구원의 원리 원칙까지 훼손할 수는 없는 노릇이다. 그러나 우리가 원리 원칙이라고 하는 것들조차 역사를 통틀어 꾸준히 변화해오고 상황에 적용해온 측면이 적지 않다는 걸 알아야 한다. 신학도 만고불변의 진리가 아니라 다분히 상황 반영적으로 그 언어들이 바뀌고 다채로워졌으며 이에 따라 그 틀과 내용이 변화되어왔다. 우리는 '꿩 잡는 것이 매'라는 승리우선주의의 얄팍한 요령을 경멸한다. 나 역시 수단이 목적을 위해 무조건 정당화되는 현실의 저열함에 매우 비판적이다. 특히 인간을 이해관계를 구성하는 종속적 관리의 대상으로 보고 일개 숫자로 파악하는 조직의 논리는 언제든지 성찰의 도가니에 들어가 용해되어야 한다. 그러나 다급하고 절박한 상황에서 한 사람을 얻기 위해 자신의 모든 것을 내려놓는 자세가 되어 있지 않고서는 자신의 한 조각 진정성조차 먹혀들지 않는 것이 또한 세속이라는 난장이다. 바울 역시 선교활동을 통해 이런 고민을 한 흔적이 역력하다. 그만큼 그가 내린 결론은 파격적이었다.

경계에 선 사도 바울

사도 바울은 주지하듯 평생 경계인으로 살았던 사람이었다. 그는 유대인이었지만 이방인들의 사도로 부름 받아 이방 선교에 주력했다. 그는 율법에 박식한 당대의 지식이었지만 율법을 모르는 자들, 사회경제적으로 약한 자들을 섬기도록 부름 받아 헌신하였다. 그렇다고 그가 동족 유대인들을 향해 무심했던 것도 아니다. 그는 자기 동족을 향한 뜨거운 연민과 긍휼의 마음으로 그들의 구원을 위해서라면 자신이 그리스도로부터 끊어질지라도 원하는 바라고 고백할 정도였다(롬 9:1-3). 그는 그리스도와 합하여 세례를 받아 공동체의 동등한 지체가 되었지만 현실적 차이의 장벽이 차별의 조건이 되지 않도록 하기 위해 유대인과 이방인, 남자와 여자, 자유인과 노예의 경계에서 종종 전전긍긍했던 것 같다. 그 차이를 넘어 그들의 얼마를 더 얻기 위해 복음을 전하는 마당에 그 사이의 공의로운 조율 작업이 결코 만만치 않았기 때문이었다.

거꾸로 읽는 신약성서

먼저 그는 유대인들에게 유대인과 같이 되었다고 말한다. 유대인은 토라, 곧 율법을 목숨처럼 받들어 섬기던 사람들이었다. 바울은 비록 율법에 매인 사람이 아니었지만 율법 아래 있는 그들을 얻기 위해 율법 아래 있는 자처럼 처신하고 행동했다는 것이다. 둘째로 그는 율법을 모르는 이방인들을 대상으로 자신이 어떻게 교제했는지 밝힌다. 그는 바리새파 출신으로 율법을 지키는 일에 흠이 없을 정도로 대단한 자부심을 지녔었지만 그 이방인들을 얻기 위해 율법을 전혀 모르는 자처럼 되었다는 것이다. 셋째로 약한 자들이 등장한다. 바울 서신에서 '약한 자'는 대략 세 가지 범주의 사람들을 아우르는 듯하다. 먼저 사회경제적으로 약한 자, 곧 가난한 자이다. 다음은 합리적 지식을 결여하여 상대적으로 지적으로 몽매한 자가 여기에 해당되고, 그 결과로 전통과 인습에 매여 사는 보수주의자의 범주가 여기 포함된다.

물론 바울은 자신의 연약함을 고백한 적이 몇 차례 있다. 심지어 그 약함을 자랑한다고까지 했다. 그러나 본문의 '약한 자'라는 기준에 비추어 그는 약한 자라고 할 수 없을 것이다. 그런데도 그는 동병상련의 심정으로 약한 자들에게 그들을 얻기 위해 그들과 같이 되었다고 고백한다. 여기서 '얻는다'는 말의 뜻은 특정한 사람을 자기편으로 만들거나 자기가 부릴 만한 사람으로 만든다는 것이 아니다. 하나님나라 성원으로 얻는다는 뜻이다. 다시 말해 23절의 표현대로 그들과 함께 복음에 참여하여 구원을 얻게 한다는 것이다.

'~와 같이 되었다'는 말은 자신의 본심을 위장하여 그들의 비위를 맞추었다는 것이 아니라 그들의 언어와 문화는 물론 개인적인 속사정, 형편과 처지에 맞게 눈높이를 조율했다는 뜻으로 읽는 것이 합리적이다. 앞의 세 가지 범주를 예로 들어 설명한 바울은 그 문단의 끝에 자신이 '모든 사람들에게 모든 것이 되었다'고 결론짓는다. 개역개정에 '여러 사람에게 여러 모습'이 되었다는 번역은 원문의 뜻에 비추어 느슨하거나 부정확하다. 영어번역의 'all things for all people'이 해당 문구의 진의를 잘 살린 번역이다.

모든 것을 모든 사람에게

이 문구를 피상적으로 읽으면 바울의 정치외교적 감각이 탁월했다고 이해할 수 있다. 그는 사람을 얻는 데 능란한 수완을 가졌을 뿐 아니라 마당발의 인맥을 가지고 있었고 이를 적절히 활용할 줄 아는 선교전략가였다는 정도로 보는 관점이다. 좀 더 야박하게 해석하면 이 문구에서 바울이 주어진 상황에 따라 언행을 바꾸어 처신한 기회주의자였을 것이라고 비판할 근거를 얻을 수도 있을 것이다. 그러나 바울의 진심을 살려 다시 찬찬히 살피면 이 문구에서 우리는 아직 담대하게 혼자 서지 못한 어린 자녀들을 돌보고 그들의 눈높이에 맞춰 섬기려는 어질고 지혜로운 부모의 곡진기정曲盡其情을 읽어낼 수 있다. 아무리 맛있고 영양가 높은 음식도 자식의 치아가 약해 먹지 못한다면 그림 속의 떡에 불과하다. 자식이 그것을 먹을 수 있을 만큼 자랄 때까지 인내하며 기다려야 하고 또 그것이 왜 좋은 음식인지 설명해주어야 한다. 그러기 위해서는 '모든 사람에게 모든 것'이 되려는 극진한 수고가 필요하다.

이러한 관점에서 바울의 이 문구를 이해한다면 왜 그가 그토록 치열하게 그리스도를 본받는 자가 되기 위해 애썼는지 알 수 있다. 그는 예수가 하나님과 동등한 위상을 취하지 않고 하늘의 영광을 버리고 모든 것을 비워버린 채 이 땅에 종의 형상으로 오셨다고 믿었다(빌 2:6-7). 이 성육신 신학의 요체는 급진적인 자기 겸비의 자세에 있다. 한 생명을 얻기 위해 자신의 모든 것을 내려놓을 만큼 과격한 하강 초월의 정신이야말로 성육신 신학의 핵심이다. 그렇다면 바울이 '모든 사람을 위해 모든 것'이 되고자 했던 선교적 열정과 겸비한 자세야말로 예수 그리스도의 성육신 신학을 최대한 자신의 사역 현장에 구현한 결과였다고 볼 수 있다. 예수의 기준에 따르면 한 생명은 천하를 주고도 얻을 수 없는 소중한 존재 가치를 가지고 있다. 마찬가지로 바울도 이 기준에 따라 한 생명을 얻기 위해서는 궁극 이전의 모든 것들을 얼마든지 조정하고 언제든지 내려놓을 수 있었다. 그것이 바로 '모든 사람에게 모든 것'이라는 압축적인 문구로 응집된 셈이다.

우리가 하나님나라를 위해 한 사람 얻는 것에 무심하다면, 이를 위해 따져야 할 선결조건이 너무 많다면, 우리는 너무 배가 부른 것이다. 우리가 자신의 것을 내려놓는 과격한 자기 겸비의 태도는 하나님 앞에서만 기죽은 듯 내비칠 게 아니다. 사도 바울은 그 자기 겸비의 태도를 모든 사람을 위해 모든 것이 되려는 전향적인 도전의 방식으로 체현해나갔기 때문이다.

거꾸로 읽는 신약성서

자족과 형통 사이

빌 4:10-13

내가 주 안에서 크게 기뻐함은 너희가 나를 생각하던 것이 이제 다시 싹이 남이니 너희가 또한 이를 위하여 생각은 하였으나 기회가 없었느니라. 내가 궁핍하므로 말하는 것이 아니니라. 어떠한 형편에든지 나는 자족하기를 배웠노니 나는 비천에 처할 줄도 알고 풍부에 처할 줄도 알아 모든 일 곧 배부름과 배고픔과 풍부와 궁핍에도 처할 줄 아는 일체의 비결을 배웠노라. 내게 능력 주시는 자 안에서 내가 모든 것을 할 수 있느니라(빌 4:10-13).

새해 인사에서 하지 못한 말

새해가 되면 다들 풍성한 복을 기원하면서 인사를 주고받는다. 그것이 관행이고 미덕이다. 새해에 일어나는 일들이 모두 아름답고 상서로울 것이란 절대 확신이 있어서 그런 것이 아니다. 희망사항으로 그런 긍정적인 기대를 품고 넉넉히 나누는 것이리라. 그 풍성한 복을 우리에게 익숙한 어휘로 바꾸면 '만사형통'이란 게 있다. 찬송가 가사에도 나올 정도니까 신앙의 어휘로 무난하고 바람직하다고 여길 만하다. 신앙은 주어진 그 어떤 삶의 현실도 긍정하는 데서 시작하는 것일 테니 형통이 그 목표로서 흠잡힐 것은 아니다. 물론 악하고 불의한 현실의 경우는 이를 부정함으로써 신앙의 힘이 발휘될 테지만 그 역시 부정의 부정을 통해 그 현실을 바로잡고 새로운 긍정의 도약을 꿈꾸는 데서 그 궁극의 지향점이 확인된다.

만사형통을 추동하는 저변의 힘을 우리는 '믿음'이라고 일단 간주한다. 그 믿음은 하나님의 존재와 능력, 나아가 그를 믿는 자들에게 힘을 주시고 격려하시며 상 주시는 선한 그분의 품성을 믿는 것이다. 아울러 예수 그리스도의 십자가와 부활 사건이 구원을 이루는 능력임을 믿는 것이고, 성령의 권능이 우리의 일상 가운데 감동, 감화하시는 영감의 출처임을 믿는 것이다. 그래서 이런 믿음은 기독교 신앙인에게 불가능한 가능성의 유일한 지렛대가 된다. 우리가 믿는 것들이 대부분 아직 이루어지지 않은 것이란 점에서 그것은 소망에 대한 믿음이다. 반면 그 미지의 소망이 불가능의 족쇄를 깨고 실현되리라는 긍정적 비전과 기대로 말미암아 이미 이루어진 것처럼 믿는다는 점에서 그것은 또한 현재완료형의 사건이기도 하다.

그러나 이러한 긍정 마인드와 소망의 가능성을 만사형통의 논리로만 포장하면 신앙이 마술과 마법의 빌미로 퇴락할 수 있다. 그래서 만사형통의 그 '만사'에 대한 겸손한 자기관리가 필요하다. 그 만사에서 제 욕망이 시키는 일을 즉각 충족시키려는 조급함은 곧장 탐욕으로 직행하는 길이다. 그것을 먼저 제거하고 자

거꾸로 읽는 신약성서

신의 기대와 소원이 과연 하나님의 뜻과 합치되는지 세밀하게 점검하는 긴장 어린 성찰과 탐구가 필요하다. 이 작업은 워낙 광범위하고 미묘한 샛길이 많은 공정이라 일단 소박한 출발이 중요하다. 그 소박한 삶의 토대가 바로 '자족'이라는 미덕이다. 새해 인사로 만사형통을 축원한다면 그 축원의 토대로 '자족'이란 또 다른 축이 작동해야 한다. 새해 인사에서 우리는 그 중요한 말을 괄호 속에 묶어두었다. 그러나 알 만한 사람들은 형통의 축복 가운데 생략된 그 메시지를 잘 챙기고 새겼으리라.

바울의 형통과 자족

바울의 빌립보서에서 우리가 요절로 종종 암송하며 제 삶의 원기회복을 위한 신통한 말씀으로 삼는 다음의 구절이 있다. "내게 능력 주시는 자 안에서 내가 모든 것을 할 수 있느니라"(빌 4:13). 이 구절의 표피적 의미는 하나님의 전능하심에 잇닿아 있다. 예수 그리스도에 기반을 둔 구원의 능력도 무관치 않다. 성령의 선한 인도하심에 대한 무한한 신뢰도 아울러 그 행간에서 감지된다. 그런데 자칫 잘못하면 하나님의 전능하심을 내가 흉내 내면서 자신의 전능함으로 착각할 수 있다. 여기서 해석의 묘처는 '안에서'와 '모든 것'이다.

'안에서'는 구원론적 신비의 공간이다. 살든지 죽든지 자신의 삶에 속하는 모든 것들이 하나님의 구원사적 섭리 가운데 진행됨을 넉넉히 신뢰하는 의미의 기표가 바로 '안에서'이다. 그것은 결핍도 충만이 되고 부족도 감사의 조건이 되는 신앙적 초월의 자리이다. 나아가 '모든 것'은 내 자신의 사사로운 욕망을 충족시키는 따위와 무관한, 구원론적 사명의 개념이다. 복음의 전파를 통해 이 땅에 하나님의 나라를 확장하고 교회를 세워 하나님의 백성을 새로운 언약의 공동체로 인도해나가는 그 공공의 사명에 관한 '모든 것'을 향해 바울은 충분히 낙관적이고 희망적이었다는 뜻이다. 그 낙관과 희망이 갸륵하고 '모든 것'을 언급할 정도로 담대했던 것은 그가 이 진술을 하던 당시 상황이 매우 가혹한 현실이었기 때문이다.

주지하듯 빌립보서는 옥중에서 생산된 서신이었다. 이 시점에서 바울은 매우 궁핍한 처지에 놓여 있다가 좋은 소식을 접하게 되었다. 빌립보 교인들이 바울에게 물질적인 후원을 제공함으로써 그의 옥중 고난이 위로받을 수 있는 길이 열렸던 것이다. 그의 표현대로 "너희가 나를 생각하던 것이 이제 다시 싹이 남"으로 인해 막막하던 희망이 구체적인 실현을 보게 되었다. 그것은 궁핍한 감옥생활 가운데 바울에게 실질적인 도움을 준 형통의 소식이었다. 빌립보 교인들이 바울의 괴로움에 함께 참여하고자 한 그 물질적 나눔이 바울에게 큰 격려가 되었을 것이다. 그런데 바울은 그 나눔의 소식에 기쁨을 표하면서도 그 물질 자체에 얽매이려 하지 않는다. 그간 그의 내적인 훈련과 고된 사역을 통해 습득한 연단의 경험이 그에게 현실적인 여건을 초월하여 자족할 수 있는 영성의 공간을 제공했기 때문이다. 그가 배웠다는 '일체의 비밀'은 당시 지중해 연안의 밀의종교에서 신적인 초월의 경지, 그 신비스런 비의에 확실히 입문하게 된 경험을 드러내는 어휘이다. 물론 바울이 입문하게 된 그 비밀의 신비스런 경지는 예수의 삶의 스타일에 기초한 자족적 가난의 도였을 것이다.

자족 가운데 형통을 구하자

결국 '능력 주시는 자 안에서 모든 것을 할 수 있다'는 바울의 담대한 확신에 담긴 속뜻은 자족 가운데 어떤 고난도 견딜 수 있다는 것이었다. 물론 '자족'을 '일체의 비결'로 배우게 된 내력이 중요하다. 그에게는 믿음의 주재가 되는 전능하신 하나님이 계셨고, 옥중의 궁핍한 상황에 처한 그의 기도에 대한 응답으로 후원 연보를 보내주기로 한 빌립보 교인들의 활수한 나눔이 있었다. 여기서 바울의 경험이 '모든 것'을 할 수 있다는 형통으로 이어졌다면 그것은 그의 이런 기도 응답을 통해 깨닫게 된바, 앞으로 처할 그 어떤 개인적 고난과 역경도 감내하면서 하나님의 구원사를 밀어붙일 수 있으리라는 확신의 발로였다. 그 확신의 절반 지분은 물론 내면의 단호한 다짐과 결단이었을 것이다.

바울은 빌립보 교인들의 그 후원금에서 단순히 그의 궁핍한 현실을 해소할 물질적 가치의 적실한 효용성만을 본 것이 아니었다. 그는 거기서 빌립보 교인들의 코이노니아를 통해 그리스도 안에서 형제간의 나눔이 열악한 궁핍의 상황을 어떻게 풍성한 여건으로 바꿀 수 있는지를 발견했다. 나아가 그는 예수 그리스도의 신비 속으로 입문한 영성가답게, 물질적인 조건에 구애됨 없이 모든 삶의 환경을 초월하여 제 삶을 자족적으로 갈무리할 수 있는 '일체의 비결'을 배우게 되었다. 그 자족적인 형통, 형통의 자족성이 바로 '하나님/예수 그리스도 안에서 내가 모든 것을 할 수 있다'는 고백의 진정한 의미였던 것이다.

새해의 참신한 분위기가 퇴색되고 이에 대한 우리의 감각도 둔화되어가면 그 설레는 '새것'의 초기증상을 떨쳐내고 이제 담담한 자족의 길에 들어서야 한다. 새해 나눈 풍성한 축복과 만사형통의 덕담도 우리의 살과 피에 스며 신실한 실천과 함께 성육화해야 하리라. 모든 것 속에서 그리스도의 신비를 찾고 봐야 할 시점이다. 하나님의 구원사를 향해 모든 것이 순리에 따라 이루어지는 불가능한 가능성 속에서 우리가 품은 소망을 견고하게 붙들고 다시 작심삼일의 늘어지는 리듬을 바투 잡아야 하겠다. 만사형통의 구호가 자기 최면의 이데올로기로 전락하는 것을 경계해야 한다. 교인들을 우민愚民의 축사에 가두어두는 마법이 되어서도 안 된다.

거꾸로 읽는 신약성서